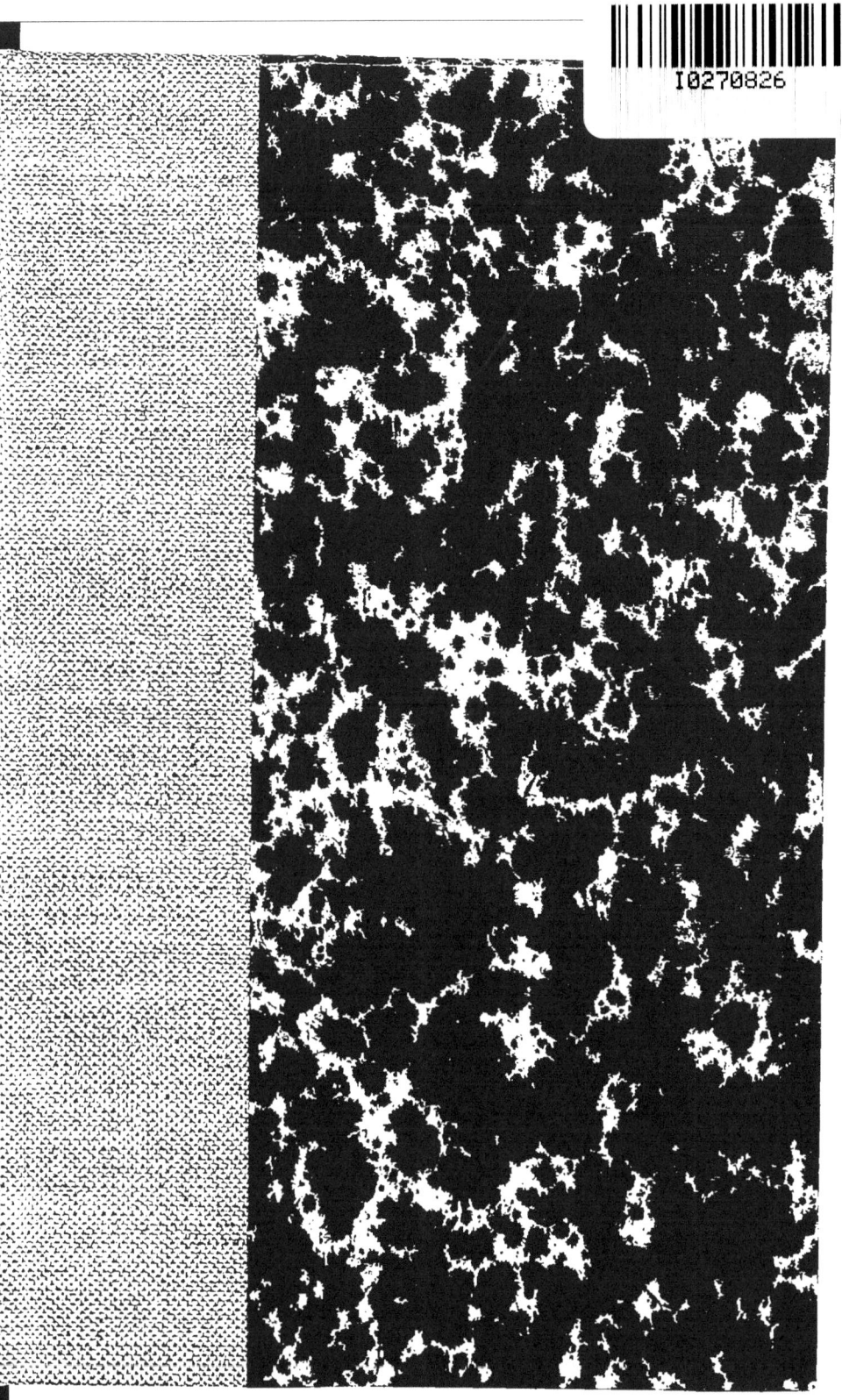

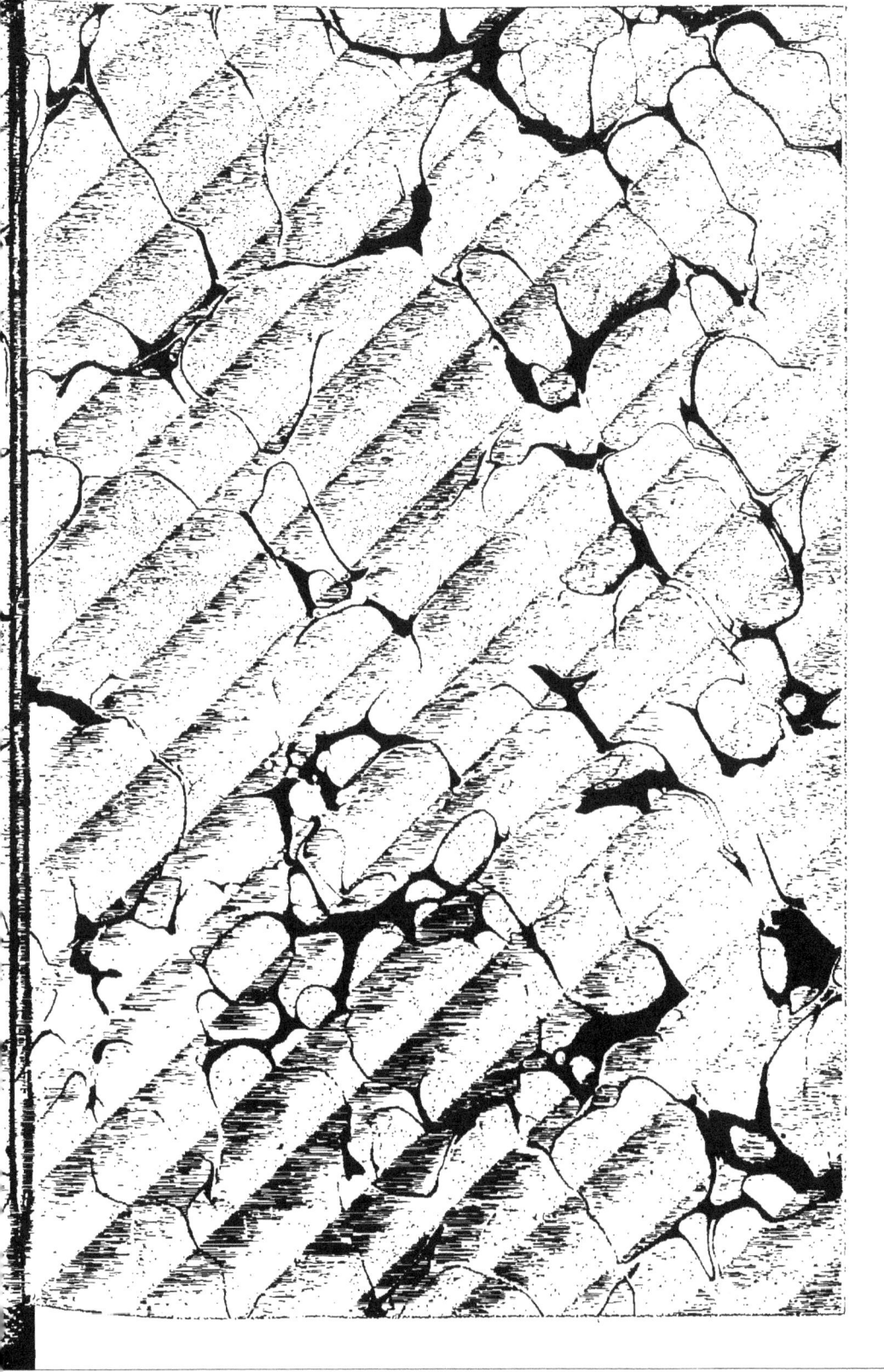

HÉRAUT DU CHRIST

LE VÉNÉRABLE
JUSTIN DE JACOBIS
PRÊTRE DE LA MISSION

OUVRAGES DU MÊME AUTEUR

(Même Librairie)

Le Bienheureux Jean-Gabriel Perboyre (*Ouvrage couronné par l'Académie française*). In-8 écu. . . 2 fr. 50

Le Bienheureux François-Régis Clet. In-8 écu . 2 fr. 50

Le Vénérable Mgr Justin de Jacobis. In-8 écu. . 2 fr. 50

Antoine Nicolle, Fondateur de l'Archiconfrérie et de l'Institut des Sœurs de la Sainte-Agonie de Notre-Seigneur Jésus-Christ. In-8 écu. . . . . . . 3 fr. »

Mère Thérèse, dans le monde Lucia-Antonia Berlier, Fondatrice de l'Institut des Sœurs de la Sainte-Agonie de Notre Seigneur Jésus-Christ. In-8 écu. . 3 fr. »

Jean de Montmirail, connétable de France. In-12 . 2 fr. »

HÉRAUT DU CHRIST

LE VÉNÉRABLE
JUSTIN DE JACOBIS

PRÊTRE DE LA MISSION

PREMIER VICAIRE APOSTOLIQUE DE L'ABYSSINIE

(1800-1860)

D'après des documents inédits

par

Gab. LARIGALDIE

DE LA MÊME CONGRÉGATION

Préface de **M. E. COULBEAUX, C. M.**

ANCIEN MISSIONNAIRE EN ABYSSINIE

PARIS (VIᵉ)

P. LETHIELLEUX, LIBRAIRE-ÉDITEUR

10, RUE CASSETTE, 10

Nihil obstat.

CENSORES CONGREGATIONIS MISSIONIS

FONTAINE Charles, C. M.
Supérieur de la Maison internationale des Lazaristes.

COULBEAUX Émile, C. M.
Ancien missionnaire en Abyssinie.

Roma, Via San Nicola da Tolentino.
21 juin 1910

Imprimatur

« En faisant des vœux pour le succès de votre ouvrage, je vous bénis bien affectueusement en N. S. »

A. FIAT, sup. gén.

19 juillet 1910.
En la fête de Saint Vincent de Paul.

Imprimatur

Parisiis, 24° Julii 1910.
H. ODELIN, vic. gén.

L'auteur et l'éditeur réservent tous droits de reproduction et de traduction.

Cet ouvrage a été déposé, conformément aux lois, en novembre 1910.

LETTRE DE L'AUTEUR

À Sa Grandeur Monseigneur J. Crouzet, C. M.

Évêque de Zéphyre, Vicaire Apost. de Madagascar-Sud
Ancien Vic. Apost. d'Abyssinie.

Monseigneur,

Cédant à de pieuses instances, j'ai entrepris la publication d'une vie bien édifiante, très chère aux Enfants de Saint Vincent et qui sourira à votre cœur d'apôtre.

Elle est destinée à devenir le couronnement de cette trilogie chrétienne, composée à la Gloire des Martyrs de notre famille Religieuse.

L'accueil fait aux deux premiers ouvrages, et la sanction si appréciée de l'Académie Française, sont de bien précieux encouragements; d'ailleurs, à l'heure douloureuse qui vient de sonner pour l'Église et la France, le spectacle de si belles âmes n'est-il pas de nature à réconforter nos courages abattus ?

Mais pour mener à bien ce modeste travail, en vue des fêtes d'une Béatification prochaine, où trouver un patron plus sympathique, un maître plus autorisé ? Aussi suis-je, Monseigneur, doublement heureux à la pensée que je puiserai dans la paternelle bénédiction de Votre Grandeur, tout ce qui me manque pour donner à ces pages écrites à la mémoire vénérée de votre saint prédécesseur, notre confrère, leur plus efficace consécration.

C'est dans ces humbles sentiments de piété filiale, etc.

Gabr. LARIGALDIE.
prêtre de la Mission.

A M. G. LARIGALDIE

Monsieur et très cher Confrère,

Votre lettre m'a profondément touché. Il vous était facile de vous adresser à plus expert dans l'art d'écrire, à plus documenté sur l'histoire d'Abyssinie, à plus autorisé pour dispenser l'éloge et recommander votre œuvre ; vous ne pouviez trouver plus grand admirateur de votre héros. Merci d'avoir pensé à moi. Succès oblige Vos deux premiers ouvrages : le Bx J. G. Perboyre et le Bx F. R. Clet, imposaient à votre zèle de ne point vous arrêter en si belle route ; vos lecteurs, tous devenus vos amis, attendent avec impatience le volume promis : la vie de Mgr de Jacobis, l'Apôtre de l'Abyssinie, héraut du Christ.

En 1889, rentré à Massawah après un premier voyage à Kéren, je passais de longues heures sur la terrasse de notre pauvre résidence située à l'extrémité de l'Ile sur les coraux de Ras Medur ; et, tandis que, gracieusement ondulées, les vagues murmuraient à mon oreille leur cadence monotone, mon regard demeurait fixé sur cette immense muraille de montagnes noires qui barrent l'horizon.

Des difficultés de tout ordre semblaient devoir m'arrêter et rendre plus vif encore le désir qui me prenait de franchir le plateau Abyssin. La Providence vint à mon aide. J'eus la consolation de voir, un beau jour, arriver mon confrère M. Coulbeaux, accompagné, suivi de toute une théorie d'hommes et de mulets. La route m'était ouverte...

Et alors ce fut, non le chemin de la croix, mais le chemin de la louange... Emcoullou, première étape, maison de campagne (Oh ! puissance des mots !) de Mgr de Jacobis... De là, miné par la fièvre, brûlé surtout par une immense charité, il partit avec ses disciples et deux jours après, dans un torrent desséché, il rendait sa belle âme à Dieu.

Jamghous ! l'Apôtre le chanta dans une lettre, comme le voyageur altéré chante l'Oasis du désert !

Et ainsi nos étapes et ainsi nos pas nous rappelaient le souvenir vivant toujours de Celui qui ne passa que pour faire le bien... et j'étais ému d'entendre nos hommes, ces rudes montagnards à la figure de bronze, prononcer, répéter avec admiration et respect le nom d'Abouna Jacoub. L'expression un peu dure de leur physionomie s'adoucissait et semblait me dire : Voilà Celui que tu dois imiter... Pour nous, tu dois être ce qu'il a été, ce qu'il est encore !

Après une semaine consacrée à visiter nos œuvres d'Akrour dans l'O'Kulay-Ghouzaï, je résolus de me rendre à Halay, gros village perché au sommet du massif à 2.000 mètres d'altitude. Halay fut longtemps la résidence calme, tranquille, préférée de notre Héros : Il m'a été raconté, je m'en souviens comme d'hier, qu'un prélat illustre était venu rendre visite au premier Vicaire Apostolique d'Abyssinie. Au détour d'une rue, il aperçut, assis sur une peau de vache, à l'ombre projetée par une pauvre case en pierres sèches, un homme, la tête couverte du bonnet blanc des prêtres indigènes, le corps enveloppé dans un manteau d'étoffe grossière, les pieds nus, l'œil fixé sur les pages d'un livre, la figure recueillie, douce et respirant la piété. Je désire, dit-il, voir Mgr de Jacobis... et Mgr de Jacobis se mettant à genoux lui dit : C'est moi !

Sur ma route, le village de Hébo ! Hébo ! de Jacobis ! deux noms inséparables ! C'est là que repose la dépouille du Saint ! et, je vous l'affirme, elle est sous bonne garde !

De Hébo à Hallay, il faut suivre un sentier que les Abyssins, ces hommes aux jarrets d'acier, appellent en pente douce ! Douce ! Enfin ! je le veux bien ! et deux heures durant, il faut grimper, grimper davantage, grimper toujours ! Il est vrai qu'en temps ordinaire on vous distrait en vous racontant des histoires de brigand qui n'ont rien d'imaginaire.

Je faisais de mon mieux ! Je l'avoue sans fausse honte, n'en pouvant plus, je m'apprêtais à demander grâce, lorsqu'un vieux prêtre qui m'accompagnait..., au fait je dois vous le présenter ; c'était Abba Teklé-Haïmanot, vieillard à l'aspect cassé, mais robuste encore ! un disciple de Mgr de Jacobis. Jeune, il avait vécu près de l'Apôtre, sous son égide, en avait reçu de tels enseignements que les persécutions les plus cruelles le trouvèrent toujours le ferme, l'inébranlable confesseur de la foi.

J'ai appris à le connaître, à l'aimer, à le vénérer ; et, ce souvenir que j'adresse à sa mémoire est l'expression de la sincère affection que j'avais vouée à l'élève digne du maître !

— Monseigneur ! me dit-il, étendant le bras, asseyez-vous sur ce rocher, à l'ombre de cet arbre ! C'est l'arbre du Saint !

Et, lentement, cherchant ses mots, construisant ses phrases, il me raconta l'histoire et la légende.

Exténué par une longue course, Mgr de Jacobis prit un peu de *repos à cette même place que j'occupais. Et il se releva plein d'un nouveau courage et de plus de vigueur : le tronc desséché sur lequel il s'appuyait se couvrit, l'année d'après, de feuilles vertes et vivantes...*

Et depuis, tous ceux qui passent, stationnent à l'ombre de l'arbre légendairement miraculeux, par respect pour un pieux souvenir et demandent un accroissement de force contre toute fatigue.

Qui de nous, très cher Confrère, dans les temps angoissants que nous traversons, ne se sent à certaines heures, envahi par une grande tristesse, une pénible fatigue morale ? Et cependant, il faut aller de l'avant ! y aller avec fermeté, persévérance, sans faiblesse ni découragement ! La lecture de vos ouvrages sera pour tous ce merveilleux réconfortant qui soutiendra les énergies. En vulgarisant la vie de ces Apôtres, de ces hommes de Dieu, vous faites connaître des âmes qui ont lutté, qui ont combattu, qui jamais n'ont cédé devant l'obstacle ; vous indiquez la source pure, toujours inépuisable où elles ont trouvé le secret de leur force, vous faites œuvre bonne, utile, nécessaire ; que ce soit là votre récompense.

Si nous éprouvons quelquefois des tentations de défaillance, réfugions-nous sous l'égide des héros que vous faites si fortement revivre, et nous nous relèverons prêts à tout pour la gloire de Dieu.

Veuillez agréer, Monsieur et très cher Confrère, avec l'expression de mes sentiments religieusement dévoués, tous mes vœux pour le succès de votre travail.

† J. CROUZET,
Ev. de Zéphyre,
Anc. Vic. Apost. de l'Abyssinie.

Fort Dauphin, 19 juillet 1910.

LETTRE DE Mgr D'AGOSTINO (André), C. M.

Evêque d'Ariano (Naples)
Biographe Italien de Mgr de Jacobis.

Monsieur et très cher Confrère,

Votre remarquable travail sur la vie du vénérable Justin de Jacobis, m'a été très agréable. Je suis moi-même en train d'achever le mien. Une vie qui s'adapte si bien à l'imitation de n'importe quelle catégorie de personne, s'impose à l'admiration universelle et mérite d'être publiée dans toutes les langues, comme aussi illustrée de toutes manières.

Dans cette vie, en apparence si modeste, apparaissent l'activité, féconde en œuvres de zèle et de bienfaisance, l'esprit inépuisable d'humilité et de mortification, l'union mystique à Dieu et une très grande abondance de dons surnaturels.

J'admire le point de vue sous lequel vous présentez notre humble et grand héros ; ce sera sûrement aux yeux de tous une vision agréable et consolante, en même temps que pleine d'attraits et d'édification.

Je me borne à signaler avec l'exactitude de l'historien les faits caractéristiques, à pénétrer les sentiments de cette belle et grande âme, et à recueillir comme une manne céleste les dons qu'il a plu à l'Esprit-Saint de lui départir avec une magnificence si libérale.

Daigne Notre-Seigneur bénir notre travail, afin qu'au milieu des ténèbres et de la corruption du monde, il répande un peu de lumière et de consolations et aide puissamment les âmes à faire le bien, en vue de la possession du Ciel.

Je lui demande de tout cœur de répandre ses grâces les plus abondantes sur vous, et sur tous ceux qui liront cette vie du V. J. de Jacobis, en infusant dans les âmes l'esprit qui anima ce vaillant apôtre de l'Abyssinie, afin qu'ils puissent le suivre jusqu'au Ciel en marchant sur la trace de ses vertus.

Veuillez, Monsieur et très cher Confrère, me permettre de vous donner l'accolade fraternelle.

Votre tout dévoué

† A. D'AGOSTINO, C. M.
Ev. d'Ariano.

LETTRE DE Mgr JEAN-VINCENT TASSO

Prêtre de la Mission, Evêque d'Aoste

A L'AUTEUR

Monsieur et très cher Confrère,

> La Grâce de Notre-Seigneur soit avec nous pour jamais !

Je me réjouis vivement avec vous et tous les nôtres de ce que vous avez si heureusement achevé la Vie du Vénérable Serviteur de Dieu, notre saint et illustre confrère, Mgr Justin de Jacobis, premier Vicaire apostolique de l'Eglise d'Abyssinie.

C'est un nouveau monument de votre piété filiale envers la Congrégation dont nous sommes les membres, mais surtout un témoignage public de l'Esprit de zèle et de sainteté qui anime la famille de S¹ Vincent de Paul et se manifeste à toutes les époques de son histoire religieuse.

Si de tels exemples sont une source de consolations pour les hommes apostoliques qui travaillent avec un dévouement inlassable dans les missions les plus difficiles et les moins fécondes en apparence, les jeunes y puiseront un précieux encouragement pour suivre avec confiance, au premier appel de la Providence, le sillage de gloire tracé au prix de tant de labeurs, par ces héroïques devanciers.

Quelle leçon réconfortante aussi et quels salutaires enseignements pour les membres de l'Episcopat, dont le ministère devient aujourd'hui si laborieux au milieu de la tourmente qui menace nos institutions les plus sacrées.

Un simple écrit de votre Héraut du Christ servait à Mgr Massaïa, suivant son expression si imagée, d'Elixir de longue vie pour réveiller son esprit et raviver son courage aux heures critiques de l'apostolat ; que ne fera donc pas la lecture de sa vie tout entière dont les pages émouvantes entraînent les âmes par le spectacle de ses œuvres étonnantes et des plus éminentes vertus écloses sous le beau ciel d'Italie ou dans le Continent noir abyssin ? Que ne produira pas la contemplation de ce Colosse de sainteté, comme l'appelait l'Apôtre des Galla, qui fut le grand admirateur et surtout le disciple si *fidèle de l'apôtre de l'Ethiopie dont il disait avec une sainte assurance :* « Si cela ne dépendait que de moi, dès demain, Mgr de Jacobis serait placé sur les autels. »

De fait, un regard sur le portrait de cet Homme de Dieu et sur sa vie particulièrement laborieuse et féconde, ne suffit-il pas pour voir réunis en lui d'une façon admirable les dons de Dieu les plus extraordinaires, avec cette correspondance si fidèle et si généreuse que couronnent les plus héroïques vertus ? Et, n'est-ce point là ce qui constitue précisément la sainteté aux yeux de Dieu et dans l'opinion des hommes ?

Aussi, l'un et l'autre, vous n'avez besoin que de vous présenter pour attirer tous les cœurs et gagner toutes les sympathies. Votre Témoin et votre Soldat du Christ, comme d'ailleurs tous les ouvrages échappés à votre plume si incisive et si diserte, ont été accueillis avec une faveur bien flatteuse par les Enfants de St-Vincent ; les intelligences cultivées comme les âmes pieuses les ont lus avec une sainte avidité ; et de telles leçons, ne sont elles pas plus éloquentes que tous les discours.

Il en sera de même, à plus forte raison, de votre Héraut du Christ, où votre âme d'apôtre est passée tout entière. Cette nouvelle publication, déjà si attrayante en elle-même par la trame religieuse qui s'y déroule, se recommande encore par un brillant coloris et cette teinte si chaude que votre pinceau d'artiste a su lui communiquer ?

Aussi me semble-t-il qu'on peut appliquer avec à propos, tant au Vénérable Mgr de Jacobis, qu'à votre délicieux ouvrage le verset du psaume : « Specie tuâ et pulchritudine tuâ, intende prospere, procede et regna. »

C'est mon vœu le plus ardent,

In Corde Jesu,

Votre bien dévoué Confrère,

† Jean-Vincent, C. M.

Ev. d'Aoste.

Aoste, 27 nov. 1909.
En la fête de la Médaille Miraculeuse.

ÉVÊCHÉ
DE
CHALONS

En la fête de Saint Vincent de Paul
19 juillet 1910.

Mon cher et vénéré Père,

Votre plume est infatigable ; elle marque chacune de vos années par une œuvre nouvelle. Vous nous donnez aujourd'hui la Vie de Mgr de Jacobis, l'un des plus illustres enfants de saint Vincent de Paul au XIXe siècle.

Cet homme admirable était de la race des François-Xavier. Dieu l'avait choisi, comme un vase d'élection, pour porter la foi aux peuples hérétiques de l'Abyssinie : « Vas electionis est mihi iste, ut portet nomen meum coram gentibus. »

Et ce n'était pas sans un grand dessein. Il ne faudrait en effet qu'un petit nombre de générations pour que l'Abyssinie convertie fournît à l'Afrique Centrale des légions de Missionnaires.

Mgr de Jacobis a sanctifié cette terre par ses souffrances et ses larmes ; il y a semé l'Evangile comme le semeur son blé, allant toujours, toujours plus loin, prêcher Jésus-Christ, l'Eglise Romaine au milieu de traverses inouïes. Il donnait aux labeurs apostoliques toutes les heures de la journée ; et, quand tombait la nuit, il écrivait au R. P. Etienne ces lettres admirables où s'épanchaient sa foi, son amour passionné pour son Dieu, son humilité, lettres précieuses où l'on entend le son d'une grande âme ! Qu'il est doux de les méditer ! Elles me rappellent par leur onction, la piété du saint Curé d'Ars.

A mesure que vous me faisiez connaître ce géant de l'Apostolat, je cherchais à me rendre compte du secret de sa surnaturelle grandeur. Ne consiste-il pas en ceci ? C'est qu'il a su s'oublier lui-même, se dépouiller de lui-même jusqu'à la dernière fibre de son corps, jusqu'au dernier mouvement de son âme ; ce n'est plus lui qui vit, c'est Jésus-Christ qui vit en Lui : « Vivo ego, jam non ego, vivit vero in me Christus. »

Je ne sais rien de plus grand que ce qui se passait dans cette âme de missionnaire : c'était un holocauste incessant.

Cette vie si dénuée, si misérable, si livrée à toutes les souffrances de la pauvreté et de l'abandon, cette vie que rongeaient la faim et la soif, abandonnée au froid des nuits, à la chaleur torride des jours, cette vie qui s'usait au milieu des contradictions des chefs du pays, des persécutions des princes, cette vie exténuée par tant de fatigues et de voyages, était toujours calme. Sa sérénité, sa paix sont choses admirables. Elles rayonnent de l'amour que le Saint-Esprit lui a mis au cœur pour l'Eglise et pour les Ethiopiens. Cette joie de l'âme est chez lui si parfaite et si continuelle que, lorsqu'on le jette dans les fers, il ne sait que s'écrier : « C'est une faveur, je l'ai attendue assez ! » que, lorsqu'il meurt le long d'un grand chemin, il rend son âme à Dieu dans un sourire.

Il est mort comme meurent les saints, et du trépas que saint Vincent de Paul estimait le plus beau, le plus digne d'être envié. Il a réalisé à la lettre le vœu formé par le saint Fondateur lorsqu'il disait un jour : « Si on venait à trouver un Missionnaire épuisé de fatigue et d'inanition, dépouillé de tout, couché au pied d'une haie et qu'on lui dit : Pauvre prêtre de la Mission, qui t'a réduit à cette extrémité ? quel bonheur, Messieurs, de pouvoir répondre : C'est la charité ! Oh ! que ce pauvre prêtre serait estimé devant Dieu et devant les hommes ! »

Qu'elle est belle la vie de cet homme qui s'oublie lui-même, se dépouille de lui-même ! Croyez bien que les germes jetés par ses mains seront bénis, et qu'au jour de sa Béatification, que je souhaite prochaine, ils lèveront en moisson opulente de foi et de piété chrétienne.

Merci, mon cher et vénéré Père, pour l'édification et la joie que m'ont procurées vos pages. Elles feront aimer Dieu et les Missions, en même temps qu'elles jetteront un lustre nouveau sur la glorieuse famille de saint Vincent de Paul.

Croyez à mon affectueux dévouement en Notre-Seigneur,

† Hector-Irénée,
Evêque de Châlons.

INTRODUCTION

Par M. E. COULBEAUX, prêtre de la Mission

ANCIEN MISSIONNAIRE EN ABYSSINIE

Je ne m'attarde pas à des préambules. Ce fut pour moi comme une explosion toute spontanée d'allégresse, en parcourant les placards de cette vie délicieuse, en faveur de laquelle vous sollicitiez ma collaboration, au fur et à mesure qu'ils m'arrivaient de l'imprimerie.

« Mon idéal est enfin réalisé ; je trouve dans ce « Héraut du Christ », le fidèle portrait de notre apôtre, le Vénérable Justin de Jacobis, tel que je désirais le voir représenté au vif, d'après nature. »

Pour captiver l'intérêt, un sujet si saisissant par lui-même n'a nullement besoin d'artifices littéraires. Mais, s'il suffit de nous rendre sa physionomie très singulière et personnelle, dans son exceptionnelle originalité, ce n'est pas, je l'avoue, chose facile. Aussi, est-ce à ce travail consciencieux que se reconnaît le talent de l'artiste que vous êtes, dans cette mise au point dont je vous sais un gré tout particulier ?

I. Oui, la vie du « Héraut du Christ » ainsi conçue, sans fard, au naturel, présente déjà bien assez de ces traits si personnels et tout empreints des charmes les plus captivants; on y admire surtout dans un relief saisissant, des vertus éminentes dans toute l'acception du mot, qui surprennent d'abord et exhalent un parfum suave d'édification.

Et quelle merveille nous apparaît dans le travail de la grâce et de la vertu en ce petit homme, frêle, humble à l'excès, effacé, caché, loin des ostentations humaines ! Quel contraste le divin Maître ne nous offre-t-il pas en ce saint moderne en face de toutes les sottes prétentions qui forment le caractère saillant de notre société contemporaine ?

Votre plume, au trait incisif, nous le rend saisissant; et quelle jouissance vous faites éprouver à ceux qui ont glané après lui dans ce champ du père de famille, dociles aux échos de sa voix apostolique !

Cette physionomie de l' « Abouna Jacob » était de soi si parlante, si caractéristique, que la renommée l'avait faite telle dans l'opinion publique, déjà même de son vivant : « Héraut intègre et écouté de la parole divine, et plus encore Héros accompli des devoirs de l'Evangile. » Tel il se retrouve encore aujourd'hui dans la conception admirative des populations abyssines, qui n'ont jamais connu Mgr de Jacobis !

Puisque vous le passez sous silence au cours de vos descriptions — peut-être l'avez-vous ignoré ? — laissez-moi rappeler ici un trait inopiné, une simple exclamation : à elle seule elle constitue un tableau achevé, dans lequel se reflète sous son vrai jour notre saint personnage.

Une caravane de marchands de Gondar descendait les

pentes glissantes du Mont Taranta dans la vallée profonde de Haddar. A l'un des plis du torrent, notre missionnaire avec son escorte inséparable de lévites, s'était arrêté pour prendre un instant de repos et rompre la galette familiale avant la pénible ascension de la montagne. Tandis que les jeunes écoliers sont tout aux préparatifs de la cuisson des pains sur la braise, leur maître, un livre à la main, priait à l'ombre d'un arbre, sur la berge, un peu à l'écart.

Etonné de rencontrer en cet endroit une troupe scolaire, le chef de la caravane demande à l'un des clercs, déjà coiffé du bonnet monacal : « Qui êtes-vous ? Avec qui vous trouvez-vous dans ces parages ? — Nous sommes disciples de l'Abouna Jacob. — L'Abouna Jacob ! s'écrie le Gondarien. — Oui, le voici, fit le moine, en le montrant assis au pied de l'arbre. » Et le prévôt des marchands, et toute sa suite, de s'extasier, en entendant le nom béni de Celui que tous révèrent... Aussi les voilà bientôt en mesure de baisser au plus vite jusqu'à la taille et de ceindre leur vêtement, en signe de respect et de vénération, et de se prosterner devant l'humble prêtre, absorbé dans la récitation du bréviaire. Il lève aussitôt les yeux ; et, à force d'instances, prie ces braves gens de se relever. Mais le prévôt ne revenait pas de sa surprise. — « Est-ce donc là sous ce misérable vêtement, en ce corps chétif, le Grand Saint de Rome dont nous avons entendu tant de merveilles ? »

Au récit des œuvres extraordinaires et des actions surhumaines de l'Abouna Jacob, leur imagination simpliste s'était figuré un héros, de stature imposante, sous le riche apparat oriental que revêtent les grands abbés et les dignitaires de l'Eglise d'Ethiopie, escorté de toute une cour de religieux, à la pose solennelle, l'assistant à droite et à gauche.

Aussi sont-ils tous muets d'étonnement devant le spectacle d'un de ces pauvres, semblable à tout le petit monde abyssin, d'un humble clerc de bas étage, sous le modeste vêtement des moindres prêtres indigènes !...

Mais, soudain, sous cet accoutrement, leur apparaît la vision du Christ, au milieu de ses disciples, dans la campagne de Galilée. De la première stupeur et de l'admiration, ils passent aux sentiments de la plus profonde vénération ; et malgré ses résistances, ils tiennent leurs lèvres collées à ses mains, à son vêtement, à ses pieds, implorant sa bénédiction...

Ainsi, les extrêmes se sont rencontrés et se sont donné la main dans la composition d'un saint, étonnant pour l'Eglise de Dieu au XIXe siècle. En cet enfant des Pouilles, saluons un nouveau Paul, frêle, petit, quasi méprisable au regard humain; mais aux yeux des anges, un apôtre d'un cœur et d'une force de géant, choisi à son tour comme le porte-voix ou le Héraut de la vraie notion du christianisme, en Abyssinie.

Voilà le type original, s'il en est, dont vous nous faites suivre la carrière, à travers les contrastes constants d'une infirmité apparente et d'une des puissances les plus prodigieuses qu'on ait jamais constatée dans les œuvres :
« ... Cum infirmor, tunc potens sum. »

II. Selon saint Paul, la caractéristique de l'apôtre, c'est la charité, et cette charité dont il nous énumère et *dépeint toutes les nuances dans les détails pratiques, elle se manifeste éminemment dans la serviabilité de l' « Omnibus omnia factus. » Entendons le terme dans toute sa force étymologique.*

Mais à quel prix notre généreux apôtre acquiert-il cette puissance de l'amour des âmes, « omnibus omnia factus sum ut omnes Christo lucri faciam ? » au prix de quel détachement de soi, au prix de quels abaissements d'une humilité préméditée, voulue, constamment attentive en toute occasion, de réaliser les préceptes intransigeants de saint Vincent de Paul[1] *?*

Le jeune signor « Faccia tei » du séminaire et des études en a fait de bonne heure l'apprentissage. Aussi en avait-il une connaissance expérimentale qui le familiarisait avec les moindres détails ?

De Jacobis a été vite et profondément savant en cette science des saints. Aussi, jeune encore, est-il passé maître des novices, chargé d'initier les aspirants, à l'étude et à l'apprentissage de la perfection, requise pour un vrai prêtre de la Mission, selon le cœur de saint Vincent et par là même de Jésus-Christ ?

Certes, à son école, la mise en pratique suit de si près et si intrépidement la théorie, que les plus tièdes entraînés emboîtaient le pas avec une hardiesse toute apostolique.

Ah ! quel beau modèle en effet, quel idéal des vertus du prêtre de la Mission !... de l'apôtre apud gentes !... du formateur de lévites pour le sanctuaire et de prêtres zélés

---

1. *Cf. par. VII, ch. II. Règles communes des prêtres de la Mission.*

pour le ministère des paroisses qu'il eut à établir !...

Chacun de nous, quelle que soit son œuvre, peut puiser une leçon pratique dans cette vie pleine d'enseignements, si courte qu'elle ait été : « Consummatus in brevi, explevit tempora multa. »

Oui, en nous le montrant tel qu'il est, de par la nature et de par la grâce, quel admirable exemple vous mettez sous les yeux ! si admirable même, dirai-je, que plus d'un pourra être tenté de s'écrier : « Mais, impossible de le suivre ! Comment l'imiter dans cette condescendance de la charité, qui a, à son service, une humilité faite de tant d'abaissements ? Comment s'assimiler comme il l'a fait, au genre de vie grossier, rien moins que confortable, qu'est le régime des nomades, encore logés à l'enseigne de la providence dans la simplicité primitive ! » De fait, sans être bien exigeants, ses confrères s'avouèrent plus d'une fois, incapables de le suivre dans le ravalement de l' « Omnibus omnia factus », et dans la privation des choses de première nécessité aux habitudes de la civilisation, même élémentaire.

A une époque où tous les caractères se dépriment, où les âmes descendent, grâce à une éducation plus favorable à la mollesse qu'aux énergies viriles, au bien-être plutôt qu'à la gêne et à l'endurance, on peut assurément contempler en « Justin de Jacobis », un exemple, un modèle proposé de nos jours par le Seigneur lui-même à la suite de ces bienheureux martyrs, les François-Régis Clet et les Gabriel Perboyre que l'Église vient d'élever sur ses autels.

III. *Chacun, à coup sûr, tirera du profit et ressentira quelque chose de cette généreuse explosion de saint* Augustin : « Annon potero quod isti et istæ ? » *L'attraction sera certaine, irrésistible, — attraction du charme de tant de vertus à l'épreuve de tous les feux et partant d'une puissance féconde en œuvres apostoliques, — attraction de la trame même de cette vie extraordinaire, trame toute providentielle dont vous n'avez qu'à marquer les joints et les tournants, humainement très imprévus, comme en tout plan divin sortant des voies ordinaires.*

Votre rôle à vous est de signaler et de mettre en relief ces vues et ces voies divines sur son docile serviteur ; et certes, vous le faites avec ce coup incisif et sûr de burin qu'est votre plume faite au métier. Enfin, les courtes réflexions, très à-propos, que vous cueillez des faits eux-mêmes, ajoutent encore aux impressions, l'efficacité d'une sainte édification, et cela, le long du chemin, comme sans en avoir l'air.

Tout ce que vous racontez, je le sais par cœur ; j'éprouve même à de certains moments, comme l'illusion que je me relis moi-même, tellement tout en vos descriptions, répond à mon concept personnel. Vous nous conduisez sous une atmosphère de perfection chrétienne à la suite de notre missionnaire en Italie, *et bientôt du* Héraut du Christ *parmi les nations enténébrées dans les erreurs et les préjugés du schisme. Là, par les voies secrètes de Dieu, le pygmée méprisable au regard humain, apparaît à la manière de* Paul le grand apôtre, *un géant invincible à tous les coups des persécutions.*

Et, chose étrange ! comme une sorte de paradoxe,

l'homme de Dieu apparaît par les persécutions même, entraîner plus efficacement à la vraie foi ceux que l'ennemi croyait retenir par la terreur. Spectacle nouveau, inouï! Comme sous une flamme incendiaire s'embrasent les savanes et les forêts immenses, sur le passage du Héraut du Christ *en fuite, tous les pays qu'il traverse se soulèvent, accourent à lui ; et chacune des étapes de bannissement seront autant de foyers qui s'allument et conserveront le feu sous la cendre pour le lendemain, c'est-à-dire autant de postes assurés d'avance, aussitôt après les désastres de la tempête religieuse que l'on avait cru irréparables.*

A voir le saint Apôtre *récompensé par tant de grâces inouïes dans son ministère, en faut-il davantage pour établir une conviction profonde en toute âme sacerdotale ? Les exemples entraînent à tous les héroïsmes de l'humilité et de la charité condescendante jusqu'au sacrifice de soi, et serviable jusqu'à tout supporter et souffrir :* « Omnia suffert, omnia sustinet... » *Comment s'étonner dès lors que de tels exemples poussent dans un saint enthousiasme, jusqu'aux emprisonnements, aux chaînes, au martyre, — voire même au martyre sans relief, sans les glorieuses ignominies du gibet, le martyre de l'épuisement sur le sable brûlant du désert ?*

Voilà ce que vous nous décrivez, sans aucun de ces artifices de l'amplification, qui d'ailleurs n'aurait pu que nuire à l'effet, car l'héroïsme des vertus dont le Vénérable de Jacobis *nous offre le ravissant spectacle, avoisine vraiment de si près l'exagération à nos humains regards, que nous en demeurons déconcertés. — O humble* Vincent de Paul ! *quel parfait imitateur ! quel fils, digne de vous !*

Et à vous, cher confrère, mes félicitations pour ce mérite peut-être rare, d'avoir gardé la mesure, mère de la justesse, dans les hardiesses d'expression ; mes félicitations pour l'exactitude de votre documentation, *que je n'ai pu prendre en défaut dans la coordonnance des faits, ni dans les scènes et les tableaux qui les font revivre sous nos yeux ; ni dans une* chronologie *impeccable, ni enfin dans les appréciations des* mœurs *civiles et religieuses de l'Abyssinie qui, à l'occasion, expliquent certaines choses étranges aux européennes manières de les concevoir, — appréciations, hélas ! souvent risquées chez les explorateurs qui cueillent au vol, sur leur passage, tout ce qui frappe leurs yeux et leurs oreilles, et partant, faussées par un singulier attrait de noter des choses étranges jusqu'à cette extravagance, familière aux imaginations orientales qui s'amusent à en faire accroire : Ecueil dont vous avez su vous prémunir par l'étude réfléchie, l'information minutieuse et la prudence acquise par l'habitude de ces sortes de travaux hagiographiques.*

Puisse la lecture de votre livre continuer, par l'édification *des âmes, le rôle posthume du* Héraut du Christ ! *C'est le but à atteindre, ce sera l'effet le plus important.*

Mais, par surcroît, je veux espérer que votre ouvrage fera naître dans les âmes de tous les missionnaires, des sentiments de reconnaissance envers le divin Maître de la Vigne, d'avoir daigné manifester par un apostolat si prodigieux des attentions toutes de miséricorde envers la Mission d'Abyssinie, *— peut-être de toutes, la plus* pénible à tous égards, jusqu'à paraître à la timidité de notre foi, une mission ingrate et désespérée.

Les succès, les victoires dont Notre-Seigneur a couronné l'apostolat de notre Vénérable, n'eussent été qu'un résultat négatif, celui d'avoir triomphé des préjugés et des haines séculaires contre la sainte Église romaine, ce serait déjà assez à notre confiance dans la protection et les bénédictions du Ciel. Mais, les résultats positifs dont nous avons bénéficié, à travers un demi-siècle de persécutions à outrance et des bouleversements politiques qui entravèrent tous nos projets, la conservation des premières conquêtes de notre apôtre et leur agrandissement dans les districts d'alentour, gagnés par la constance courageuse des disciples de l'Abouna Jacob (en contraste si frappant avec les défaillances des sectes à la moindre intimidation du tyran), nous sont un gage d'espérance dans les bénédictions du Ciel. Car elles sont trop manifestes celles qui donnèrent tant de succès, soit en sa personne, soit dans ses auxiliaires et ses successeurs, au labeur de celui qui fut, en effet, comme vous le nommez avec bonheur, le Héraut du Christ en Abyssinie, au XIXe siècle.

Merci donc, en le Cœur Sacré de Jésus, Magister apostolorum, et le Cœur immaculé de Marie, « Regina apostolorum, martyrum et confessorum. »

Votre bien affectionné,

E. COULBEAUX,
Prêtre de la Mission.

Rome, 3 juin 1910.
Fête du Sacré-Cœur,
Maison internationale des Lazaristes.

RENSEIGNEMENTS BIBLIOGRAPHIQUES

Notice sur Mgr de Jacobis (C. M.), Paris.

Vie du Vénérable Justin de Jacobis (C. M.) (Mgr DEMIMUID), (Téqui), Paris.

L'Abyssinie et son apôtre, Paris, 1869.

Notes sur la sépulture de Mgr de Jacobis. Kéren, (Mgr CROUZET).

Douze ans dans la Haute Ethiopie (Arnaud D'ABBADIE (1838-1850).

DUCHESNE (*Eglises séparées*).

Voyage historique d'Abyssinie (R. P. Jérôme LOBO).

Voyage en Abyssinie (SALT). Traduction de l'anglais.

Mission d'Abyssinie (COULBEAUX, C. M.).

Histoire générale des Missions catholiques (Baron HEMOIN).

L'Abyssinie (Abbé POUGEOIS). Son histoire naturelle, politique et religieuse.

Lettres Edifiantes.

Histoire de la Compagnie de Jésus (CRÉTINEAU-JOLY).

Un martyr Abyssin (COULBEAUX).

Les Contemporains (Monogr. de Mgr de Jacobis).

Une mission en Ethiopie, par Alfred DE CAROUGE.

Oraison funèbre du Serviteur de Dieu, Mgr de Jacobis, prononcée à S. Fele (12 novembre) 1899, par Mgr A. D'AGOSTINO (C. M.), Evêque d'Ariano.

Annales de la Congrégation de la Mission.

Conférence de M. Coulbeaux (C. M.) à Rome, parue dans le *Bulletin de Rome, 1909.*

Echo d'Afrique, publié par la Société de Saint-Pierre-Claver, articles humoristiques de M. BAETMAN (C. M.), (Rome). *Via dell' Olmata,* 10, *1909.*

DOLLINGER, *(Origines du Christianisme).*

P. TELLEZ (Balthazar), S. J. *Hist. gén. de Ethiopia Alta,* in-folio, Coïmbricœ, *1660.*

WAMLER, *Biographie de P. Heyling, missionnaire protestant en Abyssinie, 1635.*

LUDOLF, *Historia Æthiopicæ,* 1 vol. in-4º (Francfort), *1681.*

— *Abrégé en Français* (Paris) *1684.*

Mission scientifique en Abyssinie par M. LEFEBVRE et GALINIER, (Paris), *1847.*

STELLA (C. M.), *Abissinia storia.* Impr. Tipogr. S. C. Propag. Fide (Rome), 1850.

Expédition en Abyssinie contre Théodoros (Londres). *1868.*

Jean de Nikiou, Evêque Copte (Notes historiques, VIIIᵉ siècle). Texte éthiopien et traduction par ZOTTEMBERG, Paris.

Etudes historiques sur l'Ethiopie. Texte des chroniques impériales et traduction avec notes historiques par BASSET, Paris.

Les Missions catholiques françaises au XIXᵉ *siècle,* publiées par J.-B. PIOLET, S. J. (Mission d'Abyssinie), A. Colin, Paris, *1901.*

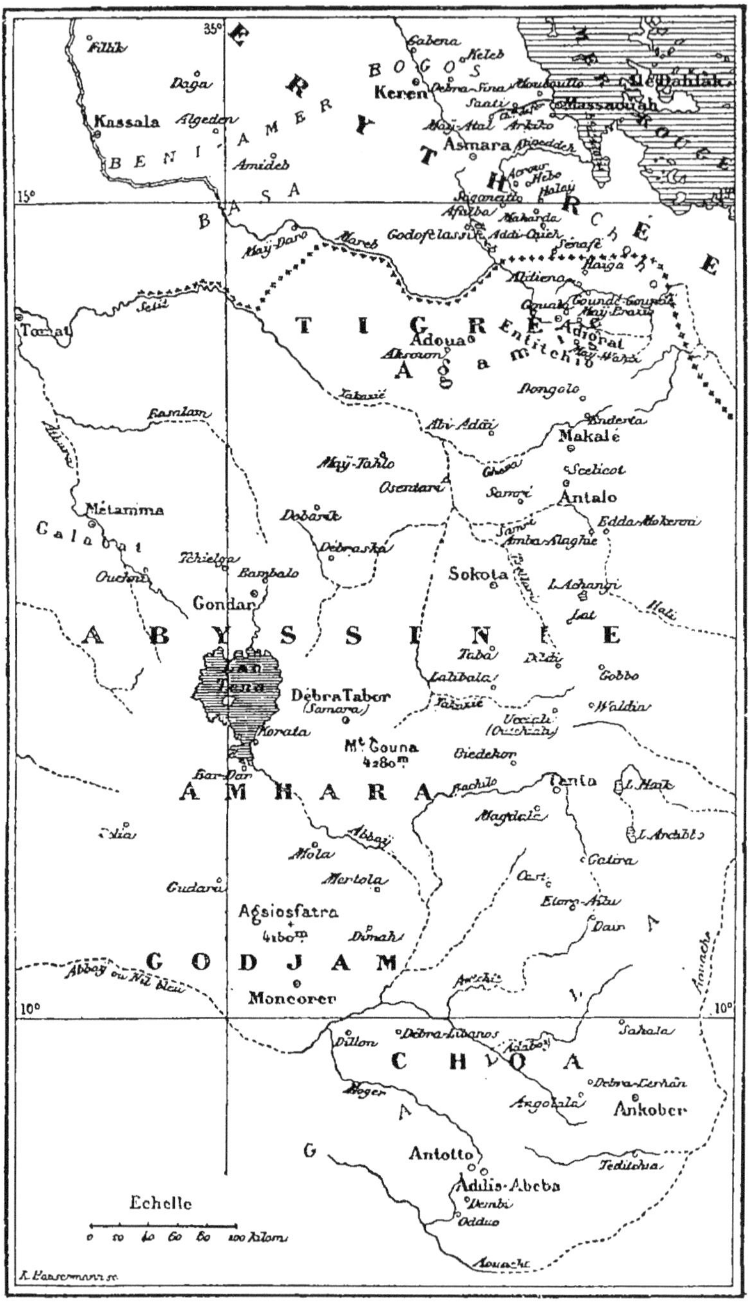

CARTE D'ABYSSINIE

ABYSSINIE

L'Ethiopie, nom plus générique (*Ethiopia* des anciens ou pays des « noirs »), comprend l'Abyssinie et le Kaffa. La superficie de l'Abyssinie proprement dite, ou chrétienne, est de 440.000 kilomètres carrés, un peu moindre de celle de la France qui est de 537.000 kilomètres carrés. Sa population est de 3.500.000 habitants (Schrader). Politiquement, il faut y joindre le Harrar dont Ménélik s'est emparé en 1887.

C'est un énorme plateau granitique qui se dresse entre le Nil et la mer Rouge, coupé de vallées profondes. Au nord et à l'est les Italiens ont acquis la colonie de l'Erythée (villes principales Asmara, Massawah, Kéren), au sud les Danakyls et les Somalis forment la frontière flottante de l'Abyssinie.

Histoire. — C'est le régime féodal qui a longtemps prévalu en Abyssinie et qui, encore aujourd'hui, subsiste dans une certaine mesure. Après Théodoros et Johannes, Ménélik roi du Choa s'est fait couronner empereur (1889). Des chefs subordonnés ou ras gouvernent les provinces dont les principales sont le Tigré, l'Amhara, le Godjam, le Choa. — La capitale est Addis Abéba; villes principales : Ankober (7.000 habitants), Gondar (4.000 habitants), Adoua où se livra la bataille célèbre de 1896 entre Ménélik et le général italien Baratieri (3.000 habitants).

Au point de vue religieux, les Abyssins appartiennent en très grande partie au christianisme, mais ils professent l'hérésie des monophysites. Leur évêque ou abouna est nommé par le patriarche hérétique du Caire. Le clergé et les moines hérétiques sont très nombreux et très influents.

On comptait 30.000 catholiques dans le vicariat apostolique d'Abyssinie, avant l'érection de la Préfecture apostolique de l'Erythrée (1894).

La monnaie usitée encore aujourd'hui est le thaler de Marie-Thérèse, valeur réelle (1904) : 2 fr. 40. Pour monnaie courante on a des tablettes de sel gemme valant 15 à 20 centimes. Les mines salifères sont très importantes pour toute l'Abyssinie.

Etablissements. — Les Prêtres de la Mission ont eu divers établissements depuis 1839 en Abyssinie : Adoua, Kartoum, Gondar, Gouala, Alitiéna, Halay, Massawah, Kéren, Hébo, Akrour, Saganeïti ; aujourd'hui restent occupés Alitiéna et Gouala. — Les Filles de la Charité eurent des établissements à Massawah et à Kéren.

PROTESTATION

DÉCLARATION DE L'AUTEUR

Pour nous conformer au décret d'Urbain VIII, de l'année 1625, nous déclarons, en véritable enfant de Saint Vincent de Paul, n'attribuer aux faits et aux qualifications contenus dans cette histoire qu'une autorité purement humaine, n'ayant donné au vénérable Mgr Justin de Jacobis et aux autres personnages dont il est question au cours du récit, les noms de saints ou de bienheureux que selon l'usage et l'opinion commune.

De plus, nous soumettons pleinement cet ouvrage au jugement de l'Eglise catholique, apostolique et romaine, et nous rétractons et corrigeons d'avance tout ce que le Supérieur général de la Congrégation de la Mission et nos Supérieurs ecclésiastiques pourraient y trouver de répréhensible.

LIVRE PREMIER

SOUS LE CIEL D'ITALIE

1800-1839

CHAPITRE PREMIER

AU FOYER PATERNEL [1]

UNE BELLE AME D'ENFANT

« *Mon Dieu ! je le consacre à votre service.* »
(Vœu de sa mère Joséphine *Muccia*).

Le 9 octobre 1800, il y avait fête dans un petit village du midi de l'Italie pour la naissance d'un enfant, le septième d'une famille aux mœurs patriarcales. Et avec quelle pieuse allégresse *Jean-Baptiste de Jacobis* se penchait de concert avec sa noble épouse *Joséphine Muccia*, sur le berceau de ce chérubin qui devait recevoir aux fonts du baptême le prénom de *Justin* et devenir un jour le *héraut du Christ*, dans le continent noir Abyssin !

A lui seul il rendra célèbre le petit coin de terre de *San Fele*, paroisse du diocèse de *Muro*, dans la Basilicate [2] et sera le privilégié du Ciel dans ce foyer béni de quinze enfants.

---

[1]. Tous ces détails sont extraits d'un *Essai biographique* inédit, entrepris en juin 1889, et gracieusement mis à notre disposition par M. *E. Coulbeaux* (C. M.), le missionnaire le plus accrédité pour la documentation d'un tel travail.

[2]. *Basilicate*, province de l'anc. royaume de Naples. Aujourd'hui *Muro-Lucano*, prov. de Potenza, département de Conza.

Église principale de San-Fele (Italie)

où fut baptisé le 10 octobre 1800
le Vénérable J. de Jacobis, prêtre de la Mission.

Au témoignage de M. *Ferrigni*[1], un de ses confrères de la maison de *Lecce*, la condition de ses parents était plutôt modeste ; mais une honnêteté proverbiale et leurs vertus chrétiennes suppléaient amplement à cette aisance si enviée dans le monde. La crainte de Dieu et l'observance de sa loi, sources fécondes et garanties de la prospérité domestique, étaient alors en honneur au sein de ces populations simples et sans ambition.

L'histoire locale est muette sur la position de son père qui devait travailler avec ardeur, le regard tourné vers *Nazareth*, pour élever sa nombreuse famille ; mais la mère, d'une vertu peu commune, trouvait un aliment à sa piété dans la fréquentation des sacrements et la culture des germes précieux déposés par la grâce dans l'âme de ses enfants. La pratique quotidienne de l'oraison mentale et une ardente dévotion à l'*auguste Madone* lui avaient aussi permis d'avancer à grands pas dans la vie surnaturelle.

Modèle de l'épouse et de la mère chrétienne, *Joséphine Muccia* exerça une influence prépondérante au foyer familial ; et rien ne lui était si cher que la formation de l'esprit et du cœur de ceux qu'elle avait mission de conduire au ciel.

Aux yeux de tels chrétiens, c'était le plus riche patrimoine dont Dieu ait pu les favoriser. Aussi quelles ferventes actions de grâces pour cette rosée de bénédictions ! Et qui pourrait traduire les allégresses de cet intérieur modèle où le divin Maître, pour récompenser la fidélité à son service, se choisit une couronne d'adorateurs ? Près de la moitié quitteront en effet le monde pour se consacrer à Lui dans la vie religieuse. C'est un ravissant spectacle qu'offre cette femme forte quand

---

[1] M. *Ferrigni*, prêtre de la Mission, son confrère à *Lecce* dont il sera un jour le supérieur.

sonne l'heure marquée par la divine Providence pour leur départ du foyer domestique ! Qui ne l'admirerait sur le seuil, marquant avec une sainte fierté, du signe des prédestinés, celui dont les vertus et les travaux apostoliques mettront à sa couronne maternelle un de ses plus beaux fleurons [1].

Prédestiné, oui, il le fut, dès son bas âge. Une série d'anecdotes qui émaillent d'une grâce peu commune ses prémices dans la Milice du Christ, nous ont été transmises par ses *Fils au teint noir* qui, plus tard, se sont attachés à ses pas comme une escorte de fidèles disciples, dans la brousse et à la Maison. Leur filiale vénération était avide de recueillir toutes les paroles qui tombaient de ses lèvres ; à la faculté orientale de saisir et retenir les moindres détails, nous devons les échos fidèles des épanchements qui lui étaient familiers, en vue d'élever ses enfants au-dessus de leur grossièreté native.

Leur ingénieux éducateur aimait à leur rappeler entre autres le souvenir d'un acte maternel en effet bien émouvant. Étrange d'abord pour ses pupilles, il dut leur paraître ensuite admirable, au fur et à mesure que les horizons de la vie se découvraient devant eux.

Il n'avait pas encore un an lorsqu'une maladie grave met sa vie en danger. Dans sa cruelle angoisse, la mère élève sa pensée vers le Ciel et consacre généreusement au service des autels cette tendre existence, s'il la conserve à son amour.

Cette ardente prière, le fils aimant de la grande chrétienne qu'était *Muccia*, la rappelait avec reconnaissance : « *Mon Dieu*, s'était écriée cette femme de foi, en proie

---

[1]. Sans préjuger du jugement de la sainte Église, il nous est doux de penser que bientôt les *Enfants de saint Vincent* et les chrétiens du monde catholique salueront, dans ce *héraut du Christ*, le saint protecteur de l'Abyssinie !

aux émotions maternelles, *sauvez-le moi, je le consacre à votre service; s'il doit être utile à votre Église, rendez-lui*

MAISON NATALE DU V. JUSTIN DE JACOBIS
PRÊTRE DE LA MISSION (9 oct. 1800).

la santé; sinon, prenez-le; je vous en fais le sacrifice [1]. »
Les vœux ardents d'une telle mère avaient été exaucés.

---

1. *Abouna Jacob*, histoire manuscrite par Abba TECLA HAYMANOT, avec la collaboration de tous les autres disciples de notre Apôtre. (E. C.).

Elle ne vit dans cette faveur qu'une obligation nouvelle de se consacrer avec plus de vigilance que jamais à la formation de cette jeune âme. Ceux qui ont eu le bonheur de la connaître, ont rendu témoignage de sa fidélité aux devoirs impérieux de sa charge.

Lui était-il impossible d'accompagner elle-même ses enfants aux offices de la paroisse, elle s'assurait, par mille questions insinuantes, s'ils les avaient remplis avec piété : « As-tu entendu la messe ? disait-elle souvent au petit Justin. Quel prêtre la célébrait ? De quel ornement était-il revêtu ? Et par d'autres interrogations aussi habiles qu'ingénues, racontait plus tard l'apôtre à ses Abyssins, ma pieuse mère se rendait compte de mon exactitude. »

Mais cette anecdote perdrait toute sa saveur et le charme qui la caractérise, si ses camarades d'enfance ne venaient témoigner en sa faveur et soulever le voile de l'humilité :

« *Le petit Justin répondait aux soins de ses parents avec tant de docilité et d'affection que déjà on louait universellement en lui de belles tendances et de rares prédispositions à la vertu.* »

Ce n'est pas à dire qu'en grandissant le « bambino » se momifiait à vue d'œil. Loin de là. Son caractère pétillant, primesautier, sa nature exubérante se traduisait dans les ébats de son âge ; et ses récréations enfantines trahissent déjà la richesse de son tempérament et la force d'âme qu'il manifestera un jour dans la carrière apostolique.

Déjà même il se signale comme le héros d'une aventure caractéristique. Par une faveur très appréciée de sa mère, notre futur Africain part un jour en promenade. Fier sur son mulet de fortune, les rênes nerveusement serrées entre ses deux mains, il poursuit sa chevauchée avec aisance et sa physionomie témoigne assez de sa satisfaction. On avait cru la bête calme et sûre ; hélas ! elle connut bientôt l'adresse de son cavalier improvisé, peut-être cependant y eut-il imprudence de sa part? Bref, elle prend d'instinct le mors aux dents et va le renverser dans le fossé de la route. La mère, qui ne l'a

ITALIE. — PANORAMA DE SAN-FELE (BASILICATE)
Patrie du V. Justin de Jacobis (C.M.).

pas quitté du regard, pousse un cri de détresse et le recommande à Dieu. La pensée lui vient de réciter une invocation en faveur des *Saintes Ames du purgatoire*. Sera-t-elle exaucée à cette heure de suprême angoisse? Soudain la monture s'arrête court sur le bord du fossé ; cramponné de toutes ses forces à la selle, le cavalier novice en est quitte pour la peur. Il saute précipitamment et revient joyeux se jeter dans les bras de sa mère.

Cependant, si notre jeune adolescent aime déjà le mouvement et les courses, s'il se complaît aux aventures tragiques, signes précurseurs de sa mission, l'instinct de son tempérament le porte bien plus aux graves préoccupations de la vie sérieuse.

Perspicace, observateur et réfléchi, il entrevoit déjà par avance les réalités, hélas ! moins frivoles qui sont le fond de toute existence. Au milieu même de ses jeux, on remarque en lui une maturité de réflexion qui fait augurer de l'avenir à tel point que, dans sa famille, on le désigne sous le nom de « petit vieux ».

Son goût pour l'étude est déjà très prononcé ; il se livre même ardemment à des travaux au-dessus de son âge. Avec la précocité d'intelligence et de talent, que son condisciple et ami [1], par une expression élogieuse qui craint d'exagérer, reconnaît avoir été *plus que médiocre*, ses progrès rapides stimulent son jeune élan, tandis que son application soutenue fait concevoir aux siens les plus flatteuses espérances !

Elles se réaliseront bientôt [2].

---

[1]. Mgr Vincent *Spaccapietra* (C. M.), † archevêque de Smyrne, vic. apost. de l'Asie-Mineure, 1878. — Aidé de M. J. de Jacobis, il exerce avec dévouement les premières œuvres à *Saint-Nicolas de Tolentino* à Naples (1836). — V. les *Annales de la Mission*.
[2]. Nous devons tous ces clichés de San Fele à la bienveillance de Mgr d'Agostino (C. M.), † évêque d'Ariano qui publie en Italie une vie superbe de Mgr de Jacobis.

CHAPITRE DEUXIÈME

MYSTÉRIEUSE EMPREINTE

LE CARME NAPOLITAIN DE « MONTE-SANCTO »

> « *Cet enfant sera un jour l'apôtre de l'Abyssinie.* »
> (Parole prophétique d'une âme de Dieu).

Grâce à l'impulsion religieuse dont il a été favorisé, on voit se dégager chez le jeune adolescent des attraits supérieurs et des aspirations qui le classent dans une catégorie à part. Oublieux des satisfactions personnelles, il éprouve par contre des jouissances sensibles à faire plaisir aux autres. Ces *autres* ne sont encore que ses frères et sœurs ; son petit monde ne s'étend pas au-delà du cercle de la famille ; à mesure qu'il le verra s'élargir, ses qualités natives prendront aussi un développement proportionnel.

Mais ses habitudes de piété, grâce aux leçons de sa mère, croissent avec une intensité remarquable ; et sa dévotion envers l'Immaculée *Marie* se traduit par des marques singulières d'un culte tout filial. Aux heures difficiles de son apostolat, il déploiera tout son zèle pour l'inspirer aux nombreux néophytes qu'il saura conquérir au Christ par l'entremise de Celle qu'on n'a jamais invoquée en vain ; les petites lectures savoureusement simples qu'il avait composées pour chaque soir du *Mois de Marie*, étaient la reproduction délicate et pieuse de celles qu'enfant, il avait entendues jadis près de sa mère[1].

A ce portrait, reconnaissez *Justin de Jacobis*. Ce n'est point un agrandissement de fantaisie ; il sera lui-même cet artiste providentiel choisi de Dieu pour lui donner avec sa grandeur incomparable la plus ravissante beauté.

D'ailleurs, le digne pasteur de *San Fele* le trouve digne, avant l'heure, de recevoir le plus auguste des sacrements ; à 9 ans, au cours d'une mission donnée à sa paroisse natale, on le voit en effet pour la première fois à la Table sainte, avec les sentiments d'un jeune homme et la ferveur d'un ange.

Bientôt la famille de *Jacobis* forme le projet de quitter la Basilicate pour se fixer à *Naples*. Dans ce nouveau milieu, la pieuse mère trouvera de puissants éléments pour développer dans l'âme de ses enfants les habitudes chrétiennes. Les maisons religieuses et les écoles abondent au sein de cette vaste cité, étagée dans une baie radieuse, une des plus belles de l'univers : et, pour directeur de sa conscience, elle fait choix d'un père Carme, du couvent de *Monte-Santo*. C'est un homme d'une grande expérience, et fort avancé dans le domaine de la spiritualité. Le petit *Justin* ne tardera pas à bénéficier de ses conseils et de ses lumières.

Le saint religieux règle si bien dès lors la conscience innocente et docile de l'enfant ; il discipline avec tant de tact sa conduite, qu'à cet âge où les amusements et le rire forment le partage, il montre des signes mani-

---

[1]. Ces lectures ont pour sujet l'explication du *Pater*, en forme de dialogue entre la Sainte Vierge et les jeunes âmes naïves et dévotes, saintement avides de ses maternelles exhortations à la vertu (E. C.).

festes d'une volonté énergique et d'une âme aguerrie dans les âpres sentiers du devoir et de la vertu.

Déjà même, ses progrès sont si sensibles que sa pieuse mère croit possible de l'initier à la pratique de l'*Oraison mentale*. Comment douter de son témoignage ? « *Ma mère*, aimait-il à raconter plus tard, *m'exerçait tous les jours à faire un peu de méditation; et, pour m'y encourager, elle me donnait une petite pièce de monnaie, lorsque cet exercice s'était prolongé pendant une demi-heure.* » Sans nul doute, guide spirituelle de sa maisonnée, *Joséphine Muccia*, au milieu de tant de tumulte, comprenait la nécessité d'imposer une trêve aux ébats de ses enfants pour les former à la prière. Justin en a gardé une telle impression que, plus tard, il s'astreindra chaque matin avec une assiduité intransigeante, à former lui-même ses néophytes abyssins à l'*exercice de la Méditation*, avant de les initier à tout autre travail.

Prévenu de tant de grâces, façonné par un apprentissage si précoce aux pratiques de la vie spirituelle, à quel degré de perfection ne s'élèvera pas cet enfant béni du ciel ? Muni d'armes puissantes et rares, mais à lui si familières, à quelles conquêtes ne volera-t-il pas ? Que d'âmes n'est-il pas destiné à entraîner par son zèle et l'influence de ses exemples ? Là est le secret de ses futurs succès d'éloquence et des conversions éclatantes dont il deviendra le merveilleux instrument entre les mains de la divine Providence.

Joséphine Muccia constate avec bonheur de si saintes dispositions ; elle en rend grâces à Dieu auquel son cœur de mère l'a consacré. Aussi mérite-t-elle d'entendre un jour de la bouche d'une sainte religieuse, favorisée de révélations célestes, cette parole prophétique :

« *Cet enfant sera un jour l'apôtre de l'Abyssinie*[1] ! »

---

[1]. Malgré le silence fait sur cette âme privilégiée, on ne peut révoquer en doute cette prophétie que rapporte abba *Técla Haymanot* qui devait la

On verra comment cette prédiction se réalisera. Sa sainteté en est le plus sûr garant. Il était saint, dit le vénéré M. Coulbeaux[1], qui suivit avec tant de courage, le sillon qu'il avait tracé en Abyssinie, il était saint lorsqu'injustement frappé par son père, il tombait à ses genoux en déclarant doucement : « *Si un père frappe, c'est toujours par amour.* » Il était saint, lorsqu'abandonnant la maison paternelle et tous ces brillants fantômes faits pour captiver un jeune cœur, il se consacre généreusement au service de Dieu dans la famille de *saint Vincent.* Saint, il le sera dans ses nuits d'oraison et d'extases, dans sa vie d'humble missionnaire à *Oria* et à *Monopoli,* et plus tard comme supérieur à *Lecce* et à *Naples* où, appelé à la direction du noviciat, il était cette lumière *ardens* et *lucens,* faisant rayonner partout l'éclat de ses vertus.

Dieu se plaira à manifester plus tard la sainteté de son serviteur. Les consciences n'auront pas de secrets pour lui ; il verra l'avenir, guérira les malades et maîtrisera les forces de la nature. Cachée déjà à ses propres yeux, elle resplendissait aux regards de tous et quiconque l'approchait était embaumé du plus suave parfum du ciel.

Heureuses les familles où Dieu dépose en germes de tels éléments de sanctification ; mais plus heureuses les âmes qui correspondent généreusement aux grâces d'En-Haut !

Le *petit vieux* de San-Fele est déjà un saint jeune homme ! Son attrait pour la piété n'a d'égal que son amour du devoir ; et ce qui le caractérise à cette époque

---

tenir ou de Mgr *de Jacobis* lui-même ou d'Abba *Kidanou,* autre disciple privilégié.

[1]. M. E. *Coulbeaux* (C. M.), auteur de plusieurs ouvrages sur l'Abyssinie ; extraits d'une conférence remarquable faite à Rome en faveur de la Mission d'Abyssinie.

c'est une passion pour le sacrifice. Il travaille à faire le vide dans son cœur, et se livre avec ardeur au renoncement évangélique pour se détacher peu à peu de lui-même. Quoi d'étonnant que le divin Maître jette sur lui des regards de prédilection, jusqu'à ce qu'il ne lui manque plus rien pour être tout à lui, et devenir entre ses mains un instrument de miséricorde pour le salut des âmes ! Ces malheureux qui dorment dans le sommeil de l'ignorance et l'oubli des vérités de la Foi, n'attendent-ils pas des hérauts de la bonne nouvelle, pour leur faire entendre la voix du Christ qui réveille les consciences et fond la glace des cœurs les plus endurcis ?

Cette pensée l'émeut profondément ; déjà les leçons du saint moine portent leurs fruits de bénédiction. A cette école, son tempérament religieux s'est fortement accusé ; dans la lecture de la vie des saints, il a puisé de vives lumières et ces grâces de choix qui le soutiendront toujours, aux heures les plus critiques de son apostolat.

Il a déjà fait de si grands progrès dans la vie spirituelle que la présence de Dieu lui devient familière ; la prière fait ses délices. On le voit presque toujours un chapelet à la main et quand il n'est pas à la maison ou au milieu de ses condisciples, on est sûr de le trouver au pied des autels devant le tabernacle. Jésus dans la divine Eucharistie possède un charme particulier pour lui ; il s'y sent continuellement attiré et le feu qui s'allumait dans son intérieur, semblait rayonner sur sa physionomie, toute resplendissante de bonheur et d'amour.

Quand il servait la messe, sa ferveur excitait celle du célébrant ; aussi les prêtres s'estimaient-ils heureux de l'avoir pour remplir ce ministère au saint autel? Dans ses communions on eût dit que Dieu n'était pas caché pour lui sous les espèces sacramentelles, que le voile qui nous le dérobe se déchirait devant lui, pour qu'il pût le contempler à découvert. Pendant son action de grâces, son âme s'ouvrait aux rayons du divin Soleil de justice pour recevoir l'abondante rosée des faveurs célestes. Aussi comptait-il parmi ses plus beaux jours ceux où il avait le bonheur de recevoir la sainte Eucharistie ! Avec quel amour plus tard il y préparera son *pusillus grex*.

Pour donner à ce portrait le dernier coup de pinceau, nous dirons volontiers de lui ce qu'une plume délicate disait de *Jean-Gabriel Perboyre*, son devancier dans la carrière : « M. de Jacobis était alors un jeune homme de petite taille, à l'air délicat, au teint pâle, et dont la physionomie empreinte d'innocence et de candeur, offrait l'expression d'une pudeur angélique et virginale, de cette humilité profonde, de cette aménité de mœurs et de caractère qui semblent le trait distinctif des âmes d'élite, prédestinées à donner au monde l'exemple des plus héroïques vertus. Son maintien d'une exquise modestie, son recueillement dans la prière, sa piété ardente, plus réfléchie et voulue qu'instinctive et timide, une pose d'ange adorateur le faisaient tout naturellement comparer aux pieux *Berchmans*, aux *Stanislas Kostka*, aux *Louis de Gonzague* et à tant d'autres jeunes saints qui, après avoir été les modèles de la jeunesse chrétienne, ont mérité la gloire d'en devenir les patrons, et couronné une belle vie par une mort sainte et glorieuse. »

A toutes ces qualités, le futur apôtre de l'Abyssinie joignait des talents précieux qu'il va mettre en relief dans la famille de saint Vincent de Paul.

CHAPITRE TROISIÈME

L'ÉLU DU CIEL

SOUS LA BANNIÈRE DE SAINT VINCENT DE PAUL

> « *Je viens offrir un riche présent à votre commu-*
> « *nauté ; l'expérience vous le démontrera.* »
> (Témoignage du Carme de Monte-Santo).

Comme le jeune Samuel voué au service divin par sa pieuse mère, *Justin* a fait sienne cette grave promesse formulée à l'heure de l'angoisse maternelle ; et, à son tour, de son propre chef, il se donne tout entier à Dieu.

Pour rendre cette donation irrévocable, rien ne coûtera à sa riche nature et il saura s'imposer tous les sacrifices : à l'école du maître, les saints n'ont-ils pas compris la nécessité de cette loi pour la conquête du royaume des cieux[1] ? Il a pour guide ce saint moine auquel les hauteurs du Carmel qu'il dût gravir, ont appris par l'expérience cette voie douloureuse et le courage qu'elle exige pour arriver au terme de ses aspira-

---

[1］ « Regnum cœlorum vim patitur et violenti rapiunt illud. » Et il saura l'inoculer dans les âmes de ses jeunes lévites, tout imprégnées qu'elles fussent des sentiments natifs les plus contraires. (E. C.).

tions. Conseils et encouragements, il ne ménage rien à son disciple de prédilection pour lui faire sonder le péril où tant d'âmes pusillanimes périssent dans un triste naufrage.

A la générosité de son offrande le jeune de Jacobis joint avec vaillance les puissantes énergies des efforts journaliers. Le ciel les couronne ; son ardeur juvénile se déploie dans la carrière du renoncement. Aussi son parti est-il bientôt pris de quitter le monde et ses vanités pour embrasser la vie religieuse ?

Dans la capitale napolitaine, bien souvent déjà il a été mis en contact avec des membres de diverses communautés ou de congrégations, dont le renom de sainteté ne l'avait point laissé indifférent ; il a pu les connaître et les apprécier. Cependant ce n'est point de ce côté que ses attraits le poussent. Et si son choix se porte sur l'humble compagnie fondée en France par le plus humble des serviteurs de Dieu, cela vient sans doute d'une inspiration d'En-Haut, mais aussi d'un concours de circonstances extérieures, ménagées par la divine Providence [1].

L'Œuvre des missions, les Retraites des ordinands, etc., ont déjà mis en relief à cette époque la maison « *dei Vergini*. » Les succès des missionnaires leur ont gagné la faveur et l'estime publics à tel point que, dans toutes les classes de la société, on parle avec admiration des *prêtres de la Mission*. Aussi, le cœur de ce jeune homme si impressionnable est-il profondément ému au récit et au spectacle de tant de vertus et de tant de prodiges, opérés par les fils de *Vincent de Paul*. « On est merveilleusement surpris et consolé, écrivait « en 1816 M. *Siccardi*, dans la circulaire où il rend

---

[1]. La Congrégation de la Mission ou des Lazaristes, fondée par saint Vincent de Paul en France, s'était étendue en Italie ; elle existait à *Rome*, à *Turin*, à *Naples*, depuis le xviie siècle.

un groupement, une nomenclature de tous les titres de gloire de Marie; au sortir de la scolastique, pour se consacrer au salut des âmes, son zèle de la glorification mariale, loin de s'atténuer, propagera cette dévotion dans les campagnes : heureux surtout de la faire comprendre à des gens grossiers et ignorants portés à un culte peut-être plus superstitieux qu'éclairé, plus sensible que solide.

Associé à toutes les saintes cérémonies et à l'administration des sacrements, il se formait aux devoirs sacrés de son ministère ; mêlé aux instructions et exhortations apostoliques, son cœur s'échauffait, comme dans un brasier ardent le feu croît et s'enflamme de plus en plus, et il devenait habile dans l'art sublime de gouverner les âmes et de les sauver.

Enfin l'heure a sonné de gravir les degrés du saint autel, après avoir reçu la consécration du Pontife ; l'ordre de Dieu et de ses supérieurs brise les chaînes de ses appréhensions et de ses scrupules. Le 12 juin 1824, il est prêtre pour l'éternité[1]. La ferveur habituelle de ses communions, et son activité spirituelle dans l'oraison, témoignent assez des transports de son âme, quand il lui fut donné de célébrer pour la première fois le saint sacrifice de la Messe. Et cette dévotion, il la conservera toute sa vie, dans les misérables chaumières où les circonstances l'obligeront à immoler la sainte Victime, comme dans les prisons où les ennemis du Christ l'enfermeront pour la cause de sa foi.

« Je fus toujours frappé, écrit M. Jandoli (Modeste),
« prêtre de la Mission à Naples, de l'exemple que nous
« donnait sa vie constamment fervente, mortifiée,

---

1. C'est durant son séjour à *Oria* que M. de Jacobis reçoit les ordres sacrés. On affirme que le 12 juin 1824, il fit partie d'une ordination qui avait lieu à *Brindisi*.

« compte des œuvres d'Italie, en apprenant le grand
« nombre des fonctions qui ont été exercées dans la
« seule maison de Naples, au profit spirituel de diverses
« catégories..., des ordinands étrangers, de la ville,
« du diocèse, du clergé royal..., des jeunes gens du
« monde, des laïques de tout rang et de toute condi-
« tion..., des étudiants en médecine et en chirurgie...,
« des domestiques, etc. [1]. » — « Nos confrères y sont
« en grande estime et en grande vénération, auprès
« des habitants et de la cour elle-même, ajoute
« M. *Baccari* en 1819 [2]. »

De plus, comment ne pas reconnaître dans le caractère spécial de la piété et les saintes aptitudes du postu-
lant, des inclinations particulières pour les œuvres de
la mission. C'est une plante délicate ; l'habile jardinier
du Carmel en dirige les nobles et saintes aspirations
vers une famille religieuse dont il connaît les destinées providentielles. Quelle douce atmosphère pour
l'éclosion des vertus religieuses et sacerdotales ! Son
pupille y sera à l'aise ; son amour de la vie cachée et
son exquise charité avec tout un cortège de qualités
caractéristiques, apparaissent au *saint Moine* comme
autant de garanties pour son entrée dans la carrière
apostolique, sous la modeste livrée des *Enfants de saint
Vincent*.

Sa piété si ardente envers Dieu eut pu se mouvoir à
l'aise sous des règles diverses, dans des ordres purement
voués à la vie contemplative, ou consacrés à diverses
œuvres d'apostolat ; mais il éprouve un attrait irrésistible pour l'évangélisation des pauvres et l'assistance
des malheureux. Il y voit avec évidence une des marques

---

[1]. *Recueil des Circulaires des Supérieurs Généraux de la Congrégation de
la Mission*, t. II, p. 324.
[2]. *Recueil des Circulaires*, etc., t. II, p. 350.

les plus caractéristiques de la mission du Christ : *Pauperes Evangelizantur*.

Aussi sa détermination est-elle irrévocable ? Il vient d'atteindre sa dix-neuvième année, et le 17 octobre 1818, il se présente avec une sainte assurance tempérée de modestie, à la porte de cette antique demeure, asile de la prière et du recueillement, riche pépinière d'ouvriers évangéliques, théâtre des saintes industries de la charité : c'est la *Maison Centrale de la province* ; et, à ce titre, elle renferme le *Séminaire Interne* ou Noviciat de la Congrégation [1].

Malgré les difficultés de l'époque à la suite des révolutions successives, des guerres et de l'envahissement des armées françaises (1799-1806), la mission cependant n'a rien perdu de son importance. Un instant ballottée par l'orage elle se reconstitue bientôt en 1815, sous le gouvernement de *M. Sicardi*, qui place à sa tête *M. de Fulgure*, « *homme remarquable par sa probité et joignant à une régularité parfaite qui lui permet de s'offrir en modèle aux siens, une doctrine sûre et une prudence consommée dans le gouvernement* [2]. »

Ces paroles élogieuses pour le supérieur et visiteur de la Maison centrale disent assez ce qu'était alors la régularité en honneur au sein de cette pieuse famille. Un parfum de vie intérieure, faite de ferveur et de charité, se répandait au dehors et attirait de nombreux postulants. Notre jeune novice y continuera l'apprentissage des vertus religieuses et apostoliques, pendant

---

1. La Maison des prêtres de la Mission « *dei Vergini* » fut fondée en 1669, dix ans environ après la mort de saint Vincent. — De 1837 à 1853, le Séminaire interne fut, pour des raisons particulières, transféré à la Maison de *Saint-Nicolas-da-Tolentino*.
2. M. *Sicardi* (C. M.), vicaire général de la Congrégation pour toutes les provinces établies hors de France. — La réouverture de cette Maison concorde avec le retour de *Ferdinand Ier* sur le trône de *Naples*, d'après les *Mémoires des provinces d'Italie*, par M. Stella

ses deux années de formation. En remettant au directeur du séminaire ce jeune élu marqué pour les autels, le saint moine lui dit : « *Je viens offrir un riche*

MAISON CENTRALE « DEI VERGINI »
NAPLES

présent à votre communauté ; l'expérience vous le démontrera. »

M. Pelliciari[1], dont la mémoire est toujours en béné-

---

1. M. *Pelliciari* (C. M.) était alors *Directeur du Séminaire interne*, dénomination sous laquelle est connu le noviciat exigé des postulants.

diction, était un homme d'une sainteté consommée ; sa clairvoyance lui permettait de manier les âmes avec le doigté de l'artiste ; aussi, après quelques mois d'épreuve, n'eut-il pas de peine à se convaincre de la valeur morale de son jeune disciple ?

Rien de saillant ne marque en général la vie du séminaire. On y consacre son temps à l'exercice de la vie commune et du renoncement religieux, véritable apanage de l'*Enfant de saint Vincent*. Ces deux années de noviciat seraient restées dans l'oubli sans les indiscrétions heureuses de son illustre ami, *Mgr Spaccapietra*, témoin aussi autorisé que fervent émule de ses progrès, dans les vertus qui composent l'esprit de la mission et plus tard, dans les études ecclésiastiques.

« Je me suis trouvé avec lui, écrit l'éminent prélat,
« dans le *Séminaire*, d'où nous sortîmes ensemble pour
« passer aux études de *philosophie* et de *théologie*.

« J'étais frappé de sa régularité et de son exactitude
« à l'accomplissement de tous les services. Jamais il ne
« m'est arrivé de lui reconnaître quelque défaut pour
« l'en avertir, comme l'impose la pratique du novi-
« ciat. »

Et où puisait-il cette force d'âme qui lui donnait tant d'empire sur lui-même ? Écoutons la suite de cette intéressante communication :

« Il pratiquait des mortifications continuelles ; entre
« autres, il prenait la discipline tous les jours ; à table
« il observait la plus exacte tempérance ; à part le
« potage qu'il mangeait en entier, il ne faisait guère
« que toucher au reste. Son esprit de mortification
« possédait l'art de choisir toujours pour lui ce qu'il
« y avait de pire. »

Comment s'étonner ensuite de ses progrès dans les vertus de l'état dont voici le portrait ?

« Une telle modestie, une telle douceur se réflé-

« taient en sa personne, qu'elles tenaient plutôt de
« celles d'un ange.

« Son *humilité* était admirable ; et l'on voyait qu'il
« en avait fait sa vertu de prédilection ; dans toutes
« les occasions où les jeunes séminaristes aiment à se
« faire voir, ou à exercer quelque petit emploi, il se
« cachait. A la lecture de table, commettait-il quelque
« faute dont il fut repris, il en faisait le sujet de la
« récréation, aimant ainsi à s'humilier et à faire res-
« sortir son incapacité. »

Suivons-le dans l'intimité avec l'heureux témoin de ses efforts journaliers et profitons de ses indiscrétions affectueuses :

« Il se formait de la sorte à la vie cachée et inté-
« rieure avec une application assidue. Mais si vigilant
« qu'il eût été à ne pas paraître et à fuir l'estime des
« autres, s'il a réussi à dérober mille traits édifiants
« aux regards qui l'épiaient, il n'a pas pu, malgré tous
« ses efforts, empêcher que la splendeur de sa vertu
« extraordinaire ne brillât au dehors et ne frappât l'ad-
« miration.

« Sa piété édifiait singulièrement son entourage.
« Dans tous les moments libres, il s'en allait à la cha-
« pelle. Là, agenouillé, il demeurait dans une telle
« attitude de recueillement et comme d'extase, qu'il
« émerveillait ses familiers. Ils s'appelaient les uns les
« autres, et se le montraient en disant : « *Voyez, voyez*
« *comme prie de Jacobis !* » Et lui, toujours ravi, ne
« s'apercevait pas de ce qui se passait autour de lui. »

Et l'âme de cette dévotion était sans nul doute son ardent amour envers la Très Sainte Vierge :

« Dans toutes les récréations il en parlait avec une
« verve surprenante. Il avait toujours quelques petites
« histoires à raconter pour porter à cette dévotion. Je
« me souviens qu'un jour il proposa de réunir tous les

« titres de gloire qu'on pouvait donner à cette Imma-
« culée Mère et il voulut en faire un sujet de divertis-
« sement. Comment redire tous les beaux titres que
« découvrait sa piété et l'explication qu'il en donnait ?
« La récréation se passait presque tout entière dans
« cet exercice qui se continua jusqu'au jour où, pour
« éviter une trop grande contention, le directeur du
« séminaire crut à propos de le défendre. » — « *Il a
« continué toujours à vivre de la sorte !* »

Quel bel éloge en cette courte conclusion ! Une ardeur enthousiaste, un élan généreux, se comprennent, se voient ; mais cette constance dans le feu du même exercice ? C'est *l'apanage des saints.*

Par ce succinct résumé, on voit assez combien *Justin de Jacobis* a profité dans le précieux apprentissage des actes de vertu dont doit être tissée la trame de la vie quotidienne du missionnaire. Aussi, au terme des deux années révolues, le *18 octobre 1820*, fut-il admis à l'émission des saints vœux, en usage dans la Congrégation de la Mission ?

Si rien ne transpire de ces fêtes intimes de l'âme, ceux qui les ont goûtées savent en apprécier toute la valeur. Pour lui, il y puise un nouveau courage pour s'initier aux sciences ecclésiastiques, sans se laisser jamais distraire de ses habitudes de fidélité au devoir.

« Dans les études, continue notre fidèle témoin,
« quoiqu'il eût *un talent plus que médiocre*, il aimait à
« parler de son incapacité.

« Il m'a dit souvent qu'il craignait de n'être pas
« admis aux saints ordres, faute de moyens et de
« talent : « Je serai toujours, disait-il, un bien chétif
« missionnaire : *Io saro sempre un ben piccolo missiona-
« rio.* » Il en était persuadé et il agissait toujours dans
« cette persuasion. »

A l'exemple des saints, il était en proie aux plus

vives appréhensions, à la seule pensée de monter au saint autel :

« Il eut pendant longtemps de fortes craintes par
« rapport à son ordination ; je me souviens d'avoir
« entendu dire à un de ses directeurs, qu'il ne pouvait
« le résoudre à aller à l'ordination, et qu'il demanda à
« passer au nombre des frères coadjuteurs. »

Cette défiance exagérée de ses talents et de ses connaissances n'est-elle pas, avec son entrain au travail, un des plus puissants facteurs de sa féconde carrière et une des meilleures garanties de succès pour l'avenir ?

La pensée du sacerdoce et de sa vocation à l'apostolat lui servait d'ailleurs d'aiguillon ; et si ses condisciples ne se lassaient pas de l'admirer, ses maîtres formulaient de lui cet éloge flatteur : « *Dilectus Deo et hominibus.* »

Ces paroles sont bien le résumé de sa vie. Dieu l'aimait ; les hommes le chérissaient. Il s'était rendu digne des grâces du ciel et des faveurs terrestres.

Quels éléments de succès !

CHAPITRE QUATRIÈME

PREMIER ÉPANOUISSEMENT DE LA GRACE DE L'APOSTOLAT

DANS LA POUILLE

> « *Je serai toujours un bien chétif missionnaire.* »
> (Paroles de M. de Jacobis).

Ses études sont terminées ; mais avant d'être promu au sacerdoce, le jeune diacre sera initié aux œuvres de la mission. C'est la pratique des enfants de saint Vincent et l'usage s'est conservé en Italie. Son supérieur l'envoie à *Oria*, dans la Pouille, pour secourir ses confrères qui ne peuvent plus suffire à la tâche. S'il est mûr pour l'apostolat, son émotion et ses frayeurs redoublent en face de la dignité qui va lui être conférée.

Sur le seuil du sanctuaire il est heureux d'accroître encore ses mérites, en faisant ses premières armes dans les missions où il produit des fruits si extraordinaires que tout le monde en est émerveillé.

Loin de le distraire de la préparation prochaine au ministère des autels, les exercices qu'on lui confie l'aident puissamment à assumer la responsabilité de ses redoutables fonctions. *Etudiant*, il avait provoqué

« humble et laborieuse. Infatigable au travail, il était
« incapable de se plaindre ni de manifester aucun
« désir. On le trouvait toujours content de tout, soit
« pour le vêtement et la nourriture, soit pour tous les
« autres usages de la vie. De son bureau au confes-
« sionnal, de l'église à sa chambre, il ne connaissait
« pas d'autre chemin ; et, chose rare ! il s'était rendu
« propre à toutes les fonctions de l'Institut ! »

C'était vraiment le type du parfait missionnaire ! Ce témoignage, rendu par un de ses confrères qui a toujours considéré comme une faveur de se trouver avec lui, peut être ratifié par tous ceux qui l'ont connu dans l'exercice de son ministère apostolique.

« Rien n'excitait à la ferveur, poursuit son heureux
« commensal, comme les paroles qui s'échappaient de
« son cœur, lorsqu'il rendait compte de son *oraison*
« ou qu'il parlait dans les *conférences* intimes de la
« communauté. Dans les Missions, lorsque son tour de
« prêcher lui imposait le sermon du soir que nous
« appelons *grand sermon*, le concours de peuple était
« extraordinaire et l'on pouvait être sûr que cette Mis-
« sion était toujours plus riche que les autres en fruits
« de salut. Très assidu au confessionnal, comme tous
« les saints missionnaires, il était toujours assiégé par
« une grande foule de pénitents ; bon surtout pour les
« grands pécheurs, tous accouraient à lui sans distinc-
« tion, bourgeois ou artisans, riches ou pauvres. Tou-
« jours à la disposition de chacun, soit à l'église, soit à
« la Mission, on l'y trouvait jusqu'à une heure fort
« avancée de la nuit. Telle fut sa vie à *Oria* jusqu'en
« novembre *1829*. »

A cette époque, il fut envoyé par les supérieurs pour prendre part à la fondation de la nouvelle résidence de *Monopoli* : il accompagnait M. *Simon Jovinelli*, désigné pour supérieur. M. de Jacobis y donna le même spectacle d'assiduité au travail, soit au confessional, soit en chaire.

De plus, il s'empressait de visiter les malades et d'assister les moribonds. Ce qu'il ramena au bon Dieu de pécheurs endurcis est incroyable ; il avait vraiment le don de toucher les cœurs comme le *saint curé d'Ars*, et tant d'autres apôtres dévorés du zèle des âmes.

Sa vie était un exercice continuel de charité envers le prochain de quelque classe qu'il fût dans la société. Aussi sa mémoire est-elle en bénédiction dans le pays !

Ajoutons à cela qu'il se traitait fort pauvrement et s'environnait de privations. Heureux de souffrir quelque chose pour le bon Dieu, il souriait quand un sacrifice s'offrait à sa générosité et trouvait dans son amour de la mortification, le courage nécessaire pour marcher sur les traces de son père *saint Vincent*[1].

« Je le vois encore, dit M. *Jandoli*, dans la petite
« chambre qu'il habitait ; elle était fort étroite et sans
« air. C'était une maison de louage, appartenant à la
« famille *Palmieri*. Comme la communauté n'était encore
« composée que de deux prêtres et de deux frères
« coadjuteurs, tout était fort mesquin et l'on vivait
« d'épargnes ; la nourriture et les vêtements étaient
« alors fort mal conditionnés, faute de personnel. »

En janvier *1832*, M. *Jovinelli* quitte *Monopoli*, pour cause de maladie et se rend dans sa famille. Désigné pour le remplacer, M. *Jandoli* sait apprécier le bonheur de vivre de nouveau avec le bon M. *de Jacobis* jusqu'à l'époque où ses supérieurs le placent à la tête de la maison de *Lecce*.

Suivons-le sur ce nouveau théâtre de son zèle.

---

[1]. Voir MAYNARD, *Les Vertus de saint Vincent de Paul* et consulter aussi ses principaux biographes, *Abelly*, *Collet*, etc.

CHAPITRE CINQUIÈME

A LA TÊTE DES OEUVRES
1834-1839

> « *Il paraissait, non pas le supérieur, mais le serviteur*
> « *de tous.* »
> (Témoignage de ses confrères).

Tant de vertus, jointes au prestige incontestable dont il jouit, font concevoir à ses supérieurs les plus douces espérances sur *M. de Jacobis*; aussi le placent-ils bientôt à la tête de ses confrères, pour les conduire dans les voies de la perfection religieuse et les affectionner aux œuvres de leur vocation.

En 1834, *Lecce* bénéficiera de ses vertus et de ses exemples; c'est une ville de la *Pouille*, plus importante qu'*Oria* et *Monopoli*; il devient supérieur de cette Mission, où son cœur de père se manifeste dans l'impulsion religieuse qu'il imprime à ses subordonnés. Rien ne change ses habitudes modestes et mortifiées, acquises au prix d'un labeur constant. Quel beau théâtre pour son zèle s'ouvre devant lui! Il y vivra dans la vie humble et cachée du Chartreux; et bientôt, grâce aux saintes industries de sa charité, on verra s'épanouir autour de lui toute une floraison de vertus.

« Il paraissait, affirme encore notre aimable corres-
« pondant, non point le *supérieur*, mais le *serviteur* de
« tous. Le titre même, il le répudiait et souffrait quand
« il s'entendait appeler « *Monsieur le Supérieur.* » —
« Jamais il ne voulait d'habits neufs, et quand le frère
« tailleur lui en apportait un, il le donnait à un de ses
« confrères. »

C'était une inspiration divine qu'il suivait généreusement. Cette *vertu de pauvreté* le préparait à merveille

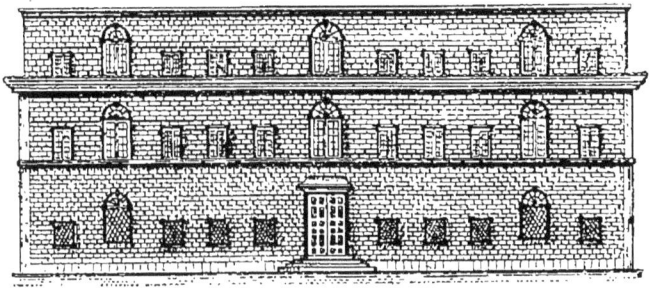

Ancienne Résidence des Prêtres de la Mission. Oria (Lecce)
Désaffectée par le gouvernement italien (1866).

aux dures privations de l'avenir; et, plus tard, pour
s'assimiler autant que possible à l'indigence d'une
population sauvage à laquelle son costume latin, si
modeste, si râpé qu'il fût, eût paru trop luxueux, il
revêtira les vêtements de l'indigène et la toge du pauvre
Abyssin lui tiendra lieu de manteau. Pas de confrère
dans la maison, plus humble et plus oublieux de lui-
même. Aussi quelle suave harmonie dans cette maison
de *Lecce* et comme le bon Maître donne bénédiction à
toutes ses entreprises !

« Lorsqu'il entra en charge, il était adoré par tout le
« monde, témoigne encore son illustre ami. — Ayant

« accompagné *M. Fiorillo*, visiteur, pour la visite de
« cette maison, je pus m'apercevoir de l'affection de
« toute la communauté pour lui. Aussi, combien atta-
« chante était sa charité envers ses frères ! Simple,
« elle faisait que celui qui conversait avec lui, croyait
« parler avec un enfant ; gaie, elle rendait modestement
« jovial... »

C'était plaisir de le voir se faire tout à tous, et comme il savait saisir toutes les occasions de manifester aux siens les sentiments d'*humilité* dont son âme était pénétrée !

« Je fus témoin, poursuit Mgr *Spaccapietra*, d'une
« anecdote qui mérite d'être racontée. Le frère cuisi-
« nier avait chargé un autre frère d'aller au jardin
« cueillir des tomates. Sur son refus, le cuisinier fait
« plainte au supérieur. Vous avez raison, lui répond
« *M. de Jacobis* ; donnez-moi le panier. Dans son esprit
« il croyait que c'était pour le remettre au frère récal-
« citrant. Mais loin de là ; il sort aussitôt sans rien dire
« et va lui-même accomplir la besogne. Puis il rap-
« porte son panier rempli à la cuisine, et dit au frère :
« Voilà vos tomates... Ce qui combla de confusion les
« deux coupables ; ils se mettent aussitôt à genoux
« pour lui demander pardon. — Il sourit et se retira. »

De tels traits émaillent sa vie de missionnaire ; et c'était plaisir de vivre dans l'intimité de cette pieuse famille, dont il était le père très aimé ! Il lui arrivait souvent de sonner le réveil, lorsque le frère excitateur s'oubliait ; pour lui, il avait l'habitude de se lever avant ses confrères, et il se rendait à la tribune de la chapelle pour y vaquer à l'oraison.

On sait avec quelle modestie et quelle condescendance il procédait à l'égard des siens ; tous ceux qui eurent le privilège de vivre sous son obéissance, ont rendu témoignage de la délicatesse de ses sentiments.

Son union à Dieu ne lui laissait pas oublier les intérêts temporels dont il avait la charge :

« Une sage économie, lisons-nous encore dans la
« même relation, l'inspirait dans l'administration des
« biens et du ménage. Aussi, grâce à cet ordre
« domestique et à cette mesure dans les dépenses, il
« sut faire agrandir l'église de la maison de *Lecce*. »

Mais, s'il savait tenir les intérêts temporels de sa communauté, et s'il pensait à la maison de Dieu, il oubliait la sienne propre. Son désintéressement paraissait même plutôt exagéré, en ce qui concernait sa famille; jamais il n'employa son influence pour procurer des avantages terrestres à ses parents, dont la situation était cependant des plus précaires.

Ce n'est pas à dire qu'il ne ressentait pas les saintes et chaudes affections de la famille; nous le retrouverons bientôt à *Naples,* où le bon Dieu lui demande le plus douloureux sacrifice de la piété filiale.

De *Lecce,* en effet, ses supérieurs l'appellent en 1837 à la maison principale de la province, pour en prendre la direction. A vrai dire, il ne fait qu'y passer.

« Mais, poursuit son chroniqueur autorisé, durant
« ce court espace de temps, sa bonne mère qui par ses
« vertus égalait les anciennes chrétiennes, vint à mou-
« rir. Après lui avoir rendu les derniers devoirs,
« M. *de Jacobis* veut lui-même chanter la messe pour
« le repos de son âme et accompagner sa froide dé-
« pouille au champ du repos, en attendant les joies de
« la résurrection. Mais sa nature, déjà si contrainte,
« est subitement ébranlée; il s'affaisse, accablé par la
« douleur, et tombe dans les bras du frère qui l'accom-
« pagne. »

Si tels étaient dans ce cœur de fils les sentiments naturels des liens qui l'attachaient aux siens, la violence qu'il s'imposait pour les dominer, triompher de la chair et du sang, était toute entière au profit des malheureux et des déshérités de ce monde.

De ceux qui souffrent il avait fait sa famille adoptive ; à travers leur dénûment et leur abandon il comprenait mieux le mystère de la souffrance. Aussi le pourquoi des préférences dont les entourait le Dieu du Calvaire, n'était-il plus un secret pour son cœur compatissant ?

Il était constamment près des pauvres et des personnes les plus abjectes du monde... pour eux toute sa sollicitude. Comment exprimer ici son empressement à visiter les malades et les moribonds, à accommoder les différends, à réconcilier les personnes ou les familles divisées !

Aussi son confrère M. *Gandoli* peut-il clore dignement ce concert d'éloges en disant en *1842* :

« Sa vie était un exercice continuel de charité et de
« zèle envers le prochain, à quelque classe qu'il appar-
« tint dans la société ; et, dans les pays où cet ange
« de salut a passé, à *Oria*, à *Monopoli*, à *Lecce*, dans
« toute la Pouille, sa mémoire est en bénédiction et le
« sera pendant de longues années près du clergé, des
« bourgeois, des religieux, des paysans, etc., car tous
« ont vu qu'il ne cherchait qu'à leur faire du bien. »

Enfin, modèle à tous, modèle en tout !

« Les confrères qui restaient avec lui, ou bien ses
« supérieurs, tous s'accordaient à le dépeindre *comme*
« *un saint*. Chacun reconnaissait en lui la perfection
« de l'esprit de son état. »

Aux yeux de son entourage immédiat, il était l'espoir de la province. Et soit pour la conduite des maisons, soit pour la formation des aspirants à la sainteté de l'état religieux et apostolique, son choix eut recueilli l'unanimité des suffrages. Aussi, quoique supérieur de la maison centrale *dei Vergini*, le Visiteur eut-il recours à son zèle pour la *direction du séminaire interne de la Congrégation*, jusqu'à ce qu'il trouvât un sujet capable de remplir cet office, délicat entre tous, et sur lequel repose l'avenir des communautés religieuses.

Le *noviciat* était alors établi dans la deuxième maison de Naples, à *Saint-Nicolas da Tolentino*. Instrument docile entre les mains de ses supérieurs, plus heureux d'obéir que de commander, M. de Jacobis se rend à son nouveau poste, sous la direction de son émule et ami, M. *Spaccapietra*, qui rend de son subordonné ce précieux témoignage :

« Il apporta pour la formation des novices aux vertus
« de leur saint état, un tel soin à leur servir lui-même
« de modèle, et un dévouement si éclairé qu'il gagna
« bientôt une confiance mêlée de vénération. »

L'impulsion imprimée à cette maison de formation reste son œuvre ; l'intérim est rempli. L'obéissance le rappelle à la tête de sa chère maison où il donne de tels exemples d'observance et d'humilité, de mansuétude et d'égalité d'âme que les plus anciens comme les vénérables prêtres de la ville en sont eux-mêmes dans l'admiration.

Hélas ! on ne jouira pas longtemps de son aimable conduite. L'heure va bientôt sonner pour de nouvelles conquêtes. Les desseins de Dieu le trouveront prêt à des entreprises bien plus considérables, auprès desquelles tant d'œuvres où il s'est signalé ne sont que le mystérieux prélude.

Son mérite a brillé aux yeux de tous et son renom de sainteté s'est répandu partout.

Avant les hommages de l'opinion publique, il recevra des faveurs célestes.

CHAPITRE SIXIÈME

FAVEURS CÉLESTES

> « *Du corps de M. de Jacobis s'échappait une vive
> lumière qui éclairait la route et les suivit jusqu'à
> l'entrée du village où l'attendait un moribond* ».
> (Le jardinier des *Palmieri*).

Pénétrés d'admiration pour *M. de Jacobis*, tous le vénèrent déjà *comme un saint*. Le ciel lui-même semble applaudir à ce concert d'éloges et par des faveurs accompagnées des plus étranges prodiges, approuver ce culte anticipé.

Au témoignage du vénéré *M. Jandoli*, voici un fait extraordinaire qui fit alors sensation dans la région de Monopoli ; laissons la parole au *témoin oculaire* :

« Mon père, dit M. Pepe[1], avait une haute idée de
« la vertu de M. de Jacobis. Atteint d'une maladie
« longue et grave, il le faisait venir souvent de *Monopoli*
« dont *Fasano*, patrie de mon père, n'était éloigné que
« de quelques milles et avec quelle charité le pieux
« missionnaire se prêtait à ce ministère !

« Un jour entre autres la maladie empira à tel point

---

1. Prêtre de la Mission (1864).

« que, d'après l'ordre du médecin, le temps pressait de
« lui administrer les derniers sacrements. On dépêche
« aussitôt un exprès à *Monopoli* pour appeler M. de
« *Jacobis*. Il était tard et précisément l'heure d'un
« exercice de la mission.

« On se trouvait en plein hiver, au milieu des ténèbres
« d'une nuit pluvieuse. Prévenu aussitôt après son
« sermon, le digne fils de saint Vincent veut néan-
« moins se mettre en route. Le jardinier de la cam-
« pagne de *MM. Palmieri* lui sert de guide, une lanterne
« à la main.

« Or, en chemin, se renouvelle le même miracle que
« pour *saint André d'Avellino*. Sous la violence de
« l'orage, le vent éteint la lumière ; plongés dans l'obs-
« curité, les deux voyageurs se seraient infailliblement
« égarés si une clarté n'eût brillé pour diriger leurs pas.
« Alors, du corps du *saint prêtre* s'échappent aussitôt des
« rayons de lumière qui éclairent la route et les suivent
« à travers le village, jusqu'au seuil de la maison où ils
« sont attendus. Arrivé dans la chambre du malade,
« M. de *Jacobis* se précipite à son chevet et prolonge
« affectueusement son entretien avec lui...

« Pendant ce temps, ma mère préparait au guide
« une petite collation. Le moment venu de se mettre à
« table, celui-ci refusa ; malgré des instances réitérées,
« on ne put le déterminer à prendre la moindre nour-
« riture. A ceux qui s'étonnaient, il raconta ce mer-
« veilleux incident, ajoutant que l'impression produite
« sur son esprit avait été telle qu'il en avait perdu l'ap-
« pétit et le sommeil. C'est ainsi qu'on eut connais-
« sance d'un événement que l'humilité de M. de *Jacobis*
« aurait enseveli pour toujours dans un profond
« oubli.

« Apprenant ensuite par ma mère ce qui était arrivé,
« mon père en parla à M. de *Jacobis* qui se contenta de

« sourire en disant que ce brave homme avait bien pu
« prendre quelque météore nocturne pour une lumière
« surnaturelle. Mais un tel météore ne peut avoir une
« telle durée, ni une telle nature... »

Tout ce que nous venons d'exposer sur les travaux du missionnaire en Italie, sur ses succès, sur les grâces et signes merveilleux qui accompagnaient son saint ministère, se trouvent résumés dans cet éloge d'un de ses concitoyens :

« M. *Justin de Jacobis* est un de ces ouvriers évangé-
« liques qui savent transformer tous les droits de la
« nature en vertus sublimes de la religion et attirer à
« Jésus-Christ, le savant et le philosophe, aussi bien
« que l'ignorant et la jeune fille. Pour lui, le précepte
« de l'amour de Dieu n'est plus un précepte, mais un
« don du ciel qui le consume et brise toutes les bar-
« rières...

« Il paraît en chaire comme un héros de vertu, avec
« un esprit enrichi des connaissances les plus diverses
« et les plus étendues. Doué d'une sainte onction, et
« grâce à l'action puissante de sa parole, il amollissait
« les cœurs de pierre et touchait les pécheurs au point
« de provoquer l'admiration de ses serviteurs. Sous le
« manteau de l'humilité il cachait les plus belles vertus.
« Les incrédules ou ceux qui vivaient loin de la pra-
« tique des sacrements, accouraient à lui dans l'espoir
« de donner un démenti à une réputation toujours
« croissante ; mais devant l'accueil de cet homme de
« Dieu, ils se sentaient saisis et, convaincus de la sain-
« teté de notre religion, ils reconnaissaient publique-
« ment que Dieu est admirable dans ses saints. »

A tous ces témoignages font écho les relations venues d'*Oria* et des environs où il allait semer le bon grain de la parole de Dieu et moissonner des âmes dont il offrait à Notre-Seigneur les prémices.

De son côté le Tout-Puissant signale sa mission de résurrection et de paix par les plus éclatants prodiges.

En scrutant la conscience des sacrilèges, il leur représentait les fautes qu'ils dissimulaient au saint Tribunal de la Pénitence, et les amenait par une contrition surnaturelle à les publier ensuite eux-mêmes. Ici, par ses prières, il conserve la vie à des personnes, chargées de péchés et déjà aux portes de l'Enfer. Là, il console des époux désolés dans leur foyer désert après sept ans de mariage, en leur disant cette parole : « *Ayez confiance ; l'enfant que le Ciel vous donnera, vous l'appellerez Vincent de Paul* » et l'année suivante ces parents souriaient avec bonheur sur le berceau d'un ange.

Le miracle s'attache à ses pas ; sa réputation de sainteté s'accrédite à tel point que l'on accourt de très loin pour bénéficier de sa bienveillante intercession : *Virtus de illo exibat quæ sanabat omnes*. S'il chemine de *Monopoli* à *Fasano*, pour secourir un malade, au milieu des ténèbres épaisses de la nuit, il n'a aucun souci de la route à suivre ; une flamme céleste le précède pour éclairer ses pas incertains. Que de mères ne lui doivent-elles pas le retour à la santé dans les circonstances les les plus douloureuses de la vie ! et devant la science impuissante, n'a-t-il pas donné plusieurs fois l'eau du baptême à des enfants que l'on croyait morts dans le sein maternel ? *Mais quel est celui à qui les vents et la mer obéissent ?* C'est en ces termes que les contemporains du Sauveur saluaient le grand thaumaturge de la Palestine et de la Judée. *Justin de Jacobis*, parmi tant de traits à sa louange, a reproduit ces scènes sublimes de l'Évangile. Le Christ lui communique sa vertu divine pour commander à la mer et renouveler les merveilles de sa puissance. Dans un village de pêcheurs, où il va porter la bonne parole, il trouve tous ces pauvres gens plongés dans une désolation étrange. En vain avaient-ils jeté leurs filets? toute la semaine s'était passée sans rien prendre. Une telle situation l'émeut; cette population lui devient sympathique. Aussi à la prière de ces braves gens, il se rend sur le bord de la mer, en bénit les eaux après avoir levé ses regards et son cœur vers le ciel. O miracle! Aussitôt la pêche devient très abondante et les filets se remplissent...

Ces faits dont tant de témoins ont révélé l'authenticité, se passent de commentaires ; ils ne peuvent s'expliquer que par une intervention divine. Dieu se préparait ainsi pour les contrées indifférentes ou endormies dans les ténèbres de l'incrédulité, un instrument de ses miséricordes et de son amour..

Voyons comment se manifestent à cet élu les desseins du Ciel sur l'Eglise d'Abyssinie.

LIVRE DEUXIÈME

Mission catholique en Abyssinie
(Projet et Difficultés)

CHAPITRE PREMIER

1° SOLLICITUDE CONSTANTE DU SAINT-SIÈGE POUR L'ÉGLISE D'ABYSSINIE

Mouvement scientifique et religieux en Europe, après la révolution de 1789, pour les expéditions lointaines. — Courant d'apostolat sous l'impulsion du Saint-Siège. — Moines abyssins à Rome. — Abba Ghiorghis près de la Propagande.

Le retour de temps meilleurs permettait à l'Europe de reporter ses regards et son influence vers les contrées lointaines, et de reprendre les grandes expéditions coloniales, qu'avait arrêtées la Révolution française de 1789.

De son côté aussi l'Église poursuit les expéditions évangéliques, qu'elle n'a jamais cessé d'entreprendre et de pousser en avant avec la persévérance que lui inspire l'ordre du Maître : « *Allez, instruisez toutes les nations* », malgré toutes les entraves et les difficultés inséparables d'une si grande entreprise.

Des explorateurs se partageaient le monde, pour ainsi dire, et partaient vers de nouvelles découvertes ethnographiques, etc... De nouvelles générations sacerdotales aussi, sous le souffle divin dont le Saint-Esprit anime l'Église de Jésus-Christ, sentent une nouvelle ardeur, un généreux élan qui les entraînent vers les terres les plus inhospitalières.

On voit dans la première moitié du XIXe siècle, ce

courant de zèle apostolique s'ouvrir un chemin vers les quatre coins du monde.

De Rome, comme de sa source et du centre naturel de ce grand mouvement, part l'impulsion première. Toujours soucieuse de la propagation de la Vérité, toujours attentive à pénétrer par tous les débouchés qui s'ouvrent à Elle dans les terres sauvages, plongées dans les ténèbres et l'ombre de la mort, Elle s'inquiète surtout de l'Ethiopie, peut-être plus à plaindre à cette époque que les autres régions, à cause de son éloignement et de son isolement forcé, avant le percement de l'isthme de Suez.

Cette contrée qui avait reçu jadis les lumières de la Foi, et vécu du Christianisme, avait toujours paru plus digne de pitié et d'intérêt.

Aussi l'Eglise romaine a-t-elle constamment témoigné une affection, un empressement, une sollicitude particulière pour ce pays.

La première tentative remonte au xive siècle (1316-1366) par l'expédition de huit dominicains. Un rapprochement s'était aussi opéré durant le Concile de *Florence*, en *1442*, sous le règne de *Zéra Jacob*. — Puis le pays retombe dans l'isolement schismatique, durant deux siècles.

Une grande expédition évangélique et un puissant mouvement de conversion avaient semblé lui assurer un triomphe complet et décisif au xvie siècle. Mais la réunion de l'Eglise éthiopienne à la chaire de saint Pierre venait à peine d'être officiellement accomplie par la promulgation des édits de l'empereur *Socinios* et l'installation du patriarche latin *Alphonse Mendez*, qu'une conspiration suivie d'une révolution aussi inattendue que sanglante, détruisit en 1632, la mission si prospère des Jésuites et la précipita dans la plus désastreuse des ruines.

L'Eglise romaine, avec une constance invincible, fit encore à plusieurs reprises de nouvelles tentatives. Dans l'espérance de réparer les désastres des catholiques qui survécurent à la persécution de l'apostat *Basilidès*, fils et successeur de *Socinios*, dès 1637, puis en *1698, 1711, 1751, 1781,* diverses expéditions furent entreprises par les vaillants *fils de saint François*. Mais elles furent toutes également infructueuses, et les apôtres martyrisés.

Cet intérêt s'accroissait quand, de temps à autre, la Propagande voyait venir des moines abyssins en pèlerinage à *Jérusalem ;* frappés là de l'évidence de la vérité catholique, ils s'étaient, à diverses époques, rendus à Rome, pour réclamer secours en faveur de leur pays, auprès du Père qui a la sollicitude de toutes les églises.

Un certain Abba *Ghiorgis*, entre autres, prêtre originaire de *Ghélebbéda*, plaine du *Tembièn*, province orientale du *Tigré*, était, en *1839*, recteur de l'église et de l'hospice de *Saint-Etienne-des-Maures*, couvent et école fondée près de *Saint-Pierre*, dans le but de recruter des Abyssins, de les former à l'apostolat catholique, et de les envoyer évangéliser leurs frères.

Les instances de ce moine étaient actives et persévérantes près du Saint-Siège, pour obtenir l'envoi de missionnaires en Abyssinie ; tant d'efforts seront bientôt couronnés de succès.

2° GRANDES DIFFICULTÉS QUI ENTRAVENT L'ENTREPRISE D'UNE MISSION EN ABYSSINIE

Haine fanatique des Musulmans sur la mer Rouge. — Incommodités des barques. — A Massaouah, Caïmacans, Naïbs : bakchich, concussions, ruses, filouteries orientales. — Em'coullou, Arkico. — Montagnes Choho — Plateaux Tigréens.

La Propagande étudiait les moyens de réaliser ce difficile projet et cherchait les ressources nécessaires à l'entreprise ; mais, toujours, des difficultés morales, physiques et matérielles, se dressaient en grand nombre.

L'apostolat catholique rencontrait d'abord devant soi la haine de l'Islamisme contre tout élément chrétien, haine plus cruelle et plus implacable que partout ailleurs, sur les eaux qui baignent les rives du berceau et de la tombe de l'antéchrist, et se couvrent de barques sans nombre, qui portent vers *la Mecque* des troupeaux immenses de pèlerins affolés par le fanatisme.

Avant que le creusement du *canal de Suez* n'ouvrît à l'Europe les portes de la *mer Rouge*, elle était comme un boulevard inabordable à tout navire chrétien. Les galères turques poursuivaient à outrance ceux qui tentaient de s'y aventurer. On en trouve de sanglants détails dans les récits des efforts, des luttes de la *navigation portugaise* au XVIᵉ siècle et au XVIIᵉ siècle, puis des expéditions de la *marine anglaise*, dont la prédominance a supplanté celle du *Portugal* dans les mers des Indes, au xviiiᵉ siècle jusqu'à présent.

Les grandes transformations de la navigation et les concurrences coloniales des Etats d'Europe ont tellement changé ces conditions dans le golfe Arabique, comme dans toutes les mers, qu'on se fait à peine une idée à présent des difficultés insurmontables que la piraterie et le fanatisme des Mahométans, aujourd'hui tenus sous le joug de la force armée, y créaient encore il y a cinquante ans à peine.

Autant la traversée exposait à des dangers redoutables de la part des ennemis qui gardaient ces eaux, autant elle était pénible et longue, incommode et coûteuse.

La navigation de la *mer Rouge* n'était desservie que par de grossières barques, *sambouk*, fabriquées et montées par les Bédouins des côtes arabiques ou égyptiennes, nubiennes et éthiopiennes. Et encore n'en trouvait-on pas facilement à noliser, à moins que le hasard du commerce n'en procurât par fortune?

L'entrée au port de *Massawah*, à son tour, était plus remplie d'entraves de la part des Musulmans, qu'elle n'est obstruée de roches et d'écueils qui en rendent les abords impraticables.

D'une part ce sont les Caïmacans turcs, et de l'autre les *Naïbs* ou chefs indigènes de la ville et des bourgs voisins, situés sur la rive continentale, Em'coullou et Arkico ou Dohono : double race cupide, vénale ; elle n'a de loi que celle du vil *bakchiche* ou pourboire, ce générateur des mille artifices, dont ces hommes retors au métier du lucre, enlacent comme dans un filet inextricable, tout voyageur étranger inexpert à ces filouteries orientales, qui seront tour à tour victimes de la ruse et de la menace.

Non moins pleine d'ennuis, de concussions menaçantes ou armées, d'extorsions sous toutes les formes sera la suite du voyage à travers les montagnes des *Choho,* et même sur les plateaux Tigréens des *censés civilisés*, qui se fardent d'un dehors chrétien.

Arrivés là, en *Abyssinie,* que de frais d'établissement vous attendent parmi ces demi-sauvages aux yeux desquels tout *Frèngi* (Franc, Européen), est comme cette bête jetée aux sangsues dans les marais. Non seulement le lieu où vous voulez planter votre tente, mais le droit même de domicile est, pour le blanc, à prix d'argent.

Puis, combien d'autres droits s'en suivront : droit de puiser l'eau au ruisseau où s'abreuvent tous les fauves, droit de ramasser du bois sec dans les forêts et les vastes déserts, droit d'y paître les bêtes de somme... que sais-je encore ? Innombrables sont les ennuyeuses servitudes que les Abyssins imposent à l'étranger ! — Je dis à l'étranger Européen ou blanc, car pour l'étranger qui présente la similitude de race, lui, on l'accueille, on l'héberge en frère, en parent.

Tant d'obstacles que les anciennes expéditions apostoliques avaient fait connaître, se dressaient devant le zèle et le projet souvent repris et arrêté tour à tour, de tenter une fois encore l'entreprise.

Ce sont sans doute ces difficultés qui ont toujours entravé le dessein enfin résolu par la Sacrée Congrégation, sur les instances toujours plus pressantes d'*Abba Ghiorgis*, d'envoyer une bande de missionnaires qui devaient être dirigés même, paraît-il, par un cardinal [1].

Quelle qu'ait été la cause humaine qui a suspendu ce projet, nous voyons le doigt de Dieu qui, dans ses conseils divins et cachés aux hommes, avait désigné et tenait prêts les hommes de son choix.

---

[1]. *Ghedlé-Abouna Jacob*, p. 116, c'est-à-dire *Vie de Mgr de Jacobis* (Manuscrit déjà cité d'Abba Técla-Haymanot.

CHAPITRE DEUXIÈME

ÉVÈNEMENTS QUI OCCASIONNENT ET AMÈNENT UNE TENTATIVE DÉCISIVE DE MISSION EN 1839

Voyage de MM. Antoine et Arnauld d'Abbadie et M. Sapeto, missionnaire en Abyssinie. — Constat de besoin de protection contre l'Islamisme armée, de missionnaires contre l'hérésie monophysite et contre l'envahissement du protestantisme. — Démarches à Rome, à Paris.

L'honneur d'ouvrir la route à une *mission catholique* en Abyssinie revient principalement à M. *Antoine d'Abbadie*, illustre et savant explorateur de l'Ethiopie, membre de l'Institut de France.

Les deux frères *Antoine* et *Arnauld d'Abbadie*, auxquels M. *Sapeto*, missionnaire en Syrie, s'était joint en qualité de voyageur, entreprennent une excursion scientifique dans la Haute Ethiopie.

Arnauld et *Sapeto* arrivent le 13 mars 1838 à *Adoua*, capitale du *Tigré*, pendant qu'*Antoine* pénétrait jusqu'à *Gondar*, capitale des Etats de l'*Amhâra* ou de l'Abyssinie centrale.

Tandis que celui-ci s'occupait, à *Gondar*, à fouiller les bibliothèques, il est ému, comme toute la population, de l'approche hardie, menaçante de quelques ailes volantes des troupes égyptiennes, qui envahissaient alors le *Sennar*[1].

Le *Dedjaz Kenfou*, chargé du gouvernement de la

---

1. Vallée du Nil Bleu et de ses affluents du N.-E.

frontière ouest de l'*Amhâra*, avait ses campements à *Ouehni* et *Métamma*. Il se voit menacé d'une attaque de leur part, et se sent inférieur en armement, parce qu'alors les fusils n'étaient pas encore introduits dans l'armée abyssine, comme en celle de *Mohammed-Ali*.

Il envoie à la capitale demander des prières publiques. La cour impériale de Gondar est en proie à une inquiétude qui frise la panique.

Au milieu de ce désarroi, un prince du sang du nom de *Ato Teclà Sellassié*, fort instruit de l'histoire des rois ses ancêtres, raconte à la cour, qu'en semblable danger, la reine *Sabbè-Ouenghel* avait demandé secours en Europe, et que, grâce aux Portugais, l'Abyssinie avait été délivrée de *Gheragne*, le fléau qui l'avait déjà conquise et mise en ruines. « Pourquoi, ajoute-t-il, ne pas
« tenter aujourd'hui une démarche semblable ? Dieu
« lui-même nous en fournit le moyen, en nous
« envoyant cet étranger, *Antoine (d'Abbadie)*. Ecrivons
« une lettre que nous le prierons d'aller porter au roi
« de France, *Louis-Philippe*. » — « Conseil de vieil
« utopiste, s'écrient les autres, tout entiers au décou-
« ragement ; l'ennemi est à nos portes, et vous allez
« mendier du secours à un roi qui nous entendra à
« peine dans une année ! A quoi servira cette dé-
« marche, quand il aura été fait table rase de nous ? »
— « Mais, répond l'imperturbable conseiller, qu'elle
« arrive tôt ou tard, que vous en coûte-t-il d'envoyer
« un petit bout de papier ? »

La réplique enlève le *placet* général.

M. Antoine d'Abbadie est chargé du message (*Ghedlé*. ch. x).

L'intérêt qu'il portait lui-même à cette chrétienté, le pressait aussi de faire quelque chose, afin de la sauver d'une invasion musulmane, fatale à la religion et à l'indépendance nationale des Abyssins.

Dans les entretiens philologiques qu'il avait tous les jours avec les *Kahenat*, ou gens du clergé séculier et régulier, et avec les lettrés qu'on dénomme aussi *Debtera*, M. *Antoine d'Abbadie* avait eu mainte occasion d'exposer la doctrine catholique, d'entendre et de réfuter les arguties de l'erreur. Au cours de ces expansions théologiques, il vit que ces gens instruits étaient plutôt égarés qu'obstinés, et que leur réunion à l'Eglise catholique était chose réalisable, si des missionnaires zélés et instruits venaient combattre l'hérésie et enseigner la vérité dans ce pays.

Son zèle pour la vraie foi lui inspire comme un devoir de faire une démarche à Rome, de même que sa sympathie pour l'indépendance de ce pays chrétien en demandait une autre auprès du gouvernement français, défenseur né de l'Eglise chrétienne dans l'Orient.

Aussi, s'en revient-il dans le *Tigré*, pour aviser aux moyens d'accomplir cette généreuse mission.

A *Adoua*, il rencontre auprès de ses deux compagnons, *Arnauld* son frère et *Sapeto* missionnaire, un sentiment, une opinion et un projet identiques aux siens.

Soit à *Aksoum*, l'antique capitale religieuse et politique de l'Ethiopie, soit à *Adoua*, sa jeune voisine, capitale moderne du *Tigré*, ceux-ci avaient fait connaissance avec des lettrés, des prêtres, des moines, etc... la classe instruite en un mot, qui après avoir entendu d'eux l'exposé du dogme catholique sur les deux natures en la personne unique de Notre-Seigneur, et sur la suprématie universelle du siège apostolique de Rome, déclarèrent que la vérité était là.

Une centaine de personnes, les plus instruites de la région, les maîtres enseignants, donnent par écrit une profession de foi, une déclaration de soumission au successeur de *Pierre* ; on la confie à M. *Antoine d'Abbadie* pour être remise à Sa Sainteté *Grégoire XVI*.

Le patriotisme, peut-être jaloux, aussi bien que l'amour de la foi, inspirait au sérieux excursionniste, le dessein onéreux et fatigant de se rembarquer en *Sambouk* pour *l'Égypte* et *l'Europe*.

Les trois voyageurs savaient bien que de longue date, l'Angleterre avait pris pied en Abyssinie. Là, comme ailleurs, cette puissance maritime avait profité de la révolution française, pour s'emparer des possessions coloniales et de l'influence que la France avait acquises dans l'Océan Indien. Maîtresse dans les Indes et les mers avoisinantes, elle voulait étendre sa prépondérance sur les côtes africaines baignées par les mêmes eaux. *L'Abyssinie* surtout offrait à ses yeux une importance miroitante, sinon sérieuse.

Aussi ses agents l'assaillent-ils sans relâche ni découragement? Lord *Valentia d'Annesley*[1], en 1805, puis, son compagnon *Sall*, en 1810, avaient pénétré dans la cour des princes du *Tigré*, avec mission de créer des relations commerciales assurées par un traité. Ils y avaient laissé *Pearce*, puis *Coffin*, chargés de veiller aux intérêts britanniques. Sur les conclusions pressantes de leurs rapports officiels, sur leurs données et leurs invitations auprès de la Société biblique, les missionnaires protestants *Samuel Gobat* et *Kigler*[2] allèrent en 1831 rejoindre ces émissaires politiques. Après eux, en *1834*, *Wolf*, *Isemberg*, *Blumard*, *Krapf* : ces trois derniers étaient à *Adoua* quand *Sapeto* et *d'Abbadie* y entrèrent en *1838*.

---

1. La cartographie anglaise a donné à la baie *d'Adoulis* le nom *d'Annesley* en souvenir de son voyage et comme pour indiquer d'avance leurs conquêtes ou possessions éventuelles.
2. Il est vrai, le premier était de Berneet, le second de Wurtenberg ; mais ils étaient affiliés à la société de Londres.

Selon la manière charlatane des messagers de la Société biblique, ces ministres enseignaient principalement avec un grand étalage de livres et d'école ; et la construction à grands frais d'un temple et d'un collège évangéliques, facilitait singulièrement leur apostolat. Mais leur argent seul avait gagné les sympathies de ceux de la population qui avaient le culte du lucre. On y retrouve les descendants de leurs adeptes, métis de Grecs, d'Arméniens expatriés par l'appât mesquin du petit commerce oriental. Quant à la race franco-abyssine, pure de ces alliages avec les gens des bazars, elle est restée nette, je ne dis pas de la brillante guinée, ce serait faux, mais de la doctrine anglicane. La classe instruite les avait en aversion. Leur enseignement destructif des sacrements de l'Eucharistie, de la pénitence, du sacerdoce, du culte de Marie, de la croix, des images, des saints... de la chasteté monastique... a éloigné d'eux, jusqu'à faire passer dans les mœurs publiques comme une injure des plus répressibles en justice, la dénomination sous laquelle les protestants sont connus en Abyssinie : *Tsera-Mariam* ou ennemi de Marie (*Ghedlé*, p. 2, ch. vi).

Autant les gens instruits montraient de répugnance pour cette secte, autant parurent-ils aux voyageurs catholiques, dès les premières ouvertures, avoir de l'attrait pour l'enseignement et les pratiques de l'Église romaine.

Aussi les trois Européens catholiques ressentaient-ils en eux-mêmes un regret et une sorte de jalousie *patriotique* et *religieuse*, — *patriotique*, de voir le prestige britannique effacer celui de la France, prépondérante dans toutes les autres chrétientés d'Orient, — *religieuse*, de voir le protestantisme, malgré l'antipathie dont il était l'objet, battre si ardemment le fer à *Adoua*, tandis que le catholicisme n'y avait pas même mis le pied.

Connu le grand esprit de foi de M. *Antoine d'Abbadie,* l'on conçoit qu'il fut poussé comme par un aiguillon irrésistible à réclamer des missionnaires pour l'Abyssinie.

Sans doute aussi, d'autres motifs, tirés de son amour des investigations et des découvertes scientifiques, le rappelaient en Europe.

Son retour fut décidé.

Mais cette mission auprès du *Saint-Siège* aurait bien plus de poids et de chances de succès, si les pétitionnaires abyssins y étaient représentés par quelque délégué choisi parmi eux. Sous l'inspiration du missionnaire et de ses compagnons, le clergé de la paroisse de *Saint-Gabriel,* alors la principale église d'*Adoua,* se réunit pour composer ensemble une adresse au Souverain Pontife. Ils l'écrivent et la confient à un prêtre et à un diacre, chargés de suivre M. *Antoine d'Abbadie* et de la remettre à Sa Sainteté *Grégoire XVI.* Un troisième Abyssin les suivait comme serviteur.

Ils arrivent à *Rome* en 1839.

La lettre était conçue en ces termes :

« *Église de Saint-Gabriel, à Adoua, capitale de la province de l'Ethiopie.*

« Nous nous félicitons et remercions Votre Sainteté
« de nous avoir envoyé un prêtre romain, qui a su par
« ses paroles et son exemple nous faire rentrer dans
« l'union de la charité avec le Chef de l'Eglise. Que
« Votre Sainteté soit persuadée que nous regarderons
« avec un œil de prédilection son envoyé, et les autres
« qui lui ressemblent et qui veulent nous instruire de
« nos devoirs envers notre pasteur. Les mensonges,
« que nous content les ennemis jaloux de la chaire
« de saint Pierre, disparaissent devant les bonnes rai-
« sons et les œuvres de *Joseph Sapeto,* et nous con-
« fessons que l'Église Romaine est l'Église de Jésus-

« Christ. Et dans cette foi, nous baisons les pieds de
« Votre Sainteté et à genoux demandons sa bénédic-
« tion papale. » (2ᵉ Impero abyssino... De Martinis,
p. 167).

L'illustre et religieux explorateur, de concert avec
ces délégués, se dispose à accomplir sa mission. Comme
lui, les deux Abyssins sont en outre chargés d'aller,
recommandés par le Saint-Siège, implorer la protection
du roi de France.

En passant à Alexandrie, M. *Antoine d'Abbadie* plaide
d'abord auprès du consul général de France, en faveur
de l'indépendance de l'Abyssinie, contre les entreprises
ambitieuses de *Mohammed-Ali*. Il obtient un succès
complet, c'est-à-dire le retrait des troupes égyptiennes
des frontières de l'Abyssinie et la défense de nouvelles
tentatives contre elle. La France était alors écoutée,
crainte, obéie ; elle jouissait dans tout l'Orient d'une
influence, d'un prestige unique, qui l'autorisait à parler
fort et ferme, à dicter ses volontés.

La présentation de la profession de foi des Abyssins,
les arguments que M. *Antoine d'Abbadie* fait valoir lui-
même auprès du pape *Grégoire XVI*, et la démarche
des deux délégués, enthousiasment toute la cour romaine en faveur de l'Eglise égarée d'Ethiopie.

L'envoi d'une mission fut décidé.

Soit à cause des grands établissements que les Jésuites
possédaient dans les Indes, soit à cause des grâces et
des succès prodigieux qui couronnent leur apostolat et
leur ont fait un grand nom dans l'Eglise, soit enfin
que leur nombre et leurs moyens d'action parussent à
M. *Antoine d'Abbadie*, promettre un succès plus rapide
dans l'entreprise sainte dont il était le grand promoteur,
il proposa et eût souhaité que le Saint-Siège portât ses
yeux sur cette militante compagnie pour la mission
d'Abyssinie.

Mais l'objection se posa, que leur souvenir et leur nom injustement voué à l'exécration du gros de la nation ignorante, par l'empereur apostat *Basilidès* et par tous ses émules, dans la persécution qui au xviie siècle détruisit leur mission florissante et expulsa les courageux apôtres, étaient un obstacle, un empêchement à leur retour. « Là, dans l'Abyssinie, écrivait *Sapeto*, la haine contre les anciens missionnaires jésuites survivait encore (1838) ; et chaque année le peuple venait prendre la poussière de leur sépulcre pour la jeter au vent. »

L'on fut d'avis de porter les yeux sur d'autres congrégations. — Diverses difficultés objectées aussi au sujet de la Congrégation de la Mission, à laquelle on songea parce que M. *Sapeto* en faisait partie, paraissaient avoir détourné d'elle les yeux de la Propagande.

Mais, dans ses conseils, on s'occupait activement d'arrêter le choix définitif d'une communauté que l'on pût charger du grand œuvre.

CHAPITRE TROISIÈME

1° CHOIX PROVIDENTIEL DE M. DE JACOBIS
ET DE LA CONGRÉGATION DE LA MISSION POUR L'ABYSSINIE

Le cardinal Franzoni à Naples offre à M. de Jacobis de lui confier la mission d'Abyssinie. — Acceptation enthousiaste et pleine de gratitude envers la Providence qui écarte par là sa promotion épiscopale. — Scrupules et demande de l'approbation du Supérieur général. — Avec les députés abyssins à Paris. — Fondation d'un vice-consulat français à Massawah.

Sur ces entrefaites, le cardinal *Franzoni*, préfet de la Propagande, fait un voyage à *Naples*. La préoccupation de trouver quelqu'un à envoyer dans l'Abyssinie dominait son esprit.

Il eut l'occasion de connaître le supérieur de la maison *dei Vergini*, M. *Justin de Jacobis*. La renommée, les éloges qu'il saisit dans l'opinion publique, lui avaient fait apprécier la vertu et le zèle de ce véritable fils de *saint Vincent de Paul*. D'ailleurs, en d'autres circonstances, M. de Jacobis n'avait-il pas exprimé son désir d'aller dans les missions étrangères, si loin que ce fût? Les desseins du ciel se manifestent et le cardinal lui offre la mission d'Abyssinie.

La proposition fut aussitôt acceptée. Outre la joie de voir son vœu se réaliser, il trouvait dans cette manifestation providentielle un moyen d'échapper à un péril dont il se voyait menacé. Il s'agit du dessein de *Ferdinand II* de l'élever à une des hautes charges ecclésiastiques dans le royaume ; et pour employer l'expression de ses mémoires : « *Si trovava minacciato del pericolo d'una rimarchevole promozione.* » Il accueille donc cette offre avec des sentiments pleins de reconnaissance envers la Vierge Marie : « *In uno di più difficili passaggi di sua vita* » ; ce sont ses paroles.

Et répond au cardinal : « *Solo che vi acconsenta il supremo superiore della mia Congregasione, l'Abbissinia sara la mia nuova et cara patria.* »

« Voilà toute l'histoire, ajoute Mgr *Spaccapietra*, à
« qui nous devons ces détails. — Mais voyez les con-
« duites de la Providence ! C'est Dieu qui l'a voulu en
« Abyssinie, pour y marcher sur les traces des plus
« grands apôtres, en nous laissant bien loin derrière
« lui, plongés dans l'admiration provoquée par son
« zèle. Ni M. Fiorillo, le visiteur de la Province, ni
« même le supérieur général de la Congrégation n'ont
« eu aucune part à cette destination... »

Les voies du ciel vont s'éclairant de plus en plus sur le choix non prémédité que le cardinal préfet a fait de la personne de M. de Jacobis.

Appelé à Rome pour recevoir l'avis définitif et officiel de cette destination, il ne pouvait exprimer, il est vrai, toute la consolation qu'il en éprouvait ; mais comme cette mission lui venait directement de la Sacrée Congrégation de la Propagande et en dehors des voies hiérarchiques, il se trouble à la pensée que ses supérieurs immédiats n'ont pas eu de part active dans cet envoi. Le calme ne renaît que quand il se sent assuré de leur agrément.

Le cardinal *Franzoni* met facilement sa conscience en repos au sujet de ce scrupule ; la Providence elle-même se charge encore de tout concilier au mieux.

Heureux du succès de la première partie de leur Ambassade auprès du Saint-Siège, les députés abyssins sont en instance, pour être envoyés et recommandés près du roi de France *Louis-Philippe*. M. de Jacobis est aussitôt chargé de les accompagner, et il va partir pour Paris.

Cette combinaison est accueillie avec d'autant plus de contentement, que ce voyage lui fournira l'occasion de renouveler ses sentiments de soumission au Supérieur Général, et de faire accepter la mission *d'Abyssinie* comme une de celles de la Congrégation.

En effet, il l'obtient facilement.

M. Nozo, Supérieur Général, en fait part en ces termes à la communauté : « Une nouvelle portion du Père de famille va nous être confiée dans le Levant. Son Eminence, le Cardinal préfet de la Propagande, vient de nous annoncer que le Souverain Pontife a jeté les yeux sur la *petite Compagnie* pour lui confier la mission *d'Abyssinie*. Pleins de reconnaissance de ce nouveau témoignage de la bienveillance du Père commun des fidèles, nous nous sommes empressés de lui faire offrir l'hommage de notre soumission et de notre dévouement pour cette nouvelle entreprise. Nous espérons sous peu voir partir plusieurs de nos confrères de Naples pour cette contrée, où il paraît facile d'obtenir des fruits abondants de salut. » (Circul. 1ᵉʳ janvier 1839).

Il revient donc à *Naples* tout rempli de bonheur, ne s'occupant plus que du départ.

La démarche des députés abyssins auprès du gouvernement français, concordant avec les informations et les instances de M. d'Abbadie dans le même but, est suivie de la création d'un vice-consulat de France à *Massawah*.

---

1. Ceci est écrit en date du 27 février 1839 par Mgr Spaccapietra, en réponse à une dame qui lui exprimait ses regrets, et comme des reproches du départ du supérieur *dei Vergini*.

2° ÉPREUVE INTÉRIEURE DE M. DE JACOBIS

La considération du poids d'une telle mission l'épouvante. — Scrupules de témérité et présomption. — Grand abattement intérieur et caché. — Confidence à une religieuse favorisée de grâces extraordinaires. — Réponse révélée par Notre-Seigneur Lui-même.

Tout sourit au nouvel apôtre ; les évènements se succèdent au gré de ses désirs. Sa joie, toute surnaturelle, est produite seulement par la passion qui le dévore de travailler et de se consumer pour procurer plus de gloire à Dieu. Mais aux âmes que leur amour pour le divin Maître et la grâce proportionnelle favorisent d'une clarté de vue plus parfaite, plus approchante de celle des anges, les intentions les plus pures et les plus élevées paraissent entachées de quelque ombre d'humain, de terrestre.

La vertu de M. de Jacobis s'effraie tout à coup, dans la crainte que sa joie et son enthousiasme n'émanent de quelque ambition cachée de la nature et d'une présomption inconsciente. De l'allégresse, son âme passe tout à coup au trouble ; et pendant que tout autour de lui n'exprime qu'admiration, regrets et félicitations, au dedans de lui, tout devient ténèbres et amertumes.

Sa mission, longtemps désirée, tout à l'heure accueillie, embrassée avec tant d'amour, lui apparaît soudain toute hérissée de difficultés et comme une entreprise bien au-dessus de ses forces. Son assentiment enthousiaste n'est plus à ses yeux que précipitation, irréflexion, témérité. Son cœur est en proie à la frayeur, au tremblement.

Tel l'évangéliste nous montre notre généreux Sauveur, à la veille du grand œuvre qu'Il doit consommer, entrer dans des angoisses mortelles, des craintes, des dégoûts, *cœpit tædere et mœstus esse*, à la vue du labeur impossible qu'Il a accepté et imposé à sa faible nature humaine et qu'Il va aborder.

Tel son humble et intrépide serviteur, après son généreux agrément, entre dans des timidités, des effrois, une agonie enfin qui réduit son âme à un abattement excessif.

Ce combat est d'autant plus senti qu'il est tout intérieur, que personne n'en partage les étreintes, n'en soutient les efforts. M. de Jacobis semble Jacob luttant seul à seul avec l'ange.

Nous n'avons connu cette lutte douloureuse, que par la confidence qu'il en a faite à ses premiers-nés, ses disciples abyssins, pour soutenir leurs cœurs abattus sous les coups des persécuteurs, quand ils les traquaient et les harcelaient comme des bêtes fauves, dans les bois, les déserts et les montagnes [1].

Il n'en laissait rien paraître au dehors. A l'air calme et serein, à la douce joie qui semble éclairer son front, à son sourire affable, chacun le croit en pleine jouissance de son unique bonheur, du privilège de sa sublime vocation... Et cependant tout est terreur dans son cœur!

Un ange descendit du ciel pour consoler Notre-Seigneur durant son agonie. Un ange terrestre aussi reçoit

---

[1]. Abba TECLA HAYMANOT, natif du Mensah et plus tard, curé à Halay, principal auteur du *Ghedlé-Abouna Jacob* : *Je l'ai entendu moi-même*, a-t-il dit, *ainsi que tout ce qui va suivre*.

mission céleste d'encourager le zèle du généreux missionnaire et de le dégager des craintes de la fragile et craintive nature.

Une religieuse que le divin Maître favorisait de grâces extraordinaires et de mystérieuses confidences, était en relation avec le pieux supérieur de *dei Vergini*; peut-être dirigeait-il sa conscience ? — Il s'ouvre à elle des troubles, des craintes de son âme en face de l'entreprise surhumaine qu'il embrassait, selon lui, avec beaucoup de témérité et de présomption, sans avoir tenu compte de sa faiblesse et de la nécessité des vertus apostoliques dont il se croit dépourvu.

La servante de Dieu adresse au ciel des prières en sa faveur, comme elle le lui avait promis, afin d'obtenir la lumière et la force indispensables dans un dessein si au-dessus de la pauvre nature humaine.

« *Fais savoir à mon serviteur*, lui signifie Notre-Seigneur dans une révélation expresse, *de chasser toutes vaines frayeurs; qu'il n'a point à craindre; je serai moi-même son secours.* » La religieuse l'envoie par écrit à M. de Jacobis.

Sous cette assurance, les flots tumultueux s'apaisent, la tempête intérieure cesse, il se fait un grand calme.

De cette épreuve, de cette crise rapide, mais aiguë, il en sort comme un lion, doué d'une vigueur et d'un courage nouveau, et sent comme une ardeur vaillante, qui le rend invincible.

Cette parole, conservée au plus intime du cœur, le soutiendra, en effet, parmi les difficultés sans nombre, les persécutions et les heures d'angoisse qu'il rencontrera comme saint Paul, « *dans ses voyages sans nombre, les périls sur les fleuves, les périls de la part des brigands, les périls de la part de ceux de sa nation, les périls de la part des gentils, les périls dans les villes, les périls dans les déserts, les périls sur la mer, les périls de la part des faux frères, les labeurs et les peines, les nombreuses veilles, la faim, la soif,* etc. [1]. »

La suite montrera qu'on ne peut peindre en d'autres termes le tableau des travaux incroyables de l'apostolat de M. de Jacobis.

Aussi aux heures de transe, où il verra son édifice, à peine surgir de terre, ébranlé par les ouragans d'une persécution à outrance, s'effondrer, tomber en ruines d'où ne se sauveront que quelques épaves, — à l'instar de David, il espérait contre l'espérance même.

Saisissant le précieux billet qui contient la divine promesse, car il se garde bien de se séparer de ces arrhes, garantie de l'acceptation de son dévouement et pour lui de la protection infaillible : « O mon Maître, s'écrie-t-il, ô mon Maître, qui ne sais pas être infidèle à la parole donnée, viens à mon secours, comme tu me l'as promis » ; et fort de cette indéfectible confiance, il lutte, il ne sort de la poussière du combat, des dangers de l'épreuve, que plus généreux et plus ardent à l'œuvre (*Ghedlé-Abouna Jacob*, p. 2, ch. XIII).

---

[1]. « *In itineribus sæpe, periculis fluminum, periculis latronum, periculis ex genere* (il les aura aussi !), *periculis ex gentibus, periculis in civitate, periculis in solitudine, periculis in falsis fratibus, in labore et ærumna, in vigiliis multis... præter illa quæ extrinsecus sunt, instantia mea quotidiana, sollicitudo ecclesiarum...* » (II Cor. XI, 26).

CHAPITRE QUATRIÈME

PRÉPARATIFS DE DÉPART DE M. DE JACOBIS POUR L'ABYSSINIE

A *dei Vergini*. — M. Montuori donné comme compagnon. — Retour à Rome. — Bref de délimitation de la mission. — Nomination de la Préfecture à part. — Congé du Pape. — Départ de Naples.

La maison *dei Vergini*, quoique sous le coup qui frappe une famille par la mort, ou une séparation égale à la mort d'un père tel qu'elle en avait trouvé un en M. de Jacobis, donnait le spectacle d'une activité, d'une agitation inusitées dans ses silencieuses galeries.

Ce remue-ménage avait pour mobile l'affection dont le partant était entouré. Il s'agissait des préparatifs indispensables au départ de l'expédition apostolique, pour un pays des plus éloignés, isolé du reste du monde, perdu dans ses boulevards montagneux, dépourvu des choses les plus élémentaires et nécessaires aux usages de la vie.

Mais quel compagnon donner au chef de l'entreprise ? On fait choix de M. *Louis Montuori*, prêtre que sa piété, sa simplicité et sa charité éprouvées rendaient digne de partager la vie apostolique de M. de Jacobis.

Pendant que les objets indispensables du ménage et

du culte s'encaissent et sont transportés au port de Naples, les deux missionnaires retournent à Rome prendre congé du Pape et recevoir avec ses instructions la bénédiction apostolique.

Le cardinal *Franzoni*, préfet de la Propagande, signe le bref par lequel il confiait à la Congrégation de la Mission l'évangélisation de *l'Ethiopie* et des *pays limitrophes*, c'est-à-dire d'un territoire d'une étendue immense, encore illimité et indéterminé, et trop vaste pour un seul vicariat; — et en nommait *Justin de Jacobis, préfet apostolique.*

On restreignit bientôt des limites si éloignées. En 1846, les pays *Galla* en furent distraits pour former un second vicariat, confié aux Capucins, et dont Mgr Massaïa, plus tard cardinal, fut le vicaire apostolique.

Son Eminence avait aussi mission d'élever cette préfecture au rang de vicariat et de donner au titulaire la consécration épiscopale.

Vers 1849, les contrées occidentales limitrophes, le Sennar et Khartoum, où déjà *M. Montuori* avait établi un petit collège, formèrent un troisième vicariat qui fut confié à une société autrichienne, connue sous le nom de Salésiens [1].

Mais l'Abyssinie proprement dite reste l'apanage de notre héros dont le vicariat s'étend de Massawah ou de la mer Rouge jusqu'aux confins méridionaux du Choa[2], et comprend les régions du *Sanhar*, du *Tigré*, de *l'Amhara*, du *Godjam* et du *Choa*.

Le séjour de MM. *de Jacobis* et *Montuori* à Rome coïncide presque avec les grandes fêtes de la canonisation de *saint Alphonse de Liguori*, fixées au jour de la

---

[1]. On se souvient du grand nom de Mgr *Comboni*, le vicaire apostolique courageux, qui fit de ces déserts soudanais une florissante mission.
[2]. Cheoua ou Chewa serait plus puriste; mais, l'habitude de l'européaniser « Choa » nous doit servir ici de loi.

Sainte Trinité. Ce missionnaire était doublement cher aux membres de la communauté de *dei Vergini* par la grâce de conversion et de vocation qu'il reçut dans cette maison, et par les liens de fraternité, de ressemblance d'œuvre et d'esprit qui unissent la Congrégation du Très-Saint-Rédempteur fondée par lui, et celle de saint Vincent, le Père des pauvres, qu'il s'est attaché à imiter dans son œuvre principale : *les Missions des campagnes*.

Aussi sont-ils grandement désireux d'assister à cette solennité ? Ils ne peuvent s'empêcher de témoigner au Saint-Père leurs regrets d'en être privés. Mais le départ du navire vers l'Egypte est trop proche, pour leur permettre le spectacle magnifique de ces incomparables triomphes ; et si douces que soient ces jouissances pour tout enfant de l'Eglise, de la voir glorifiée dans ses fils, ils font généreusement leur sacrifice.

Nos missionnaires attendris sont à genoux devant Sa Sainteté le pape *Grégoire XVI* : « Mes enfants, leur dit le Saint-Père pour les consoler, vous les verrez, ces fêtes, encore bien plus belles et réjouissantes dans le ciel. Partez, ma bénédiction vous accompagne. » — Il dit, et sa main majestueuse se lève et s'étend sur eux pour les bénir (*Ghedlé*, p. 2, ch. v.)

Ils se relèvent réconfortés par ces fraternelles paroles de congé, paroles d'espérance certaine et immortelle de l'adieu chrétien, consacrées par la bénédiction du Vicaire de Jésus-Christ.

Les voilà bientôt de retour à Naples pour s'occuper de leur embarquement.

Il est accompagné d'une si grande effusion de regrets, d'affectueux et tendres adieux de la part des membres de sa famille, de ses confrères, de ses amis et d'une population reconnaissante, que son cœur en demeure percé comme d'un glaive. Aussi en conserve-t-il un souvenir si vivant, si profondément gravé, que huit mois après nous le verrons dans une touchante peinture qu'il en fera dans l'une de ses premières conversations au clergé d'*Adoua*, en retracer les impressions avec des couleurs aussi vives que s'il n'était encore qu'au lendemain de la séparation ?

CHAPITRE CINQUIÈME

EN ROUTE POUR LE « CONTINENT NOIR »
LA VISION DE MALTE

> « *Quel est donc ce saint que vous menez avec vous ?*
> « *Nous avons assisté à sa messe et nous avons vu*
> « *l'Enfant-Jésus au-dessus de sa tête, depuis l'Eléva-*
> « *tion jusqu'à la Communion !* »
>
> M. Reygasse, C. M.

La bénédiction du Souverain Pontife était un gage de la protection du ciel sur leur voyage. De prodigieuses faveurs ménagées pendant la traversée en deviendront comme une éclatante manifestation.

C'est le partage des saints. Un jour, le *bienheureux Jean Gabriel* [1] n'avait-il pas eu sa vision du Thabor ? A l'élévation du calice, il fut élevé de terre et ravi en extase, pendant laquelle il reçut sans doute la révélation de son futur martyre. Après le saint sacrifice de la Messe, il avait dit au clerc, témoin de ce prodige : « *Je vous ordonne de garder le silence, jusqu'après ma mort, sur ce que vous avez vu* [2]. » Nous devons le souvenir d'une

---

[1]. Jean-Gabriel Perboyre, prêtre de la Mission, martyrisé en Chine (1802-1840). Lire sa vie, par G. DE MONTGESTY (M. *Lariguldie*, C. M.).
[2]. Devenu Supérieur de Sainte-Anne d'Amiens, M. Aubert, C. M., garda fidèlement son secret jusqu'au lendemain du martyre (1840).

CH. V. — EN ROUTE POUR LE CONTINENT NOIR   69

faveur analogue à deux missionnaires français de la même congrégation [1] :

« Arrivés à Malte, écrit M. Reygasse, supérieur de la

A MALTE.
L'ENFANT JÉSUS LUI APPARAIT PENDANT
LA SAINTE MESSE.

« mission de Tripoli de Syrie, j'entrai avec M. Poussou
« dans l'église Saint-Jean pour y célébrer la sainte

---

1. MM. *Poussou* (Antoine) et *Reygasse* (**Marc**), venus de *Paris* à *Naples* pour se rendre en *Syrie* et qui prennent le même paquebot que les missionnaires Abyssins en partance pour Alexandrie d'Égypte.

« Messe. Après l'action de grâces, pour satisfaire notre
« curiosité, nous allâmes visiter les tombeaux des
« grands-maîtres des Chevaliers de Malte. Pendant ce
« temps, M. de Jacobis célébra lui-même le Saint Sa-
« crifice qui dura une heure entière. Au sortir de
« l'église, nous fûmes fort surpris de voir accourir à
« nous la foule du peuple qui y avait assisté ; et chacun
« de s'écrier : « *Messieurs, quel est donc ce saint que
« vous menez avec vous ? En assistant à sa messe, nous
« avons vu l'Enfant Jésus au-dessus de sa tête, depuis
« l'élévation jusqu'à la communion.* »

La religieuse réserve des compagnons du pieux célébrant, ne nous a laissé aucun détail sur cette merveilleuse vision dont furent témoins les Maltais, ni des incidents survenus au cours de cette étrange traversée. Mais sous le coup des émotions populaires, ne devaient-ils pas se dire entre eux : « *Que sera, pensez-vous, cet homme extraordinaire ? Car la main du Seigneur est avec Lui.* » Aussi, avec quels sentiments de respect et de confiance dans le succès de sa mission lui dirent-ils adieu et le virent-ils continuer sa marche vers l'Abyssinie, théâtre de son zèle apostolique ?

Les chroniques ne relatent rien de particulier sur le passage de M. de Jacobis en Egypte. Et lui-même ne nous a laissé aucune des impressions reçues au souvenir des premières grâces qui émanèrent de l'église d'Alexandrie où il arrivait, grâces dont fut rempli *saint Frumence* [1], sous l'imposition des mains du grand *saint Athanase*, et qui convertirent tout un royaume. Mais par les notes d'un second voyage fait en *1842* dans les

---

1. Saint *Athanase*, patriarche d'Alexandrie, père de l'Eglise (299-373). Il lutta avec succès au Concile de Nicée contre l'hérésie arienne. — *Frumence* (dit le Pacifique), *Férémenatos* ou abouna *Salama*, apôtre et premier évêque d'Ethiopie. Son siège épiscopal était à *Aksoum* (l'*Axum* des Romains).

mêmes conditions de transport, il est aisé de s'en faire une idée assez exacte. La traversée de l'Egypte s'effectuait alors à la manière antique des caravanes orientales. D'*Alexandrie* à *Suez*, la grande route passait par *le Caire* et il fallait aux voyageurs une grande semaine de marche pénible à chameau dans les sables brûlants du désert. Combien sont vivaces les sentiments de sa piété et de sa foi lorsque son pied foule la terre sanctifiée par le Christ, où il passa dans l'exil les sept premières années de sa vie rédemptrice ! Heureusement les couvents des Pères Franciscains de Terre-Sainte échelonnés sur le parcours, soit à *Alexandrie*, soit au *Caire*, et plus tard à *Suez*, sont autant d'oasis hospitalières, où souvent se trouvent rassemblés les délégués des missions de l'Orient. Et quel spectacle édifiant ! Là se coudoient évêques, prêtres, religieux accourus des Indes et de l'Arabie : les uns vont à *Rome* rendre compte au Père commun des fidèles de leurs travaux apostoliques ; d'autres se dirigent vers l'Ethiopie ou la Chine, heureux de combler les vides de leurs frères morts au champ d'honneur et jaloux de leur sort.

« Jamais je n'ai mieux compris, écrit notre saint « voyageur, la vérité et le sens de ces paroles : *Ecce « quam bonum et quam jucundum habitare fratres in « unum !* Puis on se séparait après l'adieu touchant « de saint Paul aux anciens de l'église de *Milet.* »

Après cette expansion suave de la charité fraternelle, c'est un ravissant tableau de détachement et d'amour pour la sainte pauvreté ! Comme ses austères vertus ont pris déjà chez lui des habitudes faciles et allègres !

Le trajet du *Caire* à *Suez* était moins que sûr. On était exposé à être assailli par les Bédouins contre lesquels il fallait employer la force et se défendre avec courage pour les mettre en fuite. Ce désert est habité par les Arabes appelés *Antouni*. Qui dit Arabe du désert dit voleur : « *Si je publiais un dictionnaire de synonyme,* dit plaisamment M. de Jacobis, *je n'omettrai pas celui-ci,* » Aussi, pour être en sûreté, faut-il louer le chamelier de la même tribu qui, selon l'expression d'un janissaire du consulat anglais au *Caire*, sont bons amis des *Aramis* ou brigands des déserts... Le long de la route les Anglais, hommes pratiques, ont bien échelonné quelques stations commodes à deux lieues de distance les unes des autres, et organisé un service de diligences. Mais on dort fort bien sur le sable et le cœur ne palpite pas de la crainte d'un tremblement de terre ; et, à dos de chameau, plus rien à redouter, ni précipices, ni ravins, ni brisement de roues, ni emportement de chevaux. Aussi, c'est le mode économique de voyage nécessairement adopté par nos voyageurs comme le plus en harmonie avec leurs ressources.

« Nous arrivâmes à *Suez*, poursuit notre aimable
« conteur, au bout de quatre jours et autant de nuits...
« Dans la rade se balançait l'unique bateau à vapeur que
« *Méhémed-Ali* [1] possède sur la mer Rouge. Son capi-
« taine croyait, comme nos enfants de village, que la
« terre était plate et tout entourée d'Abyssins. »

« Le consul français nous procure une barque arabe pour nous rendre à *Massawah*. Mais la proximité où nous étions des lieux célèbres où la miséricorde et la justice de Dieu se sont manifestées par de si grands prodiges (figures des plus grands mystères du christianisme), tentait notre curiosité jusqu'au jour de l'embarquement. *Suez* est situé à peu près au 30ᵉ degré de latitude nord ; et *Phihahiroth* vis-à-vis *Beephseon*, entre *Magdad* et la mer, campement des enfants d'Israël

---

1. Vice-roi d'Egypte qui, en 1811, massacra les *Mamelucks* au Caire. Grand réformateur de l'Egypte, le sultan le reconnut comme pacha héréditaire (1769-1849).

avant le passage miraculeux, n'en est éloigné que de dix lieues. Plus loin on trouve le *Sinaï*. Oh ! combien j'aurai désiré visiter ces sanctuaires du genre humain ! Nous avons cependant pu observer que le flux et le reflux de la mer très sensible en ce point du golfe Arabique, ne met guère à sec néanmoins qu'une lieue de terrain, tandis qu'à l'endroit du *passage des Hébreux*, c'est-à-dire à dix lieues de *Suez*,, la largeur de la mer étant de trois lieues, ne pouvait, par conséquent, être traversée dans une nuit, *sans miracle*. Mais si l'impiété nie les prodiges de la *mer Rouge*, l'imposture voudrait les augmenter. Ainsi, au lieu de convenir que les *Iduméens* (en hébreu rouges) possesseurs de ce vaste empire, lui ont donné ce nom de *Mer Rouge*, on va publier que ce nom lui est venu de la rougeur de ses eaux ou de ses sables. Rien n'est plus faux ; les eaux de cette mer sont de la même couleur que celles de toutes les autres mers... »

Partis de *Suez* sur une barque plus ou moins rassurante, nous arrivons malgré tout à *Djedda*, heureux de nous y reposer un peu de cette pénible navigation...

« En mettant le pied sur le sol musulman, écrit
« M. de Jacobis, il me sembla voir clairement que la der-
« nière heure du Coran était déjà prête à sonner et que
« vraiment la divine doctrine du Seigneur allait
« prendre sa place. Le misérable état dans lequel se
« trouve présentement réduit l'*Agisme* ou *Pèlerinage de*
« *la Mecque*, m'a toujours confirmé dans cette opinion. »

Sésostris, dans son expédition en Arabie, fit élever sa statue dans le fameux temple de la *Mecque* situé au beau milieu de la péninsule. C'est là, disent les Arabes, que chassé du paradis terrestre *Adam* s'était retiré, et que se conserve la fameuse pierre du songe de *Jacob*.

Depuis que *Mahomet*, après s'être emparé de la ville, eut renversé l'idole, les pèlerins accouraient à la

Mecque attirés à la fois par le fanatisme musulman et par l'appât du lucre. On les vénérait même comme des personnages célestes. Mais, autres temps, autres mœurs !

Telles sont les instructives réflexions auxquelles se livre *M. de Jacobis* tandis que leur frêle embarcation cingle vers le rivage éthiopien, où il aborde avec ses compagnons de route, dans les derniers jours de septembre *1839*.

Ayant pris terre à *Massawah*, en véritables enfants de *saint Vincent*, nos pieux missionnaires saluent les anges gardiens des âmes qu'ils veulent gagner à Jésus-Christ et se dirigent aussitôt vers *Adoua*, pour y étudier la situation et dresser leur plan de campagne apostolique.

Nous allons les trouver à l'œuvre.

LIVRE TROISIÈME

Au Continent noir

L'Apôtre de la haute Ethiopie au XIXe siècle

1839-1841

CHAPITRE PREMIER

SITUATION POLITIQUE ET RELIGIEUSE DE L'ABYSSINIE EN 1839
AU MOMENT DU DÉBARQUEMENT DE M. DE JACOBIS

Au moment où nos trois missionnaires, MM. *de Jacobis, Sapeto, Montuori*, réunis à *Adoua* dans un fraternel rendez-vous, vont dresser le plan de leur apostolat, il est indispensable de tracer ici une esquisse rapide et précise des régions où il s'exercera.

Ils sont déjà au centre d'un des Etats de l'Abyssinie, le *Tigré*. Mais l'*Amhara*, le *Choa* et le *Godjam*, les trois autres royaumes, sont séparés les uns des autres par des barrières naturelles. Entre leurs massifs, ce ne sont que profonds ravins ou larges vallées qui servent de lits aux eaux pluviales dont est dotée chaque année cette région [1].

Autrefois ces Etats étaient sous le sceptre d'une seule dynastie que la légende fait remonter aux temps les plus reculés, puis raccroche au cep de David par Salomon, mais dont la généalogie ne s'accuse avec certitude qu'un peu avant l'ère chrétienne, antiquité déjà

---

[1]. Ces fleuves frontières sont : 1° le *Seckasié*, entre le Tigré et l'Amhara ; 2° le *Buchilo* et l'*Abbay* ou Nil Bleu, entre l'Amhara, le Godjam et le Choa ; 3° *Awaché*, entre le Choa, le Gouraghié et les terres Galla.

fort respectable et commune à peu d'empires. Si de longs siècles avant et après, l'antique *Aksoum* fut la capitale, les malheurs des révolutions et des guerres la transportèrent ensuite au *Choa* et à une époque relativement récente, à *Gondar* (xvii° siècle). Par une révolution qui coïncide avec les grands bouleversements de la France, après le meurtre du roi *Joas I*er par le *Ras Mikaël* en 1787, le trône fut renversé et les débris recueillis, restèrent durant le xix° siècle aux mains d'une oligarchie, qui se partagea les quatre Etats délimités par la nature même du sol.

Le *Tigré*, pays natal et domaine du *Ras Mikaël*, passe après lui aux mains de différents maîtres [1] pour être de nouveau réuni aux autres Etats, sous la férule de *Théodoros II* (1855-1868), puis sous celle de *Johannès IV* (1868-1889), avec *Adoua* pour capitale.

L'*Amhara* conserva encore quelque temps l'ombre de l'ancien régime, sous la domination plus nominale qu'effective de rois fainéants, choisis dans la postérité de l'antique dynastie.

Mais le pouvoir réel fut aux mains d'une famille « *Galla* » dénommée *Ouérassieck*, dont la prédominance s'affirme par le nombre et la force de leurs tribus envahissantes, parvenues jusqu'au cœur du royaume. Les noms de ces conquérants « Galla » qui s'imposent ainsi successivement comme généralissimes, sont conservés dans l'histoire [2].

Le *Godjam* demeure plus ou moins sous la suzerai-

---

1. Aux mains du Ras *Ouelé Sellassié* (1784-1806), du *Dedjaz Soubagadis* (1806-1830), et du *Dedjaz Oubié* (1830-1855), des mains duquel il échappa.

2. *Ali, l'ancien* 1784-1794
    Le *Ras Gouksa* 1794-1817
    Le *Ras Mariyé* 1817-1831
    Le *Ras Ali II* qui fut supplanté par son gendre *Théodoros* 1831-1854
avec *Gondar* pour capitale et *Debré-Tabor* comme campement des Ras.

neté de ces gouverneurs de l'*Amhara* ; les plus connus d'entre ses seigneurs vassaux sont *Berou et Gochau*, son fils, grands amis tous deux de M. Arnauld d'Abbadie [1], que les Abyssins connaissent sous le nom de de Mikael.

Les seigneurs du *Choa*, descendant d'ailleurs d'une branche cadette de la lignée impériale, se déclarèrent indépendants avant la révolution commencée par le régicide de *Joas*, dès le règne de *Bekaffa* (1721). Les derniers rois connus de ce grand Etat sont :

Sahalé-Sellassié, 1831-1849 ;
Haylé-Mélécot, 1849-1867 ;
Ménélik, son fils [2] (Négous), 1867-1910

avec Ankobar, puis Entotto, puis Addis-Abéba pour capitale.

Dans l'antiquité, l'Ethiopie était adonnée à l'*ophiolâtrie*, à laquelle se superpose sans l'anéantir la *Religion Judaïque*.

Converti au christianisme par *saint Frumence* au IVe siècle, puis par neuf saints romains au VIe, l'empire d'*Aksoum* jouit d'une belle période de gloire religieuse pendant les croisades de *Kaleb* et des rois ses descendants, jusqu'à l'apparition de l'Antéchrist, personnifié en *Mahommed* (VIIe siècle) ; puis il devint peu à peu la victime inconsciente de l'*Eutychianisme*, hérésie tour à tour victorieuse et vaincue, d'abord en Egypte, puis dominante, grâce à la défaite des garnisons romaines par le *Kalife Omar* au VIIe siècle.

L'Eglise éthiopienne résista jusque vers le IXe siècle, non sans de glorieux combats et des martyrs, dont il

---

[1] Cf. *Douze ans dans la Haute Ethiopie* (1er vol.). Ouvrage si intéressant qu'on demandait le 2e et le 3e vol. qui, hélas ! ne parurent jamais !

[2] *Ménélik*. — Empereur jusqu'alors inconnu, aux traits saillants, au teint sombre, au torse vigoureux, mais à l'œil doux, limpide et pénétrant (M. Coulbeaux).

reste des monuments gigantesques qui, depuis le *Lasta* jusqu'à *Ghéralta* et *Goundé*, attestent la violence des persécutions qui ont successivement proscrit les catholiques (dans ces divers lieux de refuge), du centre de l'empire jusque sur les bords de la mer Rouge.

L'isolement de l'Abyssinie, entourée comme d'un cercle de fer par les régions musulmanes d'alentour, la livrèrent sans retour à la *secte Copte* asservie aux Khalifes du Caire, par la perfide capitulation du patriarche *Benjamin* au viie siècle.

Plusieurs tentatives de communication avec l'Eglise occidentale attestent de la vivacité de la foi chrétienne dans la Haute Ethiopie, mais n'en restent pas moins fatalement infructueuses, comme les délégations du roi *Zer'a-Jacob* au concile de *Florence* (1440).

Aux deux siècles suivants, grâce à l'influence de la marine portugaise dans l'Océan Indien et jusque dans la mer Rouge au détriment des Turcs, des prêtres catholiques, en tête desquels figure avec honneur le nom de *Bermudez*, suivirent les députations politiques et préparèrent la grande mission qui fut confiée à la courageuse *Compagnie de Jésus*, toujours fidèle à sa devise de combat : *pour la plus grande gloire de Dieu*, « *ad majorem Dei gloriam.* »

Saint Ignace lui-même expédia les premiers missionnaires, les *Oviedo*, les *Lopez*, les *Paëz* qui se sont tous illustrés par leurs travaux apostoliques ; et, dont le dernier, convertit l'empereur *Socinios* et immortalisa son nom, autant par sa prudence et son zèle que par sa science et les monuments dont elle enrichit les bords du lac *Tsana*, à *Gorgora* et à *Konarata*.

Le patriarche *Mendez*, d'après la chronique royale, vit le triomphe, puis hélas ! bientôt après, la ruine lamentable de la mission catholique en Abyssinie.

L'empereur *Fassil*[1], fils et successeur de *Socinios*, apostasia la foi et s'en fit l'implacable persécuteur (1520-1649).

L'hérésie *monophysite* victorieuse puisa dans la lutte où elle avait failli sombrer pour toujours, dans le dépit de sa défaite, puis dans son orgueilleux triomphe qui la rendit maîtresse des esprits et des cœurs, une haine qu'elle n'avait jamais connue si envenimée ; haine inoculée avec une telle rage dans l'âme des populations et si invétérée que les générations qui se sont succédé jusqu'à l'heure présente dans les vallées avoisinantes, pour vouer à une malédiction sans fin le souvenir des missionnaires catholiques (en passant près des ruines de leur établissement), jettent de la poussière de leurs tombes aux quatre vents du ciel, en prononçant des paroles d'exécration ; et, sur la foi d'un sorcier célèbre, font, de ces ruines, un infernal repaire de mauvais génies.

Mais aussi, quiconque observe les faits historiques dans leur cours, ne peut s'empêcher de voir que l'abus de la grâce salutaire qui a passé sur cette Eglise égarée, pour la ramener au giron de l'unité doctrinale, a attiré sur cette terre infidèle, dédaigneuse du céleste bienfait, des châtiments aussi rapides que cruels et immédiats, dans l'*Eglise d'abord*, car il était juste que le plus criminel fauteur fut frappé le premier, et bientôt aussi dans l'*Etat* qui se débat dans les convulsions d'une douloureuse agonie.

Pour l'Eglise d'abord, le refus de la vraie lumière a étendu sur elle comme un voile ténébreux qui a jeté partout une confusion, impossible à démêler, un désordre où l'aveuglement et l'entêtement font des

---

[1]. Fassil, diminutif de Basilidès, mais plus usité.

malheureux qui s'y coudoient, autant de fauves furieux qui cherchent à s'entre-dévorer.

Les couleurs sombres dont on peint les nuits ténébreuses de l'enfer, où se débattent en désespérés les criminels et les démons, sont le tableau malheureusement exact de l'*Eglise Abyssinienne*, depuis le règne de l'apostat *Fassil*, jusqu'à nos jours.

Les châtiments qui s'appesantirent aussi sur l'Etat d'un poids si lourd, furent la suite ou la conséquence inéluctable des divisions et des haines religieuses : Ils s'appellent *guerre civile, révolution, anarchie*, trois fléaux qui fondent, comme l'oiseau de proie sur sa victime, avec un acharnement irrésistible, sur l'empire éthiopien.

Démembré d'abord, il fut acculé à une ruine complète : de tels effets ne sont-ils pas la succession logique des causes funestes qui furent la source de tous ces désastres.

Avec l'expulsion intransigeante de la vérité, commence cette réédition de la confusion de Babel en Abyssinie. Elle naît d'un incident insignifiant, sinon ridicule, comme tout ce qui sent l'intervention diabolique dans le gouvernement du monde.

Une discussion soulevée sur « l'*onction* du Christ... » amène de violents débats, des disputes opiniâtres qui respirent un fanatisme brutal, des divisions tranchées, profondes, irréconciliables dans les *doctrines*, dont les différences distinctives donnent naissance à trois systèmes, et dans les *partis* qui, sans l'action divine, seront toujours humainement irréconciliables.

De l'école, ces divisions passèrent à la cour et dans les camps, dans les villes et dans les provinces, dans la classe noble qui se targue de savoir et d'intelligence et jusque dans les rangs d'un peuple avili par les passions les plus dégradantes et la plus complète ignorance.

La société dès lors ne devint plus qu'un foyer où fomentait la haine ; et des gens sans aveu agitaient, avec un cynisme révoltant, ces brandons de discorde et de dissolutions sociales.

De plus en plus envenimées, les discussions dégénéraient ainsi en partis politiques, dont les luttes sanglantes furent l'unique résultat. La persistance les changea en guerres intestines ; et finalement une anarchie épouvantable qui durera deux siècles (1669-1889), désagrège à plaisir l'édifice religieux de nos devanciers, au détriment du bonheur et de la prospérité de l'empire abyssin.

CHAPITRE DEUXIÈME

NATURE DU CHAMP OUVERT A L'APOSTOLAT DES NOUVEAUX
VENUS
CARACTÈRE, MOEURS, PRÉJUGÉS ET SUPERSTITIONS
AUTANT D'OBSTACLES A LA CONVERSION DES ABYSSINS...

Rien, mieux que ces anarchies doctrinales et leurs formules contradictoires, n'a mis en évidence la fausseté du *Monophysisme*, au point de frapper l'œil le moins clairvoyant. Non seulement l'homme instruit, mais l'ignorant se rend nécessairement à cet argument si extraordinaire.

Aussi trouvons-nous là une des raisons de la facilité avec laquelle *MM. d'Abbadie et Sapeto*, après un simple exposé de la *doctrine invariable* du catholicisme, mise en regard avec les *variations* des *systèmes hérétiques*, prennent acte des dispositions favorables à la réunion mentionnée plus haut de l'Ethiopie à l'Eglise romaine. Des maux si longs et si terribles dont elle l'a flagellée, la miséricorde divine semble faire à l'*Abyssinie* une cause occasionnelle, une source de nouvelles grâces de salut. L'excès même de ses malheurs produit un revirement ; ce courant nouveau de l'opinion publique, lasse de disputes et de variations, ouvre un champ libre désormais aux moissonneurs,

Comment ne pas admirer les desseins de la divine Providence, qui amène les apôtres de la vérité à l'heure précise où les oreilles et les cœurs lui sont ouverts !

Cependant, ces dispositions, purement passives, ne présentent, à vrai dire, qu'un affaiblissement des forces ennemies, une désorganisation de la place, un écroulement de la forteresse hérétique qui tombe d'elle-même en ruines, car c'est vraiment une ruine et non une défaite. Aussi ne la considère-t-on pas comme une victoire de la vérité, ni comme un progrès positif. C'est le déblai d'un monceau d'obstructions devant la vérité, mais non un acheminement vers elle ; ce n'est même pas un accueil, mais seulement le vide fait devant le courant de son flot.

D'autres obstacles, provenant du *caractère* même de l'Abyssin, se dressent encore en face du missionnaire. Nous en traçons ici un tableau rapide pour préciser davantage les difficultés que le zèle de *M. de Jacobis* eut à surmonter dans ce champ d'opération.

Les premiers proviennent du *tempérament* de ce peuple. Des traits saillants ont généralement frappé tous les voyageurs. De prime abord, d'un aspect doux et avenant, l'Abyssin laisse bientôt paraître l'arrogance et la fierté qui prennent le dessus dans son allure ; parfois même la méchanceté brutale, plus froide il est vrai et calculée, que prompte et vive, mais qui n'en est pas moins cruelle. Aussi le *P. Lobo* a-t-il pu écrire cet apologue : « *Les Abyssins vous montrent une grande affection, quand ils veulent vous perdre.* »

D'où l'on peut déjà conclure que la fourberie byzantine, la mauvaise foi et tous les artifices de la duplicité lui sont des instruments familiers. A ses yeux, l'homme probe, qui a horreur de blesser la vérité, est un niais qui ne sait pas se tirer d'affaire. Cet esprit de sournoiserie fait que les actes de sa vie ne sont qu'un tissu de contradictions, de trames restreintes ou étendues, selon le théâtre de son jeu et de son action. *M. de Jacobis* ne tarde pas à comprendre à la merci de quelle ruse il se trouvait exposé. Aussi procéda-t-il avec les précautions d'une légitime méfiance ?

Ajoutez à tout ce cortège de défauts, une forte dose d'amour-propre et d'égoïsme qui dégénère le plus souvent en bassesse, et vous aurez un portrait assez fidèle de cette race abyssinienne dont la souplesse désoriente les plus sagaces dans la connaissance des hommes.

Mais cette souplesse de nature, à laquelle on voit prendre tous les plis et replis, comme le serpent, est servie par une subtilité, une finesse d'esprit peu commune.

Une peinture prise sur le vif où l'Abyssin se reproduit lui-même, se trouve dans une fable indigène rapportée par *M. de Jacobis* avec une certaine complaisance d'optimisme :

« Quelque peu civilisés que soient nos chers Abys-
« sins, ils sont pourtant doués d'une finesse d'esprit
« peu commune et qui prouverait au besoin, tout ce
« qu'il y a à espérer de ces peuples, dès qu'ils auront
« ouvert les yeux à la lumière de la vraie foi.

« Parmi les différentes espèces de singes qui se
« trouvent ici, les *Gouéréza* et *Tota* sont en grande es-
« time : le premier est caractérisé par des poils très
« longs, noirs et blancs, et brillants comme le velouté ;
« le deuxième appartient à l'espèce cynocéphale et ils
« sont extrêmement rusés l'un et l'autre. Sur ces deux
« animaux, les Abyssins racontent la fable suivante :

« Le *Gouéréza*, ayant un jour formé l'indigne projet
« de perdre son compagnon le *Tota* (ils servaient tous
« deux le même maître), s'en alla chez le maître et lui
« dit : — « Votre *Tota* sait admirablement bien faire les
« souliers, jamais je n'en ai vu de plus beaux. » Le

« maître en saute de joie et s'écrie : — « Quel bon-
« heur ! je vais donc cesser d'aller nu-pieds. » Aus-
« sitôt il fait appeler le *Tota* et lui ordonne de chausser
« à la hâte ses pieds meurtris. Le rusé compère gar-
« dait le silence. Le maître impatient de s'écrier :
« — « Qu'est-ce que cela signifie ? — Cela signifie,
« mon cher maître, que le bon fil à cet effet me manque,
« et il n'est guère facile de s'en procurer. — Comment
« cela ? répartit son interlocuteur. — C'est que, quand
« il s'agit de chausser des hommes de qualité comme
« vous, ce sont les nerfs du *Gouéréza*, soumis à l'ac-
« tion solaire, que nous employons de préférence. »
« Cela n'était rien moins qu'une condamnation pour le
« malheureux chimpanzé. En effet, tout ce que le *Tota*
« venait de dire fut exécuté à la lettre. Pendant la
« cruelle exécution, il ne cessait de bourdonner à
« l'oreille de sa victime ces paroles proverbiales :
« — « *Mon ami, on n'est jamais si fourbe qu'on ne
« trouve un plus fourbe que soi.* » *Tota* et *Gouéréza* sont
bien le portrait des Abyssins !

« *La finesse et le bon sens qui brillent dans ce petit apologue*, ajoute M. de Jacobis, *prouvent assez que les
Abyssins ne sont pas tout à fait des sots.* » C'est plutôt cependant le fruit de l'expérience que de la pénétration d'esprit et de l'intelligence, car le cas figuré et son application plaisante sont d'une actualité incessante dans leurs
relations sociales. La *souplesse* ne laisse d'invariable en
lui que l'*égoïsme* qui en est le moteur. Tout le reste est
si sujet à une mobilité décevante que si sa prudence tient
du serpent, son inconstance l'assimile au caméléon.

Son égoïsme national, la seule chose immuable dans
l'Abyssin, qui le rend si souple, selon l'intérêt du
moment, lui communique au contraire une opiniâ-
treté invincible dans les questions chères à son amour-
propre.

Telles sont les habitudes morales, les coutumes extérieures, les croyances et traditions dans lesquelles il a été élevé. Il y est fidèle avec une obstination aveugle, sourd aux plus frappantes démonstrations. Mais une fois vaincus, on en a vu un bon nombre se convertir et devenir aussi attachés à la *vérité* qu'ils l'avaient été à leurs *croyances traditionnelles.*

Les conversions instables sont celles qui reposent sur une ignorance non encore bien éclairée, sur l'absence d'instruction sérieuse, sur des intentions et des vues d'intérêt autres que celui de l'âme, par exemple, sur des espérances d'avantages matériels...

Le travail ne peut donc être que long et pénible pour l'apôtre, devant les obstacles d'un entêtement qui se dresse devant lui comme une roche de granit, d'une résistance infrangible et qui repousse les coups portés sur elle. Oh! quel pénible labeur d'établir des esprits acquis à la vérité, sur les bases d'une conviction inébranlable. Mais sa confiance trouve un gage dans la constance des catholiques d'un autre âge, sous les coups d'une violente persécution (x° siècle).

« Pour moi, j'espère, écrivait M. de Jacobis, et ma
« confiance, tout entière dans les miséricordes divines,
« s'anime encore aux souvenirs d'un passé qui n'est
« pas sans gloire pour la religion en Éthiopie. Je sais
« qu'on reproche aux Abyssins d'être trop inconstants
« pour que le règne de Dieu s'affermisse dans leurs
« âmes; mais l'histoire dément en partie cette accusa-
« tion. Depuis le iv° siècle, époque où *saint Frumence*
« devint l'apôtre du pays, après en avoir été le bienfai-
« teur comme ministre à la cour, cette Église n'a-t-elle
« pas gardé avec amour, pendant près de cinq cents ans,
« le dépôt de la vérité qu'elle semble prête à ressaisir?
« Ne florissait-elle pas encore au milieu des déserts,
« échappant par sa ferveur à la contagion de l'hérésie,

« alors que l'Orient en était déjà tout infecté, et qu'au-
« tour d'elle, les chrétientés les plus illustres avaient
« donné l'exemple de la défection ? »

La nature volage de l'Abyssin rend difficile, dans la grande masse de la nation, le travail d'une instruction solide et sérieuse ; d'ailleurs, la subtilité dont il est doué l'infatue de lui-même, à ce point que confiant dans la pénétration de son esprit, il se montre d'une indépendance de pensée et de sentiment dont il est jaloux.

Donne-t-il quelque assentiment aux opinions ou à la parole d'autrui ? Croyez-le bien, c'est une apparence de dissimulation qui le porte à s'abuser lui-même.

D'un côté, il se pique de fidélité au Christianisme ; sa haine de l'*Islam*, contre lequel il a tant lutté, en fait foi. Ses innombrables églises l'attestent et le proclament sur tous les points du territoire ; ils ont en la *Vierge Marie* une dévotion si grande qu'on pourrait la taxer d'exagération ; leurs jeûnes sont très sévèrement observés, etc.

Mais, d'un autre côté, s'assurant eux-mêmes qu'ils sont sanctifiés par ces pratiques dévotes, ils se permettent les plus graves infractions aux lois divines les plus essentielles, v. g. par le concubinage habituel, par des impudicités honteuses, si passées dans les mœurs qu'elles s'étalent au grand jour, par des rapines ou fraudes, en un mot par toutes sortes d'injustices célébrées comme des exploits.

C'est donc à peu près dans le sens que saint Paul disait aux Athéniens « *quasi superstitiores vos video* », que les Abyssins se font du nom chrétien un titre glorieux.

Leurs pratiques religieuses, déjà si superficielles, sont de plus entachées de judaïsme, d'idolâtrie, etc., mélange de coutumes, de mœurs et de croyances hétérogènes, auquel on reconnaît cette nation, formée d'émigrants venus de toutes parts et qui ont confondu ensemble leurs natures.

Nous aurons achevé de donner le dernier coup de pinceau à ce tableau, quand on saura que l'indépendance rusée de leur sens moral se dévoile tout entière dans la législation du mariage, qui favorise tant le concubinage, et dans leurs théories sacrilèges sur la réception des sacrements.

Tel est le peuple au milieu duquel va se produire notre saint apôtre.

CHAPITRE TROISIÈME

OBSTACLES DIRECTEMENT OPPOSÉS A L'ACCUEIL DE LA PRÉDICATION ÉVANGÉLIQUE.
LE FANATISME HAINEUX ET L'OBSTINATION DE L'IGNORANCE

Des obstacles directement opposés, positivement contraires à l'accueil de la prédication, se dressent encore sur ces décombres et en défendent l'accès.

Le dégoût et le découragement des esprits sur les variations de la secte, sont loin d'être l'anéantissement de la haine invétérée, de l'aversion repoussante, de l'antipathie fanatique faite d'orgueil, de dépit, d'obstination, savamment nourries et entretenues contre l'Église d'Occident.

Cette haine et cette obstination fanatiques, voulues et consciemment envenimées par des fauteurs sans aveu, ont produit l'aveuglement opiniâtre à toute lumière, et déterminé cette blessure maligne de laquelle le poison de l'hérésie est si difficile à extirper. « *L'esprit d'hérésie*, dit Mgr de Jacobis, *est une malédiction qui se transmet comme un héritage et sans se corriger, de génération en génération, et qui arrive ainsi jusqu'à nos jours*[1]. »

Au lieu de chercher au grand jour les manifesta-

---

1. Cf. *L'Abyssinie et son Apôtre*, ch. VIII.

tions éclatantes que déploie sans mesure la vérité, l'esprit sectaire une fois butté, reste rivé à l'objection comme à un pilier, où son entêtement le tient enchaîné. Tout ce qui n'est pas lui, ou n'est pas son fait, lui est odieux; il l'abhorre et le repousse avec mépris.

Enfermé dans l'étroite prison de l'erreur qui le tient enserré dans les liens de l'absurdité, aucune issue ne lui découvre l'horizon immense qui s'étend devant ses regards et que le soleil brillant de la vérité éclaire à pleins flots. Il s'entête dans les arguties ténébreuses et récuse d'avance tous les témoignages de l'évidence.

L'aveuglement a, de la sorte, produit l'ignorance crasse, où ces peuples sont plongés dans l'obstination la plus irréconciliable. Que peut-il surgir de ce chaos? Une erreur coupable, un égarement sans retour, qui vérifient la parole de nos saints livres : « *Ils sont assis dans les ténèbres et l'ombre de la mort*[1]. »

Bien plus, les abîmes s'appellent; la répulsion et le mépris haineux de la vérité amènent la tourbe des crédulités les plus incohérentes, les plus invraisemblables, les plus absurdes, où, par un châtiment providentiel, l'esprit s'attache et repose son besoin de croire qu'il a refusé à la vérité : « *Là où la foi disparaît, la superstition abonde.* »

Le fanatisme et l'aveuglement dans leur origine volontaire ont eu besoin de fondements pour asseoir leur obstination et leur résistance. — Pour haïr l'ennemi, pour le vouer à l'exécration, et faire répudier le catholicisme comme la plus criminelle des hérésies, ils l'ont mutilé à plaisir, maquillé et recouvert de souillures infectes qui impriment une horreur instinctive et provoquent le dégoût.

Par des mensonges et des préjugés, les fauteurs

---

[1]. « In tenebris et in umbra mortis sedent. »

coptes ont montré l'Eglise catholique sous des traits méconnaissables ; et ils se sont faits ainsi les suppôts du démon, pour déshonorer l'Epouse Immaculée du Christ et jeter le plus humiliant discrédit sur la Mère de tous les chrétiens.

Au premier rang des *préjugés*, signalons cette « *opinion faite d'orgueil et de dédain national, que l'Abyssinie est supérieure à toute autre contrée, soit par son christianisme, soit par sa civilisation.* »

Supérieure comme race civilisée : Elle se le dit en raison de l'*origine légendaire* de sa dynastie royale, et du *titre glorieux* dont elle se pare : « *Terre des nobles ou des libres.* » Cette conviction fait naître dans son esprit un mépris humiliant avec lequel elle traite toutes les peuplades et les régions qui l'entourent. D'ailleurs les étrangers qui lui viennent du nord par les débouchés de la mer Rouge n'obtiennent pas plus de faveur de sa part.

Ils se targuent aussi d'une certaine teinte de bienséance, mais sans le moindre fondement ; fausse dans sa conception, elle ne dénote aucun sentiment vital, ni de charité, ni d'égards chrétiens, ni même d'humanité.

Cette idée de sa supériorité, chez l'Abyssin, implique une singulière naïveté, pour ne pas dire la sottise du sauvage qui, n'étant jamais sorti de ses frontières, ne connaît rien de ce qui se passe sous la calotte des cieux.

Là est toute son excuse ; on la conçoit facilement. Mais les peuplades qui l'avoisinent, sont tellement au-dessous d'eux par leurs mœurs sauvages et grossières, qu'ils en tirent un sot prétexte pour se croire les coryphées de la civilisation et les porte-drapeaux de l'humanité. Malgré sa cruauté native ou de tempérament, l'Abyssin cependant a des manières moins farouches.

Quant aux civilisés d'outre-mer, il se plaît à les ignorer.

Un deuxième préjugé se manifeste dans cette *opinion qui dénature, avilit le pontifical romain, par la falsification éhontée de l'histoire, et même la répudiation systématique des textes évangéliques.*

Pour eux, la parole du Sauveur qui confirme saint Pierre et ses successeurs dans la foi, jusqu'à la fin des siècles, a perdu son sens et sa portée immortelle en *saint Léon le Grand,* en faveur de l'hérésiarque *Dioscore.* — *Léon,* l'impur, l'immonde ; *Dioscore,* le saint. Voilà la riposte, à défaut d'arguments dont ils n'ont cure ! — ou encore, ils vous jettent avec impudence à la face ce mensonge sacrilège : « Léon et ses chiens *(sic)* de Chalcédoine n'ont-ils pas eu recours au bras séculier de Marcien, pour opprimer par la crainte et la violence les Orthodoxes à se soumettre à leur vote ? » ou même : « *La Pulchérie, l'impératrice-tige, l'âme damnée de Léon, n'a-t-elle pas, à coups de bracelet, brisé les dents de notre saint Père Dioscore ?* etc., etc. »

Les injures leur tiennent facilement lieu de raison. Qu'on en juge par ce refrain diabolique recueilli par les protestants après la destruction de la mission catholique : « *Hourrah ! les brebis ont échappé aux hyènes ! Hourrah ! l'Ethiopie a échappé aux hyènes d'Occident !* » Plutôt l'islamisme que le catholicisme ! prêchaient les évêques coptes.

L'on conçoit qu'avec de tels accents on envenime l'exécration populaire. Le peuple, ignorant, s'en remet aux soins de la classe dirigeante, aux fortes têtes qui ne lui parlent qu'en termes odieux de l'Eglise romaine.

Sur quels griefs étayaient-ils tant d'opprobres ? Rien que sur des mensonges inventés à plaisir, échelonnés sur des fables grossières. Peut-être, le zèle quelque peu indiscret du patriarche latin, leur servit-il de prétexte pour déchaîner ce torrent d'iniquités ? A l'heure de son triomphe. *Alphonse Mendez* donne prise par trop d'absolutisme et d'intolérance contre les partisans de l'opposition [1] ; mais la légende sur ce point a étrangement altéré la vérité historique. Quoiqu'il en soit, après avoir fomenté une insurrection qui fut victorieuse, ces accusations servirent à légitimer la proscription générale des catholiques, l'expulsion des missionnaires, une haine qui généralisa ces excès de pouvoir à toute la hiérarchie catholique et dont on ne manqua pas de rendre le Souverain Pontife le premier responsable.

Est-il nécessaire d'insinuer que les métropolitains coptes, de concert avec les protestants hollandais des XVIIe et XVIIIe siècles, renforcés par les Anglicans du XIXe siècle, ont entretenu avec une sagacité méchante cet *anti-papisme*, par des attaques véhémentes et des peintures odieuses dont le plus terrible coup de pinceau traça ces pamphlets, signalés plus haut et que l'on retrouve sur les lèvres des adeptes à leur solde?

La situation en 1840 était telle que cette haine était plus à redouter pour les missionnaires Frengi que l'exécration sectaire à la doctrine des deux natures ; et ils étaient devenus le point de mire de leur fureur.

Leur aveuglement dans les préjugés allait jusqu'à lancer contre le Saint-Siège l'accusation d'être devenu le trône d'une royauté séculière. Elle était fondée sur la fausse interprétation de la parole du Maître : « *Mon royaume n'est pas de ce monde* », apportée contre ce qu'on a appelé le *pouvoir temporel*: mais en soi, les Etats du Pape ne sont qu'une garantie de l'indépendance de sa souveraine puissance spirituelle, à l'instar absolument de la ville et du territoire d'*Aksoum*, fief religieux et sacré où les souverains de l'Ethiopie n'exerçaient aucun

---

1. Cf. Beccari, s. j. *Rerum Œthiopiarum.* Vol. VIII, introductio, p. XV-XVI.

pouvoir, mais qui est administré par les représentants du grand-prêtre de cette Eglise.

La main bénissante du Pontife, qui n'a pour arme que la croix, symbole auguste de pardon et de paix, les Coptes la représentent aux Abyssins armée d'un glaive ensanglanté. Aussi à leurs yeux, le Vicaire de *Jésus-Christ* sur terre n'est plus qu'un empereur à la tête de ses troupes, volant à la conquête des âmes par la violence des armes.

La maison pontificale n'est plus alors qu'un foyer d'intrigues où les dignités sont profanées, mêlées aux charges séculières, et même davantage...

En un mot, le Copte avec l'esprit inventif des Orientaux, décrivait la Cour romaine d'après le croquis des us et des mœurs du palais patriarcal du *Caire*. Sûr de n'être pas démenti, il échafaudait son argumentation avec un cynisme révoltant sur des fantaisies et des mensonges : qui irait voir à *Rome ?* disait-il.

S'ils ravalaient ainsi dans le mépris la Cour la plus auguste et la plus vénérable de l'univers, par la pureté des mœurs, par l'intégrité de la foi, par la noblesse des sentiments, le désintéressement apostolique, avec quel front d'audace ils étayaient sur l'imposture et des outrages plus choquants, leur Eglise prostituée ! Aux esprits prévenus contre les mœurs peu dignes du caractère sacerdotal dans le clergé indigène, on opposait l'ostentation des signes extraordinaires de l'approbation et des complaisances du ciel. Tous ces faits proposés à la crédulité populaire, étaient le fruit d'une imagination entraînée par le fanatisme le plus extravagant :

« C'était en Egypte, en un lieu nommé *Kouskoam*, l'apparition annuelle de la Sainte Vierge, tenant l'Enfant Jésus, à toute une foule de pèlerins ou curieux, chrétiens ou musulmans, durant cinq jours consécutifs, etc... Dans le même goût c'était à Jérusalem, le renouvellement de la lumière miraculeuse du temple qui, à Pâques, s'alluma et brilla d'elle-même aux yeux de la multitude des assistants. » — Qui contredira ces prodiges, fruits de l'invention ? Quel contrôle pourra s'assurer de leur véracité ou de leur fausseté ?

D'ailleurs le goût du merveilleux, très développé dans tout Abyssin, s'empare de ces prodiges imaginaires et s'y affectionne avec une crédulité qui ne capitule devant aucune objection, et ne craint pas de se couvrir du manteau du ridicule,

Pour rehausser le prestige de leur pontife, les sectaires le représentent comme un personnage mystérieux ; rarement il apparaît aux regards publics et toujours sa tête est voilée, afin de rendre sa personne plus sacrée à la vénération populaire et de lui donner une apparence céleste.

Les derniers préjugés portent sur *la discipline ecclésiastique et les choses du culte*. Passionnés pour le jeûne, car ils mettent toute la religion dans l'abstinence, les Abyssins blâment l'Eglise latine de ne pas imposer à ses enfants le joug intolérable des lois en vigueur pour les carêmes éthiopiens.

Juifs obstinés, ils ne permettent aux mères de porter aux fonts baptismaux leurs nouveaux nés, selon leur sexe, que 40 ou 80 jours après leur naissance. Fanatiques de leurs traditions, observateurs farouches de la distinction des viandes pures et impures ou prohibées, de la sanctification du samedi, etc., ils reprochent aux *missionnaires latins* leurs tentatives et exhortations contre ces pratiques surannées et élaguées de la loi de grâce, par l'enseignement de la tradition et les prescriptions des conciles.

Malgré l'usage constant des prêtres de l'Eglise copte, leur mère et formatrice, le clergé abyssin s'insurge

MGR DE JACOBIS.   7.

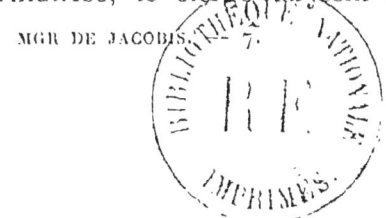

contre la célébration de la messe le matin, les jours de jeûne ; la célébration quotidienne par un seul prêtre assisté d'un servant ; la communion sous la seule espèce du pain, etc.

Aux usages vrais qu'il inculque par ignorance, sinon par une impiété consciente, il en invente d'autres, à la charge de l'ennemi, comme de célébrer le Saint Sacrifice après infraction du jeûne eucharistique, englobant les catholiques dans la réprobation qui atteint les missionnaires protestants alors établis à *Adoua;* de célébrer non avec du pain de froment, mais avec des pâtisseries, composées de piments, de viande de lièvre ou de cervelle de chiens, etc... Que d'autres absurdités enfin qui courent les rues !

En voyant des Européens qui, selon leur dicton, se ressemblent de figure et se tiennent de race comme le grain d'orge à l'orge, le maïs au maïs, le peuple répétait encore en *1889*, les refrains calomniateurs appris auprès des fauteurs de la secte copte : « Ne sont-ce pas des gens de cette race Frengi qui, sous *Socinios*, ont fait mourir cruellement nos ancêtres, en vertu de ce décret infâme, légendaire et purement inventé : « *Quiconque de mes sujets refuse de communier au piment rouge, à la viande de lièvre, à la cervelle de chien, aura les yeux crevés ?* »

Il ajoutait sous la même instigation : « *Si ces blancs reviennent à présent dans notre contrée, n'est-ce pas pour reprendre l'exécution de ce barbare dessein ?* »

L'ostracisme qui frappait, non l'argent, mais la doctrine des missionnaires anglicans, atteignait en *1839* tous les Européens et *M. de Jacobis* devait le premier en être victime. Ces sectaires, en effet, avaient précédé de longtemps l'établissement d'une mission catholique ; seuls à *Adoua*, ils s'étaient posés comme représentants attitrés de la religion chrétienne, professée en

Europe. Tout *Frengi*, aux yeux des Abyssins, était *protestant*, c'est-à-dire un être méconnaissant les lois sacrées du jeûne, du culte de la Sainte Vierge et des saints, de la croix et des saintes images, de la chasteté monastique, de la communion à jeun, etc. ; en un mot professant les mêmes opinions, attaché aux mêmes pratiques en matières de religion, et partant, voué par eux à la même aversion, au même mépris.

Cependant, c'est surtout dans ses croyances et ses pratiques religieuses que l'on retrouve la nation mélangée, faite de races hétérogènes ; aux mœurs et coutumes de celles-ci se sont greffées des mœurs et coutumes diverses et même contradictoires. Mais qu'est la contradiction, l'invraisemblance pour la souplesse folâtre de l'esprit abyssin si attaché, sous une réclame de christianisme, aux prescriptions mosaïques et aux absurdes superstitions de l'idolâtrie ?

Cet aperçu, peut-être encore incomplet, nous permet de saisir la mentalité de ce peuple et nous donne la mesure des difficultés qui surgissent à l'arrivée des messagers de la bonne nouvelle.

CHAPITRE QUATRIÈME

INSTALLATION DE M. DE JACOBIS

Adoua et Aksoum

En se rendant directement à *Adoua*, le préfet apostolique de l'Abyssinie avait dessein d'attaquer au cœur l'hérésie triomphante. Comme capitale des Etats Tigréens, cette ville se trouvait en effet le centre des écoles où elle était enseignée, la place forte où les maîtres d'armes de la controverse la défendaient. Si elle n'était pas rivale de la cité religieuse d'*Aksoum* (l'incomparable) qu'elle n'eut jamais osé égaler, de sa fille elle était devenue son orgueilleuse émule. Mais avant de faire connaître ce double théâtre, où nous verrons se déployer avec une ardeur chevaleresque le zèle de M. de Jacobis, on ne nous pardonnerait pas de taire la situation dans laquelle il allait engager la campagne. Héritier d'un patrimoine si mal avantagé, la mission lui était confié dans des conditions bien plus défavorables qu'à son premier apôtre lui-même, *saint Frumence* au IVe siècle, qu'aux *neuf saints romains* qui, au VIe siècle, firent refleurir la vraie foi, et qu'aux *courageux Jésuites* du XVIe siècle.

Amené tout jeune à la Cour d'Abyssinie par son

oncle, adonné au négoce, *Frumence* y avait en grandissant gagné toutes les sympathies, toutes les faveurs qui l'accueillirent lorsqu'il s'y représenta en qualité d'évêque, délégué par le grand *saint Athanase*. Les rois, alors sur le trône, étaient des disciples formés par ses soins, et leur conversion entraîna facilement après elle, celle de leur cour et de leurs fidèles sujets.

De leur côté, les *saints romains*, demandés par l'Empereur lui-même, avaient été l'objet d'une vénération touchante et le peuple d'une grande docilité à la nouvelle doctrine. D'ailleurs le venin de l'hérésie eutychéenne n'avait pas encore distillé son poison dans les esprits et dans les cœurs.

Enfin, grâce aux besoins urgents que la Cour Ethiopienne eût des secours des Portugais contre les invasions du fléau musulman qui inonda l'empire et y répandit partout la dévastation, les membres de la *Compagnie de Jésus* obtinrent faveur et tolérance; puis la prudence sage du P. *Paëz* ouvrit au patriarche *Alphonse* comme un champ d'action tout préparé, précieux résultat des faveurs du roi *Socinios* et de son entourage. Il y entra, non comme un étranger parmi des inconnus et des méfiants, mais comme un père dans sa propre famille. Cet accueil même lui nuisit par l'assurance trop présomptueuse qu'il en conçut[1].

M. *de Jacobis* au contraire ne rencontre que des obstacles sérieux et des haines fomentées contre tout élément étranger. Tout ce concours de circonstances, d'anarchie politique, d'habitudes et de mœurs, de préjugés et de superstitions religieuses, justifie la justesse de l'appréciation formulée alors, d'après les informations des missionnaires abyssins, par M. Nozo,

---

[1]. Cf. Beccari, s. j., loc. præcit.

supérieur général de la Congrégation de la Mission :
« *Les circonstances dans lesquelles se trouve l'Abyssinie, ne rendent pas faciles les progrès de la religion... Il faudra du temps pour que cette mission puisse produire des effets sensibles* [1]. »

Malgré tout, nos apôtres s'enhardissent pour les combats du Christ avec une vaillance admirable. Les hautes silhouettes rocheuses qui surgissent de-ci de-là sur les plateaux du *Tigray*, et dont les pitons de granit se dressent en forme de pyramides élancées et terminées en cônes plus ou moins réguliers, donnent à la perspective de cette contrée un aspect particulier. Sur leurs flancs on aperçoit bientôt les villes d'*Adoua* et d'*Aksoum*.

Quand, par la route directe de *Digsa*, on s'avance dans la région centrale du *Tigré*, et que l'on entre dans la plaine d'*Adoua* par les avenues du Nord, on aperçoit cette cité qui se déploie en amphithéâtre dans un joli panorama sur les mamelons voisins. En relief, on distingue, comme centre ou chef de quartiers, les cinq églises, coniques aussi, avec leur ceinture de hauts oliviers, le *lucus* saint, enveloppé à son tour comme d'une couronne d'habitations. La nouvelle église *Edda-Sellassié* [2], construite par le feu roi *Joannès IV* (1875), domine royalement toute la capitale et produit le plus bel effet sur la colline du Sud.

Mais à mesure qu'on s'approche, et surtout quand on franchit à gué ou à mi-eau, le torrent d'*Assam* qui a creusé à son entour une profonde tranchée naturelle, on est désenchanté par la vue du triste contraste que présentent les murailles en ruines, les maisons délabrées, et dont l'aspect est celui de tous les bourgs

---

1. *Circ. des Sup. gén.*, t. II. p. 525. 1er janv. 1841.
2. Maison de la Trinité.

arabes de l'Orient. « Malgré ces apparences qui trompent à distance, *Adoua* est bien la ville la plus sale, la plus dégoûtante qui soit au monde ; les rues très étroites sont remplies d'ordures et de débris d'animaux [1]. » La voirie y est inconnue ; seules, les hyènes, chaque nuit, et annuellement les pluies hivernales, se chargent de balayer ses ruelles empestées.

Elle doit sa fondation au fameux Ras *Michaël*, seigneur du *Tembien*, généralissime de l'empereur *Joas*, contre lequel il se révolta et qu'il étrangla en 1787. Son château s'élevait sur le haut mamelon où l'on voit maintenant l'*Edda Sellassié*.

Après lui, la domination du Tigré passa aux mains du Ras *Oueldé-Sellassié* qui fixa de préférence sa résidence à *Tchélécot* dans l'Inderta. Le *Dedjaz Soubagadis* à son tour, maître de ces contrées, se plut en 1820 à embellir *Adoua* par la construction de l'église *Médhamié-Alem*, au centre d'une couronne serrée d'habitations. Mais la côte basse où elle s'élève et le rideau de masures qui l'enveloppent, lui enlèvent tout aspect grandiose, bien qu'elle soit le sanctuaire préféré, centre d'une grande dévotion des habitants.

Les princes suivants, le *Dedjaz Demtsou*, fils du Ras *Oueldé-Sellassié*, et ses descendants y construisirent d'autres églises dédiées à la Sainte Vierge, à saint Michel et à saint Gabriel.

Sous Johannès, qui avait sa capitale à Mékélé, le gouverneur du *Tigray* réside habituellement à *Adoua* ; et, durant les expéditions du roi, il le représente sur tous les provinces du Tigré.

A cinq kilomètres de la ville, s'élève au nord un nouveau châtelet royal au-dessus de la rivière *May-*

---

1. Cfr. M. Marquet.

Gogoa, sur l'emplacement de l'ancienne résidence des Jésuites (appelée *Frémona*), dont on voit encore les hauts remparts de défense. Au-dessous, sur l'autre rive, s'élève *Add'aboun* ou la demeure épiscopale, établie là à dessein pour effacer le souvenir de la *Mission catholique* qui y prospéra au xviie siècle.

C'est dans le groupe de maisons qui entourent l'église fort fréquentée de *Médhanée-Alem* que M. de Jacobis choisit sa demeure et loua l'habitation de l'orfèvre *Ato-Tesfou*, pour commencer dans le recueillement, la prière et l'étude, ses premiers essais apostoliques.

L'antique et sainte cité d'*Aksoum*, située à l'ouest de cette capitale, n'en est éloignée que de douze à quatorze kilomètres et présente beaucoup d'analogie avec sa jeune rivale.

Une grande rue qui va du nord au sud, en fait comme deux cités, mais essentiellement distinctes : la cité orientale ou le *Ghédaïm*, lieu sacré, avec le privilège du droit d'asile et au milieu duquel s'élève le fameux sanctuaire de N.-D. de Sion, grand surtout par l'honneur que la légende lui attribue d'être dépositaire des *Tables de la Loi mosaïque*, enlevées du temple de Jérusalem, sur la fin du règne de Salomon. Elle est peuplée par les familles sacerdotales, soit lévitiques, soit monastiques et par les écoles de lettrés. Naturellement, les grands criminels y affluent, pour y vivre en sécurité.

La cité occidentale (*Mélakia*) ou Cour impériale est entourée des demeures princières et des habitations de la population industrielle et commerçante. La large voie qui les sépare était jadis une avenue grandiose formée par des obélisques semblables à celle de *Louqsor*, transportée au milieu du xixe siècle sur la place de la Concorde à Paris. Malheureusement, à l'exception d'une seule, toutes ont subi l'épreuve terrible des ravages du temps et n'offrent plus que des ruines gigantesques.

Il est regrettable qu'aucune inscription, même hiéroglyphique, ne raconte leur histoire [1].

Quant à l'origine chrétienne de la ville d'*Aksoum*, les chroniques du royaume la font remonter au milieu du v° siècle. Mais l'église que l'on y voit, objet d'une vénération traditionnelle en Ethiopie (comme dépositaire des tables de Moïse), est due au travail d'ouvriers portugais qui, au xvii° siècle, l'ont relevée des cendres où l'avait réduite, d'abord au x° siècle, le fanatisme révolutionnaire; puis, au xvi° siècle, *Gheragne*, l'*Adalite musulman*, l'*Attila de l'Abyssinie*.

La province d'*Aksoum*, tout entière dédiée comme bénéfice à *Notre-Dame de Sion*, est gouvernée par un dignitaire qui prend le nom de *Nébrid* (c'est-à-dire imposé des mains). Il doit être exclusivement choisi dans la famille des descendants de la tribu de Lévi, censés envoyés par *Salomon*, en compagnie de *Ménélik*, fils de son hôtesse, la reine de Saba, que les Abyssins revendiquent comme leur et qu'ils appellent *Makiedda*.

Grâce au siège épiscopal qui y fut occupé jusqu'à la révolution de *Goudith* au x° siècle, les écoles universitaires d'*Aksoum* deviennent, sous la férule copte, la chaire de pestilence où l'*hérésie monophysite* est enseignée comme la croyance officielle. De là, sont partis les coups répétés de la persécution qui frappa la constance des fidèles et des religieux, mis dans la douloureuse alternative d'apostasier et qui se montrèrent inébranlables dans la foi catholique.

---

[1]. *Bruce* en a compté jusqu'à 40 d'un seul bloc. On peut voir leur description dans l'*Abyssinie* de M. Raffray, reproduite d'ailleurs par le guide *Isambert* (Hachette). Cf. *Géographie* d'Elisée Reclus. — Ces obélisques furent taillées dans le bloc gris d'une montagne qui longe la route d'Adoua.

La visite et les conversations de MM. *Sapeto* et *d'Abbadie* nous ont montré sous un jour plus favorable les dispositions du clergé et du corps savant de cette ville. Mais quoique l'acharnement contre le catholicisme ait déjà perdu de sa vigueur, il ne faudra rien moins qu'un miracle de la grâce pour y établir le Règne du Christ.

CHAPITRE CINQUIÈME

PLAN DE CAMPAGNE APOSTOLIQUE DANS LE VASTE TERRITOIRE ASSIGNÉ A LA MISSION
(1840-1841)

Les voyageurs français alors en Éthiopie ressentent une joie très vive ; ils voient enfin se réaliser les vœux ardents qu'ils forment pour l'établissement d'une mission catholique.

Les plus belles espérances sourient aux yeux de tous ; l'amalgame des éléments si tristes qui forment l'héritage moral et religieux de ce peuple, ils l'entrevoient déjà s'épurer, et redevenir l'application sans détours des principes évangéliques.

Rien que l'aspect de l'homme à part, sur lequel *Rome* a fixé son choix, n'offre-t-il pas un gage assuré de succès pour le triomphe du pur christianisme et, comme conséquence logique, de la véritable civilisation...? Tout, en la personne de M. de Jacobis réflète la sainteté ; mais une sainteté dans le sens le plus extraordinaire et qui, au témoignage de M. *Sapeto*, exercera un prestige irrésistible.

Les trois apôtres du Christ ne demeurent ensemble à *Adoua* que juste le temps voulu pour s'entendre, s'organiser, se tracer un plan de campagne et se distribuer le travail à l'apostolique. Deux mois seulement ils jouissent des avantages si précieux de la vie commune, occupés à s'entourer de toutes les lumières pour mener à bien l'œuvre de Dieu. La bonne volonté de chacun y dispose ; et, leurs amis, les excursionnistes français sont tout heureux de mettre à leur service une connaissance très entendue des gens et des mœurs éthiopiennes.

Toutes ces données une fois recueillies et mûrement réfléchies, les trois missionnaires établissent avec une sainte assurance leur point de départ ; ils scellent la charte fondamentale destinée à en assurer au mieux le succès, en déterminant des règles fondamentales dont aucun ne doit jamais se départir :

1° *Etre en bonne relation avec le prince et son entourage, mais en s'en tenant le plus possible éloigné.*

En effet, sans l'autorisation et la protection des autorités, on ne peut songer à fixer domicile ni surtout à établir des œuvres telles qu'une mission, dans un pays où l'Européen est vu de mauvais œil. C'est la première condition d'existence. Mais, si la protection des grands est nécessaire de nécessité de moyen, leur fréquentation n'est pas moins nuisible à l'esprit de piété et au zèle du missionnaire, parce que les maximes du monde sont en opposition formelle avec les préceptes évangéliques.

2° *Fuir les controverses irritantes et se contenter d'exposer bonnement, avec calme, clarté et solidité, la doctrine et les dogmes catholiques.*

Plus peut-être avec les Abyssins qu'avec les autres hérétiques, est-il dangereux de recourir à la discussion ? Leur esprit pointilleux, doublé de vanité, s'y complaît et s'y récrée ; et souvent ils n'y cherchent qu'à se produire eux-mêmes au détriment de la vérité et de l'honnêteté qui doit présider et régler ces débats pacifiques. Ainsi, au lieu d'entendre les réponses et les explications, ils se répandent dans un verbiage sans suite, des digressions incohérentes, des citations prétentieuses qu'ils croient être un heureux étalage d'érudition, sans laisser à leur contradicteur le temps de la réplique. Ces controverses seront donc en pure perte, et leur seul résultat de favoriser l'obstination du sectaire. A ceux, en effet, qui veulent s'instruire, ou même qui n'ont que la curiosité d'un prétendu savant, il est opportun d'exposer purement et simplement la vérité, appuyée des preuves les plus frappantes, et cela en termes brefs et précis.

Aussi, fidèle à ce principe, et en véritable enfant de saint Vincent, *M. de Jacobis*, au lieu de se perdre dans les subtilités d'une discussion stérile qui ne nourrit que l'orgueil et l'indépendance de pensée, concentrait-il ses efforts à imprégner ses auditeurs des principes de l'autorité doctrinale de l'Eglise, et par-dessus tout du Saint-Siège ?

Ce point une fois reconnu, il coupait court à toutes les interprétations soit des écoles, soit des lettrés, dont l'unique souci est d'abonder chacun en leur sens, à l'instar et à la manière du libre et individuel examen des protestants.

3° *S'attirer pardessus tout la sympathie des prêtres et des lettrés (Debtéra).*

Le prestige dont ils jouissent sur les autres classes de la nation rend leur concours des plus précieux à l'apostolat ; et par contre, leur opposition serait la plus redoutable entrave, par l'éloignement dans lequel, de gré ou de force, ils maintiendraient leurs adeptes, grâce aux foudres redoutées qu'ils sont toujours prêts à fulminer. Aussi, gagner quelqu'un d'entre eux à la foi, représente la conquête de tous ceux dont le respect ou l'ignorance ne s'en rapporte qu'à lui ; et tout le peuple en est là. — « *A nos prêtres*, disent-ils, *de savoir*, *de choisir le préférable et de nous conduire. Nous autres, nous ne sommes que des bêtes inintelligentes, comme des moutons qui ne savent que se paître de foin.* » L'ignorance populaire s'étend jusqu'au bas clergé du pays; les plus savants de ce milieu, dont toute la capacité se borne à la lecture incomprise des livres sacrés ou liturgiques, ne sauront guère souvent donner l'explication des principaux mystères de la Foi chrétienne et vont même jusqu'à dire qu'il y a trois Dieux.

4° *Éviter les fondations remarquables pour n'exciter en rien la jalousie ou l'envie de personne ; mais, mener la vie et le train modeste du missionnaire, constamment en marche parmi les villages dans l'intérieur de l'Abyssinie.*

Comme on sent percer partout la note modeste de cet homme apostolique dont toutes préoccupations convergent vers cette solution si chère au cœur du divin Maître, de travailler dans l'ombre au salut des âmes! et, comme son père saint Vincent, il a bien à cœur cette devise : *Le bruit ne fait pas de bien ; le bien ne fait pas de bruit.* On peut dire que ce fut sa tactique et le secret de ses triomphes évangéliques.

5° *Ne pas s'ingérer, ni se mêler dans les affaires politiques.*

C'est là un point capital sur lequel tout missionnaire doit se garder lui-même avec une vigilance spéciale, parce que l'État oligarchique et souvent anarchique de l'Abyssinie élève continuellement l'un contre l'autre les chefs qui visent à la domination ou qui l'obtiennent dans les diverses provinces, siège des établissements de la mission. Toutes les prétentions rivales de ces ambitieux solliciteront l'intervention et l'appui du missionnaire européen, comme des explorateurs que l'amour de la science et des découvertes amènent dans ces contrées.

C'est donc un piège fort dangereux dans lequel un

pas imprudent nous engagerait et l'un des procédés les plus contraires au caractère et à la profession de la milice sainte : *Nemo militans Deo implicat se negotiis sæcularibus.*

Comment ne pas admirer avec quelle sainte aversion M. de Jacobis s'est mis en garde contre un tel péril !

Cette entente de vues générale et ce *code admirable* de règles de conduite, assurent déjà l'unité d'action et la cohésion des forces qui sont un des plus puissants facteurs de l'apostolat et la meilleure garantie du succès.

L'heure devient solennelle pour l'avenir de l'Abyssinie.

Après avoir tracé dans un concert unanime leur plan d'attaque et médité les principes stratégiques sur lesquels il repose, les trois pionniers choisis par la divine Providence se divisent l'Empire, comme les apôtres dans leur dernière réunion à Jérusalem s'étaient partagé les diverses régions de l'univers.

M. *de Jacobis* ira dépenser ses forces et son zèle dans les Etats du *Tigré*, tandis que MM. *Sapeto* et *Montuori* passent aussitôt dans l'*Amhara*.

Leur dessein est d'établir une résidence et un centre à *Gondar*, pour préparer ensuite les entrées dans les Etats du *Godjam* et du *Choa*. Mais ce projet réalisé, M. *Montuori* devait aller créer un nouveau poste à *Kartoum*, dans le *Sennaar*.

Grâces à un accueil favorable du Ras *Ali*, souverain réel de l'*Amhara*, à côté du roi fainéant, le vieil *Alié Sahlou*, dont il était le maire du palais ; grâces aussi à une bienveillance égale près de l'*Etchéghié*[1] *Ghebra-*

---

[1]. L'Etchéghié est un religieux élu avec l'agrément de l'Empereur comme Grand Abbé ou Supérieur général de toutes les communautés monacales de l'Ethiopie et par suite, sur l'universalité des églises ou paroisses. Ce personnage est le rival très puissant de l'évêque métropolitain. (E. C.).

Mariam, MM. *Sapeto* et *Montuori* voient leur résidence de Gondar prospérer au-delà de toute espérance. Ils sont déjà tout à leurs préoccupations apostoliques, lorsque le premier des deux contracte une longue maladie qui le force à quitter *Gondar* (1842), pour s'en retourner en Europe, laissant le champ de la nouvelle vigne aux soins de M. *Montuori*, dont le zèle industrieux réalisera bientôt des miracles de conversion.

CHAPITRE SIXIÈME

PREMIERS DÉFRICHEMENTS DU CHAMP APOSTOLIQUE

M. *de Jacobis* vient de donner congé à ses confrères. Le dernier entretien du Père à ses enfants dût être semblable à celui du Sauveur avec ses disciples sur le sentier de Gethsémani, pendant la nuit du suprême sacrifice. En les conduisant sur le chemin d'*Aksoum*, il a dans l'expansion du fraternel adieu, animé leur zèle et le sien pour la grande œuvre d'évangélisation que la sainte Église de Rome leur a confiée. Puis, recueilli dans les plus saintes et les plus ardentes méditations, il rentre seul dans sa modeste résidence sous les ombrages mystérieux, avec lesquels son esprit de prière est déjà familiarisé, des hauts et verdoyants oliviers de l'église *Médhanié-Alem*.

Épris du sublime idéal de l'apôtre de gagner des âmes à Jésus-Christ, il ne nous apparaît que sous le poids sacré de cette sollicitude. Loin de son esprit les soucis d'un aménagement confortable et des commodités légitimes ; d'ailleurs ni la manière de vivre des Abyssins, ni les recherches du bien-être, tels qu'ils le comprennent, ne peuvent lui procurer ces jouissances matérielles dont son âme si mortifiée a horreur. Volontairement et de son propre choix, il est fait de longue date à la gêne et aux privations. A l'exemple du pauvre de Nazareth, il embrasse d'un cœur alerte et joyeux la sainte pauvreté, compagne assidue de sa table et de ses veilles.

— Supérieur à toutes les exigences de la nature, il les foule aux pieds, afin de se livrer plus librement tout entier à la recherche des âmes. — Quel est le mobile qui les tient éloignées de moi ? Quelle est la cause de leur aversion, de leur méfiance ? Où trouver les termes d'un rapprochement ? Quels moyens mettre en œuvre pour triompher de leur antipathie ? — Tels sont les graves problèmes qui absorbent l'esprit de cet homme de Dieu ; telles sont ces questions épineuses que la lumière évangélique si abondante et si vive en lui, aura vite éclairées ; telles les résolutions que son courage surnaturel aura aussitôt généreusement embrassées, si dures et si répugnantes qu'elles paraissent.

L'ostracisme dédaigneux qui pèse sur tout Européen en Abyssinie, n'épargne pas M. *de Jacobis* ; il partage le sort réservé à tous les autres *Frengis* alors domiciliés ou de passage à *Adoua*. On leur reconnaît bien la supériorité de la richesse et des arts ; à eux les ressources de l'industrie qui font défaut à toute la race éthiopienne ; mais on leur refuse le bénéfice de tant d'autres qualités dont le mépris est la seule récompense.

A leurs yeux, la richesse n'est que le fruit de travaux et de fatigues, indignes de la noblesse abyssinienne. Les arts et les métiers sont le lot d'une classe inférieure à laquelle on ne permet même pas de se croiser aux autres par des alliances matrimoniales. Odieux ils restent, par suite de la note infamante de sorcellerie dont les préjugés les ont entachés. La noblesse de la race, les avantages de la civilisation, des mœurs dignes de l'humanité, ce sont là autant d'éléments dominateurs que l'Abyssin refuse à l'étranger, prétendant seul en avoir l'apanage.

Mais, avouons-le à notre honte! nombre de voyageurs qui devaient être l'incarnation vivante des mœurs européennes et qui auraient dû, en effet, n'offrir aux yeux jaloux des demi-sauvages que des modèles dignes de la vraie civilisation chrétienne dont l'Europe se glorifie, ont failli tristement à notre réputation d'honnêteté et déshonoré la bienséance de nos mœurs. Ou ils se sont ravalés à l'assimilation des indigènes, ou même à une dégradation pire que la leur et que ces prétendus sauvages ne manquent pas de stigmatiser de leurs plaisanteries.

En face de ce mépris qui marque l'Européen d'un stigmate d'infamie et lui ravit toute influence, au moins celle qu'exerce une conduite irréprochable, *M. de Jacobis* comprend son impuissance à modifier en sa faveur cette fâcheuse disposition des esprits, à moins de leur donner le spectacle d'une vie exemplaire dont le contraste tranchera heureusement avec les idées préconçues des Abyssins.

A la légèreté, au laisser-aller malhonnête, à l'insouciance morale, à la forfanterie malséante, le *héraut du Christ* saura opposer cette gravité, cette réserve et surtout cette humilité communicative que préconise la morale évangélique. Aussi va-t-il commencer par la prédication de l'exemple et la pratique des vertus constitutives du code divin? Leur rayonnement, brillant comme une vive lumière au milieu de la nuit des mœurs dissolues de la cité, le mettra dans un relief qui attirera sur lui l'étonnement d'abord, et finira par lui conquérir l'admiration et la sympathie universelle.

Son règlement sera vite tracé. Devant lui se dresse l'image vivante du Christ dont il va reproduire la vie cachée dans son humble retraite. Là, dans son recueillement habituel qui n'exclut ni ne rebute pas cependant les visiteurs que les convenances et une curiosité banale amènent à sa porte, il affecte de se montrer comme un cénobite, étranger aux tumultes du dehors. Sa vie de solitude ne le tiendra pas non plus sous le boisseau; lumière du Christ, sa lampe se montrera constamment ardente et brillante : *Lucerna ardens et lucens*. Il se produira avec sobriété comme un inconnu, étranger encore à la langue, et dont l'unique préoccupation est d'édifier les témoins journaliers de sa vie érémitique.

Tout frappe en lui et attire les regards : son extérieur modeste, ses manières marquées au coin de l'humilité et surtout son assiduité à la prière. Ses visites fréquentes aux quatre églises pénètrent la foule d'une religieuse vénération. Celle du *Médhanié-Alem* surtout, avec ses murs d'enceinte contre lesquels est adossée sa modeste résidence, était l'oratoire préféré pour ses longues et ferventes méditations [1].

A genoux dans le cimetière, ou debout à l'ombre de quelques oliviers, il récitait pieusement son Bréviaire et terminait ses dévotions accoutumées par le Rosaire. Mais on devine sa privation de ne pouvoir dire la sainte Messe ; les hérétiques lui auraient refusé ce bonheur dans leurs églises. Profitant de l'adhésion des membres les plus importants du clergé d'*Adoua* à la doctrine catholique, M. *Sapeto* avait obtenu la permission d'y célébrer le Saint Sacrifice durant le mois de juin (1839), en la fête du Très-Saint-Sacrement. Mais il s'en suivit bientôt, dans le public et à la cour, tant de réclamations et de protestations tapageuses, fomentées surtout par la jalousie de quelques Arméniens hétérodoxes, qu'aucun prêtre latin ne pouvait plus se hasarder à cette pieuse

---

[1]. En cadeau d'arrivée, M. de *Jacobis* avait offert au *Dedjaz Oubié* un beau tableau de l'apparition en 1830 de la Vierge Immaculée. Il en décora ce sanctuaire et ce fut pour le missionnaire une douce attraction de plus vers cette église.

tentative. Encore moins M. de Jacobis aurait-il pu le faire dans une maison particulière : c'eût été un grand scandale et un prétexte d'ostracisme. Il lui aurait fallu se dérober à tant de regards indiscrets, et son habitation d'emprunt lui interdisait ce pieux stratagème.

Les premiers mois se passent donc dans cette silencieuse prédication de l'exemple ; et ses vertus apostoliques répandent autour de lui un parfum d'édification des plus suaves. Le temps que lui laissent ses exercices de piété, il le met à profit avec un avare scrupule pour étudier les langues d'Ethiopie, car il souffre cruellement de ne pouvoir s'exprimer qu'avec le secours d'un interprète.

Trois langues sont en usage dans la contrée : le *Gheez*, ou idiome primitif, langue sacrée ; quoique morte, elle est nécessaire pour l'intelligence des livres éthiopiens et pour la liturgie ; aussi est-elle le premier article du programme scolaire des universités ecclésiastiques, le *Tigrina* et l'*Amahrigna*, langues modernes du *Tigré* et de l'*Amhara*. Toutes les deux, et surtout le Tigrigna [1], dérivent du Gheez. L'Amharigna, en adoptant beaucoup de ses mots, a gardé les tournures d'un idiome particulier, non sémitique, que l'on fait remonter aux antiques races aborigènes. Il est le langage officiel et l'idiome le plus usité de l'Abyssinie. A ce titre, il est parlé par tous les chefs de tribus ; seule aussi des langues parlées, elle est écrite. Enfin elle est employée pour expliquer dans les écoles les textes Gheez des livres de l'enseignement ; aussi devient-elle la langue des controverses et des discussions ?

Bien que fixé dans le *Tigré*, c'est sans doute pour cette raison que M. de Jacobis s'applique de préférence

---

(1) C'est ainsi que ces idiomes sont appelés par les Abyssins (E. C.).

à cette étude ; elle offre d'ailleurs à l'européen beaucoup plus de facilités, parce qu'elle a beaucoup adouci, sinon entièrement fait disparaître les gutturales, dont sont agrémentés les mots de toutes les langues sémitiques.

Pour se former plus vite aux tours et au génie de ce dialecte, il prend à gage un interprète avec lequel il s'entend plus ou moins, moitié en italien, moitié en grec, le *Debtéra Matéos*, fils métis d'un Grec, nommé Apostoli, venu en Abyssinie sous la domination du *Ras Michael*, et établi à *Adoua* pour y exercer l'une des industries ou le petit négoce propre aux Hellènes, disséminés dans tout l'Orient arabique [1].

Les premiers essais de linguistique ne doivent lui servir qu'à l'étude de l'idiome ; les canevas qu'il s'est préparé pour s'exercer à la traduction, sont des harangues apostoliques destinées dans son esprit à être produites dans le cercle intime de ses auditeurs. Ce sont d'abord les braves gens du voisinage et du quartier ; la curiosité citadine les entraîne et peu à peu ils se sentent pénétrés de respect pour un homme dont l'attitude et la manière de vivre contrastent avec les façons légères des autres Européens à *Adoua*, non seulement par la gravité et la pureté des mœurs, mais par un rayonnement de toutes les vertus évangéliques.

« Au dire de *M. Sapeto*, le peuple était étonné de voir
« cet étranger passer des journées entières à l'église et
« plongé dans la prière. Les prêtres et les moines ne se
« défiaient plus autant de lui et commençaient à recon-
« naître en sa personne quelque chose d'extraordinaire.
« Le prince *Oubié* lui-même ne tarde pas à s'apercevoir
« des trésors de sainteté qu'il possède, en la personne de
« ce nouveau venu. »

---

1. Son art spécial était l'orfèvrerie.

CH. VI. — PREMIERS DÉFRICHEMENTS

Une fois capable d'exprimer dans un discours suivi les homélies qu'il a composées à l'aide de son maître de langues le *Debtérà Matéos*, et grâce à son application constante à ce travail, le fervent apôtre est bientôt en état de prêcher sa doctrine. Aussi avec quelle sainte allégresse salue-t-il l'aurore du 6 janvier 1840, où il lui est possible de faire une conférence familière à une réunion de dix personnes, qui, témoins du contraste de son humilité avec l'air frondeur de la plupart des autres Frengis, avaient eu pour ainsi dire compassion de son isolement, et s'étaient sentis attirés vers lui pour le soustraire à une solitude qu'ils s'imaginaient devoir lui peser !

Mais ce qui lui pesait, c'était le poids de son devoir apostolique ; la fièvre qui le consumait était le feu intérieur de son âme brûlante. Tous les saints, comme tous les hommes, mais autrement, ne furent-ils pas des passionnés, des inassouvis ? Qui, plus que lui, fut inassouvi de conquérir les âmes ? Les âmes ! C'était sa grande passion. Aussi lui tarde-t-il de mettre à leur service avec une infatigable ardeur, pour les gagner à *Jésus Christ*, son irrésistible éloquence, d'un caractère unique, dont le secret ne relève pas de l'homme, mais de Dieu seul ?

Le 25 janvier, fête de la *Conversion de l'apôtre des nations*, jour anniversaire du premier sermon de *saint Vincent* à *Folleville* (qui donna naissance au petit collège de ses missionnaires), M. *de Jacobis* sent l'esprit apostolique l'embraser. Dès le lendemain il convoque les humbles gens de sa maison et du voisinage ; il se met à les catéchiser avec une simplicité touchante, et continue ainsi à les réunir chaque dimanche à trois heures du soir, à les entretenir selon leur portée sur les vérités du salut et les obligations de la vie chrétienne. Puis avec quel dévouement ne travaille-t-il pas à les former à la récitation en commun du chapelet, usage qu'il rend plus tard quotidien, ainsi que la prière du soir, non seulement (au dire d'*Abba Técla-Haymanot*) à l'égard de ses élèves et de ses serviteurs, mais des braves paysans dans les endroits où il plante sa tente apostolique.

C'était déjà beaucoup que de changer les idées sur la foi catholique ; ce nom n'était plus en honneur. A peine quatre mois de séjour à *Adoua* et M. de Jacobis avait déjà conquis cette estime qui gagne les volontés rebelles, cette confiance qui rapproche les cœurs.

Aussi le terrain, suffisamment déblayé des préjugés traditionnels dont l'hérésie avait imbu les esprits, l'heure lui semble propice pour se montrer en public.

Assistons aux débuts du pieux missionnaire abyssin.

CHAPITRE SEPTIÈME

CONFÉRENCES AU CLERGÉ D'ADOUA

Les membres du clergé abyssin avaient vu en M. de Jacobis plus qu'un chrétien, un religieux austère, appliqué à la doctrine. Aussi avaient-ils commencé à le fréquenter soit à sa demeure, soit à l'ombre des arbres solitaires? C'était assez pour stimuler le zèle du fervent apôtre ; il commence donc sa prédication publique par le corps enseignant de la population, guide aveuglé que suivent machinalement les masses, hélas ! pour leur perte. Les prêtres, se disait-il, les pasteurs des peuples une fois éclairés de la vraie lumière, en eux et par eux elle luira à tout le monde.

Les membres du clergé d'*Adoua* sont l'objet de ses premières tendresses et voici, pour notre édification, d'après son journal, la harangue qu'il leur tint et à laquelle nous conservons toute sa saveur orientale :

« La porte du cœur, c'est la bouche ; la clef du cœur, c'est la parole. Quand j'ouvre la bouche, j'ouvre la porte de mon cœur, quand je vous parle, je vous en donne la clef. Venez et voyez que l'Esprit-Saint a placé dans mon cœur un grand amour pour les chrétiens d'Ethiopie. J'étais dans mon pays. Là j'ai su que dans l'Ethiopie il y avait des chrétiens, et j'ai dit à mon père et à ma mère : Mon père, donne-moi la bénédiction, ta bénédiction, ô ma mère ! Je veux partir. — Et pour où, mon fils ? m'ont ils répondu. Je veux aller voir mes chers frères, qui sont dans l'Abyssinie, je veux visiter les chrétiens de l'Abyssinie. Je veux aller là-bas, dire à ces chrétiens que le les aime beaucoup. Oui, je vous quitte, ô mon père ; je vous quitte, ô ma mère ; je vous aime beaucoup, mais j'aime encore plus les chrétiens de l'Abyssinie. Mon père, bénissez-moi ; votre bénédiction, ô ma mère, je m'en vais. — Mon fils, tu nous laisses ? — Oui je vous laisse, ô mon père ; oui je vous laisse, ô ma mère ! — Et nous ne nous verrons plus ? — Non, plus jamais. — Le voyage est long, il faut parcourir des déserts, et traverser la mer ; il y a des tempêtes, il y a des serpents et des lions sur la route ! — Je mourrai avant de revenir ici, nous ne nous verrons plus ! Et mon père pleurait, et ma mère versait des larmes, et en sanglotant ils me donnèrent leur bénédiction et me dirent : Va donc, mon fils, où Dieu t'appelle ; va voir ces chrétiens de l'Abyssinie et dis-leur que, nous aussi, nous les aimons, et que nous leur avons envoyé un fils qui nous est bien cher. En entendant leurs paroles, je pleurais aussi ; je me mis à genoux, et, tout baigné de larmes, je reçus la bénédiction de mon père et celle de ma mère, que je ne verrai plus. Ah ! comme ils pleuraient avec moi mes parents ! comme ils pleuraient mes amis ! que de larmes ont obscurci mes yeux ! Mais l'amour que je sentais pour vous était fort, aussi fort que la mort. Je fermai les yeux pour ne pas voir tout ce deuil, je fermai mes oreilles pour ne pas entendre tant de gémissements, j'essuyai mes larmes et je me mis en route. Dans les dangers qui menaçaient ma vie sur la mer, au milieu des flots et des tempêtes, je répétais : Seigneur ! que je voie mes frères et que je meure ! Dans le désert, au milieu des sables et des bêtes sauvages, je disais : Seigneur ! que j'entende la voix d'un Abyssin et que la mort m'enlève, et me décharne ! Dieu m'a exaucé, il m'a fait échapper aux dangers de la mer et du désert, pour que je vienne et que je vous voie. Maintenant je vous vois, je vous connais ; maintenant je suis content ; maintenant, mon Dieu, je vous bénis et si vous voulez rompre les liens de mon corps, faites-le selon votre bon plaisir, je suis content. Qu'il m'accorde un jour, deux jours ; autant de jours qu'il me donnera je dois les consacrer à vous, parce que c'est pour vous que Dieu m'a conservé en vie. Vous êtes les maîtres de ma vie ; si vous voulez mon sang, venez, ouvrez mes veines, faites-le sortir jusqu'à la dernière goutte ; il est à vous ; vous en êtes les maîtres ; mourir par vos mains, je serais trop heureux ! Si vous ne voulez pas me donner cette mort que je désire, toute la vie qui me reste sera dépensée pour vous. Pour vous je prierai, pour vous j'étudierai, pour vous je me fatiguerai ; si vous êtes affligés, je viendrai vous consoler au nom de Jésus-Christ ; si vous êtes pauvres, je viendrai vous secourir au nom de Jésus-Christ ; si vous êtes nus, je vous couvrirai de mes vêtements ; si vous avez faim, je vous donnerai mon unique morceau de pain ; si vous êtes malades, je viendrai vous visiter et je dormirai à côté de votre lit ; si vous désirez que je vous enseigne le peu que je sais, je le ferai avec grand plaisir. Il ne me reste plus rien sur la terre, plus de père, plus de mère, plus de patrie. Il ne me reste plus que Dieu, et le cher chrétien d'Abyssinie. C'est vous qui êtes mes amis, mes proches, mes frères, mon père, ma mère ! Qui est dans ce cœur ? Ah si je pouvais vous le faire voir ! c'est Dieu et le peuple d'Abyssinie. Pour qui brûle ce cœur ? Pour Dieu et pour le cher peuple chrétien d'Abyssinie, et pour personne autre. Je ferai donc tout ce qu'il vous plaira. S'il vous plaît que je demeure dans ce pays, j'y demeurerai ; — que j'en parte, j'en partirai. Vous plaît-il que je parle dans vos églises, je parlerai ; — que je garde le silence, je le garderai. Je suis prêtre comme vous, confesseur comme vous, prédicateur comme vous. Voulez-vous que je dise la messe ? je la dirai, — que je confesse ? je confesserai ; que je prêche ? je prêcherai. Ne le voulez-vous pas ? je n'en ferai rien. Maintenant vous savez qui je suis ; maintenant je vous ai ouvert mon cœur, j'en remets les clefs entre vos mains. Si néanmoins vous me demandez encore qui je suis ? je vous répondrai : un chrétien de Rome, qui aime les chrétiens d'Abyssinie. Si quelqu'un vous demande, qui est cet étranger ? dites-lui c'est un chrétien de Rome, qui aime les chrétiens d'Ethiopie, plus que ses amis, plus que ses parents, plus que son père, plus que sa mère ; qui les a tous quittés pour venir voir ceux-là et leur dire combien il les aime. Voilà déjà quatre mois que je suis dans votre pays. Vous m'avez vu, vous m'avez connu, vous avez conversé avec moi. Dites, oui, dites-moi si je vous ai donné du scandale, ou si je vous ai fait du mal. Je ne le crois pas. Mais si je ne vous ai causé ni scandale, ni mal, je ne vous ai fait encore aucun bien, je n'ai encore rien fait pour vous. Aujourd'hui je veux changer de conduite. Je serai votre ami, bien plus, je serai votre serviteur. Si vous avez besoin de moi, venez ; et si cela vous incommode, appelez-moi et je volerai ; à toute heure, à tout moment, je serai vôtre, tout vôtre, tout, tout ! Seigneur, en présence de qui je suis, vous savez que je ne mens pas ! »

Ce discours était bien capable de toucher des cœurs de pierre, aussi trouva-t-il bientôt des dispositions favorables. Déjà le peuple était étonné de voir cet étranger passer des journées entières à l'église et plongé dans la prière ; les prêtres et les moines ne se défiaient plus autant de lui et commençaient à reconnaître en lui quelque chose d'extraordinaire.

Au bout de quelque temps, M. de Jacobis fit aux mêmes prêtres d'Adoua, une autre conférence, qui, ainsi que la précédente, nous a été conservée dans son propre journal.

« Après quarante siècles de désirs, de soupirs, de larmes de la part des patriarches et des prophètes, apparut parmi nous le Messie, le Sauveur. Que n'a-t-il pas dit ? que n'a-t-il pas fait, que n'a-t-il pas souffert pour éclairer les yeux des hommes plongés dans les ténèbres ? Par son sang, il a fondé l'Eglise ; vous ne l'ignorez pas. A cette Eglise il a donné un chef, vous le savez, Ce chef fut saint Pierre ; ainsi le dit l'Evangile. Après avoir été sept ans à Antioche et après avoir prêché dans le Pont, la Cappadoce et la Bythinie, il a établi son siège à Rome. Là saint Marc l'accompagna, comme un disciple accompagne son maître, et de là il fut envoyé par lui à Alexandrie. Pendant que saint Pierre était à Rome, et saint Marc à Alexandrie, saint Pierre aimait saint Marc d'un amour de père, et saint Marc respectait saint Pierre avec un respect de fils et de disciple ; l'histoire le dit ainsi. L'an 63 de Jésus-Christ, saint Marc mourut à Alexandrie, et l'an 66 saint Pierre mourut à Rome. A Alexandrie un successeur fut donné à saint Marc, disciple de saint Pierre, et à Rome, pour succéder à saint Pierre, on nomma saint Lin. De ces deux, dites-moi qui fut le chef de l'Eglise ? Vous savez que l'Eglise de Jésus-Christ ne peut rester sans chef. Le premier chef est Jésus-Christ ; pour tenir la place de Jésus-Christ c'est saint Pierre. Celui-ci mort, qui fut le chef ? ce fut, répondez-vous, le successeur de saint Pierre, l'évêque de Rome. Voilà que nous sommes d'accord ; nous croyons dans le même nom. Ainsi ont cru les premiers patriarches d'Alexandrie pendant

450 ans après Jésus-Christ. Quelle belle amitié! quel saint amour existait entre l'évêque de Rome, vicaire de Jésus-Christ, successeur de saint Pierre, et le patriarche d'Alexandrie, successeur de saint Marc! De même que saint Pierre avait aimé saint Marc, ainsi tous les Papes aimaient les patriarches d'Alexandrie; et comme saint Marc vénérait saint Pierre, ainsi les évêques d'Alexandrie vénéraient l'évêque de Rome. De là viennent leurs belles paroles dans ces temps heureux. Ils disaient aux peuples : « qui ne connaît le chef de l'Eglise n'appartient pas à l'Eglise ; qui n'appartient pas à l'Eglise est hors de l'Eglise ; qui est hors de l'Eglise est comme un rameau sec d'un arbre ; on le coupe et on le jette dans le feu pour brûler. » Et ensuite ces patriarches savants et saints répétaient : « Mes enfants, respectez le Pape de Rome ; mes enfants, ne vous séparez pas du Pape de Rome. » Et cela ils l'ont dit pendant plusieurs siècles. Et ensuite? et ensuite? Ah! comment puis-je parler? les pleurs viennent à mes yeux, en pensant qu'avant nous étions unis comme des enfants à un même père! que nous nous aimions comme les fils d'une même mère! Et ensuite? ah! ma voix est étouffée par la douleur. Il nous arriva comme aux enfants de Jacob! Un d'eux était haï par les autres; ils le vendirent, le livrèrent aux étrangers ; le bannirent de leur compagnie. Mais qu'est-ce qu'il arriva à ses indignes frères? Joseph vendu devint grand et puissant; les autres qui le vendirent se mouraient de faim. Ne vous êtes-vous pas séparés de Rome? Que vous est-il arrivé pour cela? Je ne veux pas le dire, dites-le vous-mêmes. Où sont vos sages des premiers siècles? où sont les saints? Et Rome? Rome? Ah je voudrais vous y conduire avec moi. Vous diriez ce que dit votre antique reine de Saba à la vue de Salomon : je ne croyais pas qu'il y en eût tant? Et pour-

quoi nous sommes-nous séparés ? je vous le dirai dans une autre occasion. Maintenant je veux conclure et vous dire : vous ressouvenez-vous comment ces enfants de Jacob s'embrassèrent quand ils se furent reconnus en Egypte ? comment Joseph pleura, comment ses frères pleurèrent ? Ils pleurèrent, ils se jetèrent dans les bras les uns des autres, ils s'embrassèrent ; ils firent la paix, une paix véritable. Ah si nous pouvions, nous aussi, nous reconnaître comme des frères, comme des enfants de la même mère, nous embrasser ensemble dans la même foi, dans le même amour. Un Dieu, une église, une foi, un amour : Une seule foi ! la foi de Jésus-Christ qui nous a été conservée dans son vicaire, l'évêque de Rome. Un seul amour, l'amour enseigné par Jésus-Christ dans son Evangile. C'est cette foi et cet amour que je viens vous prêcher. Et cela non par intérêt, non pour un gain sordide, non par un désir blâmable de l'or... Je ne cherche rien, je ne crains rien. Liez-moi, si bon vous semble, jetez-moi dans la plus dure prison, livrez-moi entre les mains d'un bourreau pour me couper la tête, et puis demandez-moi : qu'es-tu venu chercher ici ? je vous répondrai : votre amitié, votre amour, le salut de vos âmes et rien de plus. Si ma proposition vous plaît, qu'attendons-nous davantage pour être unis ? Je m'appelle catholique romain, soyez-le aussi et tous ensemble prêchons une foi, un amour, une Eglise. Si cette proposition ne vous plaît pas, dites au bourreau de me couper la tête, je suis content de mourir pour la foi de Jésus-Christ. La voix de mon sang montera jusqu'au ciel, mais elle n'appellera pas la vengeance sur vous comme le sang d'Abel, mais bien la miséricorde comme le sang de Jésus-Christ pour l'amour duquel je mourrai content. Et alors Jésus-Christ vous enverra un homme qui ne soit pas comme moi chargé de péchés, mais qui sera saint et riche en vertus. Il vous prêchera les mêmes choses, que la vérité est une. Vous l'écouterez, vous vous convertirez, vous serez catholiques, et vos enfants le seront en professant cette foi que professe le successeur de saint Pierre, la foi de Jésus-Christ. Ainsi vous serez sauvés. »

Ces allocutions sont bien accueillies ; le zèle du missionnaire ne se consume pas en de vaines exhortations. Le clergé montre même un certain empressement à venir l'entendre. Ce n'est pas là un moindre succès d'avoir conquis l'attention de tels auditeurs, habitués aux artifices du langage, et naturellement en garde contre tout entraînement de l'esprit et du cœur.

Mais la simplicité, la droiture, l'humilité, la modestie, toutes les vertus en un mot qui reflètent la pureté des intentions et la sincérité du cœur leur apparaissent dans la conduite du saint apôtre comme la garantie de sa franchise, de son désintéressement et de ses protestations de dévouement.

Surtout M. *de Jacobis* est véritablement prêt à accomplir les héroïques sacrifices qu'il propose à leur générosité, mettant lui-même en pratique le principe de saint Jean : « *N'aimons pas en parole et avec la langue ; mais en action et en vérité*[1] !. »

Convaincus qu'il leur adresse une parole sans détours, qui n'a de l'art oratoire que la chaleur et la sainteté de la cause, ils l'écoutent sans défiance avec cette sympathie que provoque la sincérité d'un ami. Aussi multiplie-t-il ces conférences sur la doctrine catholique avec une méthode progressive qui dénote et la portée intellectuelle de son esprit et sa connaissance de la mentalité de ce peuple.

---

[1] « Diligite non in verbo et in lingua, sed in opere et veritate » (Ire Ep. S. Jean, ch. III, v. 18).

Comment ne pas admirer la précision avec laquelle il répond aux objections ? Ses arguments ne laisent aucune prise à la réplique. La vérité portait la conviction dans les esprits et plusieurs fois des exclamations spontanées en donnent témoignage. A la fin d'une de ces conférences familières, quelques docteurs ne peuvent s'empêcher de s'écrier : « *S'il en est ainsi, ce prêtre qui nous parle est notre père* [1]. »

« Il y eut des convertis, mais en petit nombre. Le
« respect humain, les intérêts temporels du bien-être
« ou de la position acquise, l'ambition des dignités
« ecclésiastiques et surtout la corruption des mœurs,
« étaient de grands obstacles à la vérité, plus en Abys-
« sinie peut-être que partout ailleurs, car les âmes y
« sont sous la domination charnelle [2]. »

Or, la doctrine qu'on leur prêche d'exemple et de parole, était l'explication du plus pur Évangile.

Quand le cœur n'est pas prêt à accueillir cette morale, l'âme est encore bien loin d'embrasser la foi de *Jésus-Christ*.

Aussi le zèle de l'apôtre, d'accord en ce point capital, avec les plus édifiantes vertus, dont sa vie resplendissait comme dans un miroir brillant aux yeux de tous, attaque-t-il de front la corruption des mœurs avec autant d'énergie que l'erreur et les préjugés de l'hérésie ?

Voyons-le à l'œuvre.

---

1. *Abba Tecla Haïmanot* (*passim*).
2. *L'Abyssinie et son Apôtre*, ch. IV.

CHAPITRE HUITIÈME

VERTUS DE MGR DE JACOBIS

Pour se poser avec fruit en véritable apôtre de Jésus-Christ, M. *de Jacobis* commence par se montrer son véritable disciple, imitateur de sa vie et de ses vertus, ennemis de la triple concupiscence qui règne en souveraine sur les mœurs domestiques et sociales des Ethiopiens.

A la corruption générale et publique qui s'affiche partout, il oppose une grande pureté de vie. Déjà il a fait voir qu'il a compris la parole du maître : *Vous n'êtes pas du monde*[1]. Il ne doit pas apparaître à *Adoua* comme l'un de tous ces chrétiens, honnêtes selon le monde, mais entraînés dans les raffinements les plus humiliants de la luxure. Leurs mœurs légères font un triste contraste avec son caractère sacerdotal. Aussi vit-il à l'écart et donne-t-il à sa maison le cachet religieux, seul digne des ambassadeurs du Christ ? Le recueillement et la prière président à tous les exercices de leur vie domestique. Si la bienséance en ouvre la porte aux relations nécessaires ou même de convenance sociale ; si son cœur accueille avec compassion l'indigence soit spirituelle, soit corporelle, il la tient sévère-

---

[1]. « Vos de mundo non estis. — Ego elegi vos de mundo. »

ment fermée, suivant la maxime de *saint Vincent*, aux conversations oiseuses ; et, par dessus tout, aux divertissements interdits aux hommes de Dieu, surtout en pays étrangers.

Il veut pour la résidence des missionnaires une renommée sans tâche ; à ses frais on élève un mur d'enceinte pour s'isoler des habitations voisines.

Les femmes seules étant chargées de la manutention domestique, force fut de tolérer cet usage pour le service de la résidence. C'est au jour le jour que se moud la farine ; c'est à l'heure du repas que se cuit la galette fermentée (tabita), le véritable pain du pays. Les personnes chargées de ce double travail ne pouvaient donc résider loin de la demeure. Mais dans l'impossibilité de se soustraire à cette servitude imposée par les soins du ménage, il sait, dès le premier jour, et à tout jamais, en éviter les inconvénients et les dangers, en tenant hors de l'enceinte réservé, le toit qui abrite ces femmes de service.

Un incident dont le souvenir vivace est parvenu jusqu'à nous, montre mieux que toutes les assertions, combien stricte était sa vigilance pour l'honneur de sa maison religieuse. Pour décor à l'intérieur, il ne voulait que des cœurs purs et son unique désir était de voir s'épanouir au dehors les vertus apostoliques.

Un Européen vient un jour frapper à sa porte et par bienséance M. de Jacobis lui fait les honneurs d'une gracieuse hospitalité. Les voyageurs en général ne sont pas trop délicats sur la question des mœurs dans leurs excursions à travers le pays ; on avait fait choix pour la circonstance de jeunes serviteurs dont la moralité fut autant que possible à l'abri de tout soupçon. Mais si ces pauvres Abyssins étaient intacts au point de vue de l'honnêteté, ceux de l'hôte étranger avaient à apprendre à l'être.

Il était pleine nuit ; tandis que le visiteur prenait son repos dans la cellule mise à sa disposition, le missionnaire lui, veillait et priait à son habitude. Tout à coup il se lève de son oratoire, comme mû par un ressort secret ; il descend, la lumière à la main, à la pièce du rez-de-chaussée où l'on exerce le devoir de l'hospitalité. Ses domestiques en ont partagé le sol avec ceux de l'étranger ; ils y ont étendu à loisir les peaux qui leur servent de couche pour se livrer au sommeil. Le moment est pénible pour son cœur, mais le devoir a des contraintes impérieuses. Tenant d'une main la porte entrebâillée, il les secoue doucement l'un après l'autre pour les éveiller. Un spectacle d'horreur se présente à ses yeux : un libertin, à la faveur des ténèbres, a souillé sa demeure en y introduisant une femme de mauvaise vie. Pour la honte des coupables, il la fait jeter dehors sans pitié à la stupéfaction générale. C'en est assez pour les édifier sur la délicatesse du saint prêtre. Ils sont saisis comme d'un saint effroi et pénétrés du respect le plus profond ; le lendemain, les voisins sont au courant de la triste aventure et restent dans un étonnement indicible. Désormais *M. de Jacobis passe à leurs yeux pour un saint*, éclairé d'une lumière divine qui lui faisait découvrir les choses les plus cachées. Aussi de quelle vénération, de quels égards pleins de réserve, entourent-ils sa personne sacrée ?

Ce luxe de vigilance domestique sur le personnel de la résidence, et plus tard sur celui qui forma son séminaire, fut toujours aussi admirable.

Aussi le nom d'*Abouna Jacob* n'était-il prononcé qu'avec les marques du plus grand respect par tous les indigènes des contrées qu'il traversait ?

Aux désordres sans voile, à la licence publique, l'homme de Dieu avait opposé une conduite intègre et irréprochable, dont il était saintement jaloux pour l'honneur des siens et le succès de sa mission évangélique. A l'orgueil et à l'arrogance de l'Abyssin, il opposera le prodigieux abaissement de l'humilité. Elle se traduira par de tels actes d'abjection extérieure et effective qu'on peut l'affirmer hautement, cette sublime vertu était devenue en sa personne comme une seconde nature. On la retrouve dans sa manière de vivre, dans ses vêtements comme dans ses repas. Dès son entrée en Abyssinie et toujours, son habit ne fut même pas celui du prêtre éthiopien le plus pauvre, et tout le reste était à l'avenant.

A l'église, comme à son logis, la dernière place était toujours la sienne, non seulement vis-à-vis des prêtres, des lettrés, des personnes considérables qu'il recevait, mais aussi des gens de basse condition. Il était si habile à se confondre au milieu d'eux qu'on le voyait toujours abaissé, même au-dessous de ses inférieurs.

Aussi cette puissance d'abaissement produisit-elle ce missionnaire invincible en face de l'arrogance du mépris, des attitudes menaçantes mises au service de la plus basse cupidité qu'il eut à affronter, dès le début de son apostolat? Supérieur à tous les outrages, il paraît armé d'une si prodigieuse patience que les plus superbes finissent par se courber à ses pieds. Cependant il en faut une dose pour faire face à l'importunité de l'Abyssin qui abuse de l'infériorité naturelle de l'étranger devant le maître du logis et couvre de son mépris les lois de l'hospitalité.

C'est un spectacle nouveau pour ces peuplades encore sauvages ; chacun se retire d'auprès de lui, content sinon du succès de sa démarche, au moins des manières courtoises et affables du nouvel Européen, dont le contraste avec celles des autres *Frengis* est des plus saisissants.

Ces égards n'ont d'autre principe que la générosité du dévouement et la charité qui le portent à tout sacrifier aux intérêts de Dieu et des âmes. Chez lui, pas d'autre ambition que de ramener à Jésus-Christ ses frères égarés. Ses procédés de particulière bienveillance trouvent un prétexte dans les largesses semées à profusion par l'anglican *Isemberg*, moyen facile de gagner les bonnes grâces des grands et des petits pour la prospérité des établissements qu'il édifiait.

Tant de libéralités n'eurent pas, hélas! le succès attendu. Son sans-gêne et son dédain vis-à-vis du clergé abyssin motivent l'expulsion de ce ministre, vers les premiers mois de 1840, par le *Dedjaz-Oubié*, alors campé dans les parages à l'ouest d'*Adoua*.

C'était un coup mortel porté au *protestantisme* dans l'opinion publique ; il perdait du terrain ; mais, par cet éclat, la Vérité catholique en gagnait à proportion, grâce à la vie édifiante de M. de Jacobis, qui donne ainsi à sa parole une autorité incontestable. Cet homme, disaient les Abyssins, est véritablement un modèle de perfection chrétienne ; mais ne fait-il pas exception ? Est-il vrai que les lois de l'Evangile soient observées par l'Eglise d'Occident, comme en témoigne sa personne ? Que d'Européens au contraire nous donnent l'exemple d'une licence réprouvée par *Jésus-Christ* ! De telles réflexions étaient bien de nature à paralyser le mouvement religieux ; peuple et clergé restaient retranchés dans leurs vieux préjugés. Et malgré leur véritable sympathie pour la sincérité de l'apôtre catholique, leur aversion contre l'Eglise latine, si elle ne s'accentuait pas, les retenait dans les barrières d'un ostracisme dégradant.

Au mal invétéré de ce peuple, nourri de prétentions contre les disciples de Rome, il faut un autre remède. Ce n'est pas assez du spectacle vécu du plus pur Evangile ; l'heure semble venue d'opposer aux dénigrations mensongères en cours dans l'Abyssinie depuis des siècles, un témoignage plus éclatant encore, pour ramener l'opinion aux saines doctrines de la Foi et à la pratique de la morale chrétienne.

Le voyage en Europe de quelques personnages choisis parmi les plus accrédités et les plus respectés du pays, peut seul lui permettre d'atteindre ce résultat. Sans ce puissant concours que son amour de l'Eglise escompte dans ses réflexions quotidiennes, vains seront les efforts de son zèle, vis-à-vis de la masse plongée dans les ténèbres et les sophismes les plus subtils. Mais l'idée d'une telle traversée est-elle réalisable ? Que d'obstacles la paralysent ! Quels Abyssins consentiront jamais à tenter une telle démarche, taxée de folie par leurs concitoyens !

Telles sont les préoccupations de son esprit. Mais quelles barrières pourraient résister à l'ardeur de son zèle ? Plus il mûrit ses projets, plus il acquiert la conviction qu'une *expédition à Rome* même, peut seule montrer aux Abyssins combien on abuse de leur simplicité, et leur faire toucher du doigt l'absurdité des fables qu'on leur débite sur le compte des catholiques.

A tout prix, et avant toute autre entreprise, il faut négocier ce voyage, seule base solide pour l'édifice que son amour veut élever en Ethiopie à la gloire du Rédempteur.

Le missionnaire s'évertue en combinaisons variées et fait appel à toutes les ressources de la diplomatie humaine, après avoir confié ses projets au *Cœur de Jésus* et à la *Vierge Immaculée*. N'est-ce point un rêve qui va s'évanouir comme les nuages ou les brouillards se dissipent sous l'action du soleil levant ? Pendant ses veilles prolongées bien avant dans la nuit, le légat du

Christ élabore plans sur plans ; et si les moyens humains ne peuvent lui garantir le succès, ses ferventes prières attireront sur lui l'Esprit de Dieu qui lui inspirera la marche à suivre et la tactique la plus savante pour le triomphe de sa cause.

La divine Providence saura faire naître une occasion inespérée : pour le bien de la mission, il ne faudra rien moins qu'une prudence plus qu'humaine.

L'homme s'agite et Dieu le mène. Jamais parole ne trouva une plus heureuse application.

Cette *ambassade extraordinaire*, qui est la récompense de son zèle, le fruit de ses prières, nous révèle un des beaux côtés les moins connus de *M. de Jacobis* et les pieuses industries de sa charité agissante.

LIVRE QUATRIÈME

HISTOIRE D'UNE AMBASSADE

CHAPITRE PREMIER

CHARGÉ DE MISSION. — LÉGATION D'ABYSSINIE

Le temps est venu, pour notre héraut, de sortir du cercle étroit où il s'est forcément tenu renfermé ; il lui faut s'implanter, se former à la langue et aux mœurs, s'introduire et se faire agréer dans la société indigène, préparer surtout (en gagnant les dispositions des habitants) la reconnaissance de son caractère évangélique.

Ses conférences avec le clergé d'*Adoua* ont déjà fait connaître le but de sa venue et expliqué le pourquoi de son séjour en Ethiopie. Il s'y est posé franchement, sans ostentation comme sans arrière-pensée, en *prédicateur de la vraie foi*, et le Ciel a béni les saintes hardiesses de son zèle apostolique.

Il lui tarde vraiment d'en faire une déclaration publique et comme officielle, ou, si l'on veut, de se faire accréditer comme tel à la Cour pour obtenir la franchise de son ministère, auprès des populations éthiopiennes.

Le silence dans lequel il s'est prudemment tenu lui pèse sur le cœur, comme un manque d'activité ; et, pour rien au monde, il ne voudrait se classer parmi les serviteurs inutiles dont parle l'Evangile. Enfin l'heure a sonné où il lui paraît possible de le rompre sans soulever les passions populaires, et sans s'attirer les foudres du pouvoir. Ce n'est pas qu'il craigne les traitements odieux, mais mieux faudrait s'abstenir que de compromettre l'avenir de sa mission si délicate, en soulevant le manteau d'opprobre dont les calomnies coptes enveloppent l'Eglise romaine.

La relation détaillée de cet événement capital ménagé par la divine Providence, va nous révéler un des plus beaux traits de génie que peuvent produire les vertus vraiment héroïques de l'Homme de Dieu.

Le 2 janvier *1841*, le prince *Oubié* le mande à son palais au milieu des grands de sa cour ; et après un échange de présents, il lui insinue le besoin qu'il éprouve de recourir à ses lumières. Trois jours plus tard, (c'était la veille de Noël des Abyssins) on se réunit en conférence et au souvenir de ce pieux anniversaire, le cœur du fervent apôtre s'ouvre aux plus douces espérances.

Le prince lui manifeste alors son intention de l'envoyer en Egypte pour y accompagner une députation : il s'agit de demander un évêque (*abouna*) au patriarche copte ; la différence de croyance ne peut être un obstacle. C'est à ses yeux une protection dont il doit être honoré, car sa démarche est plus politique et sociale que dogmatique et religieuse.

M. de Jacobis y consent ; mais, après mûre réflexion, il se reproche une condescendance, de nature à soulever des interprétations diverses : et la crainte pour lui d'une connivence avec l'erreur, lui fait écrire dans son *Journal* qu'il croit être devenu le type des damnés du *Dante*.

Convaincu de la nécessité urgente d'une profession ouverte de sa foi, il retourne auprès du prince Oubié pour la formuler en ces termes : « *Je suis catholique, et je veux mourir catholique. De plus, je ne puis ni ne veux* aller avec vos gens en Egypte; d'ailleurs quel scandale pour mes frères! Et puis, mon Père, mon Pasteur, mon Maître, le Pontife de Rome, ne serait-il pas obligé de m'excommunier pour cette seule faute ? Ainsi je n'irai point, je ne partirai point ! »

Ces paroles, prononcées avec un ton de remords qui torture une âme, bien loin d'exciter la colère du prince, dictent à M. de Jacobis ce fier langage : « *J'irais, mais dans le cas où il s'agirait de tenter la réunion du patriarche copte avec Rome, dont il est séparé depuis des siècles : j'irais, mais si on lève les obstacles qui s'opposent à moi pour bâtir dans votre royaume des églises catholiques ; j'irais, mais à la condition que vos députés m'accompagnent jusqu'à Rome pour protester au successeur de saint Pierre, au Vicaire de Jésus-Christ, de leur obéissance et de leur respect, pour réclamer au moins son amitié, comme l'amitié d'un souverain puissant.* »

Ce disant, il déroule une carte géographique pour faire remarquer au prince et à ses officiers que les Etats de l'Eglise sont plus vastes que ceux qui dépendent de lui.

Après un tel discours c'en était fait, ce semble, de la Mission d'Abyssinie et son chef allait être mis à mort ou expulsé par le souverain du *Tigré*. Détrompez-vous! Le cœur des rois est entre les mains du Seigneur et il les tourne à sa volonté.

A partir de ce moment solennel dans les annales religieuses de l'Ethiopie, la Mission commence à fleurir sur cette terre où elle semble ensevelie dans son berceau depuis un an. Le prince répond avec calme, consent à toutes les conditions et promet même un message de sa main, pour affirmer son respect envers le Pontife romain. En signe de sa sincérité, il accepte avec joie un portrait du pape, don de la *Sacrée Congrégation de la Propagande* à M. de Jacobis et une médaille frappée à l'occasion de la *canonisation de cinq nouveaux saints*. Déjà le prince avait en grande vénération le tableau de *l'apparition de la Médaille miraculeuse*, qui décore le parvis du sanctuaire de Médhanié-Alem.

Dès lors tout sourit aux néophytes catholiques ; et sans souci des dangers, on croit à une expédition favorable aux intérêts de la religion. Ami des missionnaires et des Français, *Oubié* aime avant tout à régner. Conquérant, il a toujours l'épée à la main, et s'estime heureux de pouvoir mettre une pierre de plus sous les marches de son trône. Mais Dieu fera servir ses vues politiques au bien de ses élus...

Le 21 janvier *1841*, M. de Jacobis se met en route pour *Massawah* ; la députation l'y a précédé de trois jours. Le premier *ministre d'Oubié* en est le chef ; il est escorté d'un prêtre, d'un moine et d'un docteur comme secrétaire [1]. Le départ fut un jour de triomphe pour le missionnaire. Grands et petits, hommes et femmes, jeunes gens et vieillards suivent sa mule en pleurant pendant l'espace d'une demi-lieue, priant son bon ange de l'accompagner pendant le voyage. C'était un spectacle attendrissant !

Au bout de trois jours les députés sont tous réunis près de Digsa. Regardé comme un nestorien, le missionnaire n'inspirait pas grande confiance à ces Abyssins. Le chemin se fait lentement avec la gravité orientale. Des pays environnants on accourt pour saluer les envoyés du prince. Néanmoins ces grands personnages, escortés d'une multitude de serviteurs, marchent pieds nus, s'asseoient par terre, n'ont d'autre plat que la main, d'autre lit qu'une peau de vache. Les temps et

---

[1］ En voici les noms : *Apté Salassié*, parent du roi de *Choa*, premier ministre d'Oubié, *Résédébra du Godjam*, prêtre ; *Abba Ghebra Mikael*, moine et premier docteur de l'Amnara, *Deftera Desta*, secrétaire.

les pérégrinations d'Abraham et de Jacob reparaissent dans ces scènes. Un seul usage en diffère, c'est que la chair est dévorée crue.

Vers la fin de février, on lève l'ancre en rade de *Massawah*. Le voyage sur la mer Rouge dans de petites barques arabes dure près de deux mois et dans des conditions de tristesse incomparables. Chaque jour paraît un siècle. M. de Jacobis se livre aux réflexions bibliques. Quels prodiges du Très-Haut la vue de la mer Rouge ne rappelle-t-elle pas à l'homme fidèle ? Il semble que du fond de ces abîmes on voit s'élever la tête de *Pharaon* et des siens, pour avertir le passager qu'on ne peut impunément provoquer la justice éternelle ; sur ces rives désertes retentit encore le cantique d'actions de grâces du peuple élu, mais au soir du Vendredi-Saint en face de *Djeddah* c'est un spectacle bien attendrissant d'entendre, sur le mobile élément, un prêtre abyssin rappeler à ses compatriotes la passion de l'Homme-Dieu que Moïse a décrite et dépeinte sous des ombres. L'*ancien* et le *nouveau Testament* se rencontrent, la justice et la paix se réunissent pour le bonheur de la terre.

Le 25 avril, on débarque à *Suez* ; après cinq jours de marche à travers le désert, la caravane parvient au *Caire*. où la foi du missionnaire est mise à une nouvelle épreuve : leur étoile se cache pour reparaître avec plus de splendeur. La peste multiplie ses ravages dans cette capitale de l'Égypte. Partout le deuil ; fermés les consulats européens, fermés les couvents des religieux. Les relations sont interrompues. Où trouver un abri ? A tant de cruelles anxiétés, une noire trahison joint ses pièges. Sur la nouvelle naïvement donnée qu'ils ont pour guide un prêtre romain, homme extraordinaire d'humilité et de condescendance, les députés sont circonvenus par les sollicitations du patriarche hérétique, intimidés par des menaces d'excommunication et bientôt, hélas ! décimés par la contagion qui fait sept victimes.

Les survivants balancent entre la vérité et l'erreur, le devoir et l'intérêt. L'intérêt prévaut si bien qu'ils se refusent à montrer les lettres qui les accréditent. Craignant sa défaite, l'esprit d'hérésie avait multiplié ses batteries sacrilèges.

La vie d'un missionnaire est plus que toute autre une milice constante. L'heure de la lutte a sonné ; la pusillanimité équivaudrait à l'apostasie, ou au moins à la bassesse, et la bassesse dans un apôtre est le déshonneur de la foi. Les lettres du prince sont entre ses mains. Accompagné de *Clot-Bey*, le *célèbre Français* alors au service du pacha d'Egypte et du chevalier *Bocti, consul russe*, habile dans la langue arabe, il se présente devant le patriarche, s'exprime avec un noble courage en lui remettant ses lettres et proteste que pour rien au monde il ne cédera devant une telle provocation.

Avec de belles paroles l'hérétique donne des espérances encore plus belles. Au bout de quelques jours, M. de Jacobis demande une nouvelle audience au cours de laquelle, malgré la crainte du poison, il boit intrépidement le café qui lui est offert. Puis on agite d'abord amicalement la question de controverse et de rites ; bientôt une nuée de Coptes font invasion et menacent avec des insultes celui qui est devenu le but de toutes les contradictions. Les lettres d'*Oubié* sont épluchées ; on y trouve des termes intolérables, entre autre celui de *grand roi d'Italie*, pour le pape, et celui de *protection du gouvernement français* dont ils font un sujet de plaisanterie. Enfin, pour réussir à coup sûr dans leur complot, ils déclarent ces lettres *fausses*, qualifient le missionnaire de *séducteur* et sa conduite de *frauduleuse*.

Les Abyssins présents à cette scène, sont saisis de frayeur ; ils gémissent dans le fond de leur cœur et muets d'émotion, ils n'osent prendre la défense de l'innocence calomniée et de la vertu couverte d'infamie.

Alors le patriarche, jetant le masque, déclare avec véhémence son refus formel à la construction d'églises catholiques dans le Tigré ou ailleurs en Abyssinie ; il met son veto au voyage projeté à Rome et aux relations des députés avec le missionnaire, *sous peine d'excommunication.* De plus il leur enjoint de retourner au plus tôt dans leur pays, sans même visiter les *Lieux saints de la Palestine.* Cette dernière défense pique au vif les députés. L'*Allaca-Apté-Sallassié* s'indigne, lance quelques paroles acerbes au patriarche, puis se retire en coup de vent, malgré l'intervention des évêques et des moines, l'âme du conseil patriarcal. Au nom de la députation il déclare vouloir sortir de leur demeure. Mais l'esprit mobile des Orientaux ne donnant aucune garantie, ils se décident à partir pour Jérusalem sans M. de Jacobis.

Dès lors le but de son voyage cesse d'exister. Il avait escompté les nombreux avantages de l'audience pontificale : les préjugés de l'hérésie se seraient évanouis, la vraie foi aurait exercé tout son empire sur des âmes égarées par l'ignorance ; les vertus du Vicaire de Jésus-Christ les auraient remplis d'une sainte admiration. Surtout ils seraient entrés en comparaison avec leur clergé et auraient constaté *de visu* la fausseté de tout ce qu'on leur racontait des catholiques de Rome.

Les Coptes prévoyaient tous ces heureux effets, aussi voulaient-ils à tout prix s'opposer à ce voyage : « *Nous sommes sûrs*, disait le patriarche, *que de Rome, vous reviendrez catholiques.* »

La prophétie du faux pontife déjà se réalisait ; les députés abyssins, catholiques de cœur, désavouaient pour la plupart les erreurs de leurs sectes. C'était imprudent dès lors de les laisser plus longtemps au *Caire* au milieu des fraudes et des intrigues. M. *de Jacobis*, après avoir répandu son âme dans la prière, va prendre conseil de l'évêque copte catholique, vicaire apostolique de l'Egypte ; son avis, confirmé par les Pères de Terre Sainte et l'incomparable M. *de Bourville*, consul de France, homme d'une foi ardente, fut de hâter le départ pour *Alexandrie*.

Brûlants du désir d'aller en Palestine et à Jérusalem, les principaux Abyssins n'hésitent pas à suivre l'envoyé de Dieu, tandis que les autres, plus fanatiques, s'attachent au nouvel Abouna qu'ils suivront bientôt en Abyssinie.

CHAPITRE DEUXIÈME

AMBASSADE ÉTHIOPIENNE A ROME

1841-1842

Après la *Fête-Dieu*, nos chers Abyssins, au nombre de 13 seulement, se mettent en route pour *Alexandrie*. La situation de M. *de Jacobis* se complique durant ce voyage. Si son cœur lui présage un heureux succès, il se préoccupe du moyen d'arriver au terme de ses désirs et de conduire sa caravane à la Ville Éternelle. Hors des griffes de leur tyran, les députés respirent déjà plus à l'aise ; aussi leur bon naturel se donne-t-il libre carrière ? Affligés des injures dont on a abreuvé leur apôtre qui s'est exposé pour eux à tant de dangers, ils rougissent de leur faiblesse et de leur infidélité à la parole donnée.

Après maintes hésitations, ils décident de s'en rapporter au sentiment de *Méhémet-Ali*, vice-roi d'Égypte ; s'il approuve leur détermination ils iront à *Rome* malgré les menaces du patriarche. Mais Dieu veut avoir lui seul la gloire du succès et se sert du moyen le plus faible en apparence. Ni *Méhémet-Ali*, ni les consuls, ni les grands ne trancheront ce différend ; il sera donné à une femme de triompher ! Pour des raisons politiques, les consuls européens hésitent à intervenir ;

le *vice-roi*, malgré de riches présents, leur refuse même une audience ; mais reçus un jour dans la maison de M. *Rosetti*, consul de Toscane, les Abyssins s'entretiennent avec son épouse, femme d'une rare piété qui lui a conquis la vénération de toute *Alexandrie*[1]. Dans son colloque avec les voyageurs, elle les engage vivement à se rendre d'abord à *Rome*, et, de là à *Jérusalem*. Désireux dès lors d'accomplir ces deux pèlerinages, « *partons, s'écrient-ils d'une voix unanime, aux mépris des menaces du patriarche qui les a fait surveiller par un espion, partons au plus tôt.* »

La main de Dieu les conduit visiblement dans cette entreprise.

Ce premier obstacle surmonté, il en reste un autre. Comment défrayer tant de voyageurs dans une si longue excursion ? Les trésors de Dieu ne sont pas épuisés : M. *de Jacobis* y puisera à pleines mains. M. *Ceruti*, consul du roi de Sardaigne, offre tout l'argent nécessaire ; mais, mis au courant par le préfet d'Abyssinie, le cardinal *Franzoni* a déjà tout disposé pour faire face à cette situation, avec un désintéressement et une libéralité princière[2].

Bientôt tous les obstacles sont levés ; dans le port d'Alexandrie la caravane s'embarque, en proie à la plus vive allégresse.

Après avoir levé l'ancre, le *Scamandre* se dirige à toutes voiles vers *Malte*, tandis que M. de Jacobis fait monter vers le ciel les plus ferventes actions de grâces. Revenus à eux-mêmes, nos passagers pleurent de ten-

---

[1]. *Madame Rosetti* fut enlevée par le choléra en un même jour avec sa fille (juin 1865).
[2]. *Cardinal Franzoni*, préfet de la Sacrée Congrégation de la propagande, d'un mérite au-dessus de tout éloge ; la *Mission d'Abyssinie* lui devait son commencement et ses progrès ; pour elle il fut un *nouvel Athanase* qui lui députa un *nouveau Frumence*.

dresse. Après tant de scènes douloureuses, il ne manque plus qu'une parodie diabolique pour égayer la société par une farce burlesque. Sur le même paquebot se trouve un ministre protestant anglais dont la sottise s'emploie à les dissuader de leur voyage de Rome. Un rire général lui ôte tout espoir de recueillir autre chose que la confusion pour une telle proposition. C'est que les Abyssins mettent les sectateurs de *Luther* au niveau des Musulmans ; ce qui explique la réponse d'une dame russe à un ministre qui voulait la catéchiser : « *Oh ! il me semble que j'ai compris ! c'est quelque chose qui ressemble à la religion de Mahomet.* »

Les voici à *Malte* après une heureuse navigation.

Les triomphes de Rome chrétienne sont plus célèbres et plus dignes de louange que ceux de la Rome païenne. C'est à un de ces triomphes que contribue le zélé préfet apostolique de l'Abyssinie ; c'est au père et chef de l'Eglise universelle qu'il conduit ses nouveaux disciples conquis au Sauveur, pour lui faire hommage de leur obéissance. Ses compagnons de route encore novices ont besoin de ce voyage pour dissiper leurs illusions ; ne se figurent-ils pas que seul leur pays soit grand dans le monde ? au récit des beautés de la hiérarchie catholique, de la prééminence du Souverain Pontife et de la splendeur de l'Eglise romaine, ils regimbent dans leur foi et mesurent tout à leurs préjugés nationaux.

Le 14 juillet 1841, il écrit de *Malte* :

« Le voyage de Rome changera les idées de mes
« pauvres Abyssins ; il sera pour eux le meilleur cours
« possible de théologie. Le Seigneur nous protégera,
« et c'est là ma plus chère espérance ; soutenez-la par
« vos prières. Nous nous embrassons en Jésus-Christ.
« Encore un moment et nous mourrons ; et puis nous
« serons tous deux avec Lui, sans pouvoir plus nous
« séparer jamais. »

De *Malte* les voyageurs arrivent à *Naples* où après quelques heures ils prennent le chemin de la Ville Eternelle...

Comment rendre ce qu'ils éprouvent, lorsque après ce qu'ils ont entendu de la bouche de M. *de Jacobis*, de cette ville par excellence, la cité reine de l'univers et le centre moral du monde, ils la voient enfin pour la première fois à l'horizon ? *C'est Rome ! Voilà Rome !* Voilà le *dôme de saint Pierre* et le *palais du Vatican !*

A la vue de ce nouveau peuple au visage olivâtre, les Romains eux-mêmes éprouvent un mouvement de suprême émotion. On accourt en foule de toutes parts et rien ne paraît si beau que la multitude en liesse ; Rome entière fait la haie sur leur passage, muette et silencieuse devant ce spectacle impressionnant.

Mais plus vives encore sont leurs émotions quand ils peuvent enfin apercevoir Celui dont, tant de fois déjà, ils ont contemplé l'image : *Grégoire XVI*, en personne, l'admiration du monde, la plus grande figure de son siècle, le plus saint pontife de la terre.

« Il vient d'arriver dans cette métropole du monde chrétien, écrit le *Journal de Rome* à la date du 25 août, des dignitaires des trois royaumes chrétiens de *Tigré*, d'*Amara* et de *Choa*, dans l'Abyssinie, envoyés en mission officielle[1] à Rome par le *Dudjazmac Oubié*, souverain du Tigré.

Reçus en audience solennelle, ils se sont prosternés devant le Saint-Père qui, avec la plus tendre bienveillance, les a admis au baisement des pieds. C'est un spectacle unique dans les annales de l'Église. Après les

---

1. Nous avons déjà fait connaître les personnages officiels de cette mission abyssine. A la droite du trône pontifical se trouvait le cardinal *Mezzofante*, et à sa gauche Mgr le Secrétaire de la propagande. M. *de Jacobis* servait d'interprète avec un prêtre éthiopien, recteur de l'église *Saint-Etienne des Maures*.

avoir accueillis avec une paternelle affection, Sa Sainteté les a fait asseoir sur trois tabourets placés devant son trône et les a entretenus, dans un intéressant colloque, de l'objet de leur mission ; puis le préfet du sacré palais a introduit les autres personnages, associés par le prince à cette députation.

Le *souverain du Tigré*, a adressé une belle lettre au Souverain Pontife ; le pape en a brisé les trois sceaux ; une fois lue par un docteur abyssin elle a été traduite aussitôt en italien par M. *de Jacobis*.

Enfin les députés se sont retirés en protestant avec naïveté de leur regret de ne pouvoir offrir au Souverain Pontife aucun présent d'or, vu la pauvreté de leur pays, et en Le suppliant de vouloir bien agréer l'hommage de l'encens précieux et des aromates d'Abyssinie pour honorer en sa personne Celui qu'ils représentent. Ils ajoutent qu'au lieu de myrrhe, triste et lugubre symbole de la douleur (qu'ils prient le Seigneur d'éloigner de Sa Sainteté), ils osent Lui présenter quelques-uns des oiseaux les plus rares de l'Ethiopie. »

Après avoir manifesté la vive émotion avec laquelle Il reçoit et les députés abyssins et les gages de leur filial dévouement, le Saint-Père les a conviés à une nouvelle audience pour leur remettre sa réponse au prince *Oubié*.

« La lettre de *Grégoire XVI* au roi du Tigré, ajoute
« M. de Jacobis, est remplie de dignité et d'une ten-
« dresse toute paternelle ; elle ne pourra manquer de
« faire une grande impression sur l'esprit de ce prince
« demi-barbare, mais plein de bon sens. Sans avoir
« rien manifesté, Sa Sainteté m'a dit : « *Demandez au*
« *Cardinal Trésorier, tout ce qui pourra faire plaisir à*
« *Oubié.* »

Telles furent les dernières paroles du Pape au chef de cette députation ; puis, Sa Sainteté exprima les sentiments de son âme apostolique pour la conversion de l'Abyssinie et l'audience prit fin les laissant tous sous le charme d'une faveur si imprévue, et attendris jusqu'aux larmes.

Parmi les présents pontificaux on remarquait un magnifique collier en or auquel était suspendue une croix d'un travail remarquable avec ces paroles qui indiquent bien les deux natures du Fils de Dieu : « *Le sang de l'homme est le prix du salut, le mérite de Dieu en est le fondement.* »

Après avoir visité la Ville Eternelle, salué les grands personnages de la Cour romaine ; après s'être prosternés devant le tombeau du prince des apôtres, dans l'incomparable *basilique de Saint-Pierre de Rome*, les Abyssins s'éloignent avec tristesse, mais catholiques de cœur. Leurs erreurs tombent ; leurs préjugés se dissipent à la vue de l'auréole de gloire qui environne le chef de l'Église. Dans les sentiments de la plus vive admiration ils ont reconnu le pouvoir céleste dont il est investi ; ils ont surtout pleuré sur le malheureux sort de leur patrie, ensevelie dans le schisme le plus dégradant.

Les voici devenus d'autres hommes.

Tous auraient fait profession de foi catholique, si la prudence n'avait conseillé de la différer ; et plus tard, l'un d'entre eux recevra en récompense la grâce du martyre[1].

C'est dans ces dispositions saintes qu'ils reviennent à Naples ; le 16 septembre nous les trouvons à la maison de la Mission, dite *dei Vergini*. — Ils sont touchés de l'accueil qu'ils reçoivent du roi et des plus grands personnages ; mais ils apprécient surtout la faveur de se trouver dans cette ville pour la fête de saint Janvier

---

1. *Abba Ghebra Mikaël*, confesseur de la foi (13 juillet 1858). — Voir la touchante brochure de M. COULBEAUX.

EGLISE SAINT-NICOLAS DE TOLENTINO
Desservie par les prêtres de la Mission (Naples)

(19 septembre), jour où l'on expose les reliques du saint martyr, à la vénération publique[1]. Ils assistent à la liquéfaction miraculeuse de son sang et en demeurent tellement frappés qu'ils donnent des témoignages publics de leur vénération, capables d'émouvoir toute la pieuse assistance réunie dans la chapelle du trésor de la cathédrale.

On devine la joie de M. de Jacobis de les recevoir dans cette ville, remplie pour lui des plus doux souvenirs. Il revoit avec bonheur ces rivages, témoins de ses débuts dans la carrière apostolique.

Terminons le récit de leurs courses dans la capitale du royaume, par la description de la touchante fête célébrée en l'honneur de la Très Sainte Vierge, dans l'église de *Saint-Nicolas de Tolentino*. Sur l'autel décoré avec magnificence, la statue de *Marie conçue sans péché* était exposée avec une pompe religieuse. Au spectacle de tout un peuple pressé à la table sainte, les Abyssins ne peuvent retenir leur émotion qui redouble le soir en entendant leur vénéré Père célébrer, en leur langue, les gloires de la foi et sa merveilleuse propagation dans l'univers.

Délicieuse journée! On peut constater que déjà la foi a poussé de profondes racines dans leur cœur! Au comble du bonheur, ils sont impuissants à traduire les sentiments que leur inspirent de tels spectacles; mais leur pays bénéficiera bientôt des heureuses impressions qu'ils sont venus puiser au centre de l'Église catholique.

Le 5 octobre 1841, ils s'embarquent sur le vapeur français le *Lycurgue*, emportant dans leurs souvenirs

---

1. *Miracle de saint Janvier*. — Consulter la savante étude faite par Léon Cavème, professeur au lycée de *Cette*, chez Beauchesne, éditeur, Paris, 1909. — *Croix de Paris*, 18 et 19 septembre 1909. Étude critique.

et *Rome* et *Naples* que, dans leur langage figuré, ils comparent au soleil et à la lune.

M. de Jacobis les accompagne[1]. Suivons-les en Palestine.

---

1. Avec la députation, s'embarquent aussi M. *Laurent Bianchéri*, Génois, prêtre de la Mission, qui deviendra un jour vicaire apostolique, et le frère coadjuteur *Abbatini*; ils vont en Abyssinie partager les travaux de M. *de Jacobis*.

CHAPITRE TROISIÈME

JÉRUSALEM

« Les bateaux à vapeur, écrit dans sa relation M. *de Jacobis*, sont le chef-d'œuvre des inventions modernes; ils sont destinés à porter, d'un bout du monde à l'autre, avec une rapidité surprenante, l'esprit dominateur de l'Europe moderne. Les amateurs de l'immobilité de toutes les vieilles choses les maudiront à jamais. Mais il faut cependant convenir que le monde ne peut rester stationnaire sur aucun point. — L'invention et l'usage des vapeurs sont même plus appréciables que ceux de l'imprimerie qui ne peut rapprocher les hommes que par le muet langage des livres, tandis que ceux-là les rapprochent par la force plus grande de la société et de la conversation. Ainsi, le blâme ou la louange de ces machines souverainement sociales dépend de la qualité des héros qu'elles sont destinées à transporter sur tel ou tel point de la terre, comme le fameux cheval de Troie.

« Pour moi, qui ai si souvent éprouvé les avantages des vapeurs et qui suis si personnellement intéressé à les louer, je serais pourtant le premier à crier contre une si belle invention, si elle n'accueillait que des personnages semblables à un docteur anglais qui se rendait aux Indes. Les soins étudiés qu'il mettait à paraître jeune, malgré les cheveux blancs déjà semés sur sa tête et les rides profondes de son visage, me présentaient en lui un original parfait de ces étranges caricatures d'Anglais qui, vues seulement sur des estampes, provoquent la plus vive hilarité. De mon côté, avec mon petit habit levantin, je devais paraître au docteur un autre modèle du même genre.

« Cette analogie dans la manière de nous considérer réciproquement produisit en nous le désir de nous connaître ; et, à la première occasion, nous pûmes entamer une controverse assez curieuse qui se poursuivit jusqu'à *Alexandrie* et pendant laquelle il débita tout le vocabulaire des injures que la Réforme a vomies contre le catholicisme. On en devine la conclusion. »

Pendant que ce robinet d'eau tiède coulait sans s'arrêter, la tempête faisait rage sur la Méditerranée ; mais, par une permission de la divine Providence, on arrive sans encombre à *Alexandrie*, où les Abyssins persévèrent dans leur résolution d'aller à *Jérusalem*.

Les trois principaux viennent en grande cérémonie trouver M. *de Jacobis* ; au souvenir de la recommandation du Pape, il se détermine à partir avec eux, pour les empêcher de tomber entre les mains des hérétiques.

« Nous voici à *Jaffa*, écrit-il le 4 novembre suivant,
« ville célèbre dans l'histoire et dans la fable, mais
« riche surtout des plus beaux souvenirs. — En la
« considérant sur le penchant septentrional d'une
« petite colline qui s'élève sur le rivage de la Méditer-
« ranée, je me rappelai *Noé* que l'on dit avoir cons-
« truit à cet endroit l'*arche* qui a sauvé l'espèce hu-
« maine, et les cèdres destinés à la construction du
« temple qui avaient été débarqués là, et *Jonas* qui
« partit de ce port pour *Tarsis*, et le vaillant *Machabée*
« qui y réduisit en cendres une flotte ennemie. Il me

« semblait voir *saint Pierre* près de la bière de *Tabithe*
« rendre à cette sainte veuve la vie qu'elle avait con-
« sumée en bonnes œuvres. Ensuite une larme brû-
« lante sillonna mes joues au souvenir de tant de
« malades, empoisonnés sur ces sables, ainsi que le
« raconte la plus cruelle page de l'histoire de Napo-
« léon. »

Ces détails suffisent pour préparer leur arrivée à *Jérusalem*; nous ne suivrons pas le journal si intéressant de M. de Jacobis. Après les voyages en Orient de *Chateaubriand*, de *Lamartine*, de *Marcellus*, du P. de *Géramb*, procureur général des Trappistes, après l'histoire de *Poujoulat* et une foule de publications récentes, que pourrait dire de nouveau un missionnaire ?

Sur la route, à peine si la bruyante caravane rencontre quelques chaumières et quelques mosquées. Les voici à *Ramleh* (*Arimathie*) où ils reçoivent l'hospitalité dans le couvent des Franciscains, qui serait, suivant la tradition, la maison du juste *Joseph*, dont le Sauveur du monde reçut la sépulture.

Bientôt *Jérusalem* apparaît cachée par une haute muraille crénelée qui s'élève, à mesure qu'on avance, pour décrire à l'horizon une longue courbe. Dès lors la tristesse se peint sur le visage et se grave dans le cœur. « Là, écrit M. de Jacobis, je passai ma première
« nuit dans l'endroit où Jésus, vivant au milieu des
« amertumes de cette vie, avait dit à trois de ses
« disciples endormis : « *Vous dormez, et mon âme est*
« *triste jusqu'à la mort...* » Pour aller au saint Sépulcre, il faut attendre que les Turcs en ouvrent les portes sacrées... Il n'y manque que le prince des apôtres pour prêcher à ces pèlerins cosmopolites dans son idiome miraculeux entendu de tous, et voir se renouveler les prodiges de la Pentecôte. Ainsi des peuples de toutes les croyances et jusqu'à l'infidèle

lui-même, rendent glorieux le Sépulcre du Fils de Marie...

Après la visite des saints Lieux, nos pèlerins sont reçus en audience par le Patriarche arménien schismatique. Ce fut l'occasion d'une intéressante discussion ; pour bien en comprendre la cause, il faut savoir que, depuis la chute de l'Empire abyssin, le mépris des choses saintes n'a fait que croître dans ce pauvre pays. On a vendu aux Arméniens non seulement les sanctuaires que, dans les temps les plus reculés, les Abyssins avaient conservés à *Jérusalem*, mais encore le droit dont ils jouissaient de célébrer à diverses époques sur le *Golgotha* et dans la *chapelle du Saint-Sépulcre*. Au prix de cette vente, les Arméniens s'engageaient à nourrir tous ceux qui se rendraient à Jérusalem pour y vénérer les Lieux saints. Jamais la fable du loup et de l'agneau n'eut une si véridique application...

Mais, pèlerins tout frais de Rome, nos députés ont l'esprit de tirer le meilleur parti possible du bienveillant accueil, reçu du Pape et des princes catholiques d'Europe.

Déposant donc leur naturel timide, ils acceptent fièrement le titre qu'on leur donne d'*Abyssins francs* ou *catholiques* ; revêtus de leurs plus beaux habits, ils se rendent chez le patriarche avec leurs pauvres compatriotes, couverts des guenilles sous lesquelles ils gisaient dans les rues de Jérusalem. Après les premiers compliments, le patriarche élevant la voix s'efforce de détruire leurs justes prétentions ; puis, s'adressant aux députés d'*Oubié* : N'êtes-vous pas unis aux catholiques ? Ces catholiques... et il allait dire : sont *trop méchants*, quand le chef, frémissant d'indignation, lui coupa la parole : « *Vous mentez,* dit-il, et tous de faire écho à cette parole ; *ils professent eux la vraie foi et sont riches en œuvres saintes, bien loin de ressembler au portrait que vous nous en avez fait.* » L'arrivée d'un consul mit fin à cette controverse pénible ; admis dans la maison des Coptes, ils y furent entretenus aux frais des Arméniens.

Quelques jours plus tard la pieuse colonie se dirige vers *Bethléem*, située à deux lieues de Jérusalem. M. de Jacobis voulut célébrer la messe dans la sainte grotte. Ce fut au milieu des larmes de ces étrangers que commença et s'acheva l'oblation des saints mystères. Ils furent suivis de la visite des sanctuaires qui rendent la cité de David si vénérable pour les adorateurs de Jésus.

C'est, hélas ! l'heure du départ. Nos voyageurs s'éloignent avec tristesse de la Ville sainte et font voir à *Gaza* qu'ils sont déjà bien affermis dans la foi catholique. Le curé schismatique du pays se présente devant l'*Allaca Aptê Salassié* : « *Nous avons appris*, dit-il aussitôt, *que 24 Abyssins sont allés à Rome ; seriez-vous par hasard de ce nombre ?* » — « *Oui, précisément*, répond celui qui fait les fonctions d'interprète ; et, tout embrasé de zèle, il ajoute : *Nous avons reconnu et embrassé volontiers la vérité. Nous n'avions plus de père dans la Foi qui méritât ce nom. Nous avons voyagé jusqu'en Europe et nous sommes heureux de l'avoir enfin trouvé dans la personne de Grégoire XVI, vicaire de Jésus-Christ et successeur de saint Pierre. Une seule peine nous reste, c'est le regret d'avoir été si longtemps séparés de lui ; mais nous sommes disposés à réparer ce mal par un accroissement de fidélité et d'amour.* »

« *Nous ne voulons pas être catholiques*, répond aussitôt l'interlocuteur. *Vous qui étiez des nôtres dans l'Abyssinie, pays illuminé par les Grecs...* »

Il allait poursuivre cet exorde pour les engager à se faire Grecs, quand l'intervention énergique d'*Aptê Salassié* interrompit ce dialogue dont les conséquences ne pouvaient laisser indifférent M. de Jacobis :

« Je soupirais après une occasion pour connaître
« l'impression produite sur l'esprit des Abyssins par la
« vue des Grecs schismatiques de Jérusalem. Je la trou-
« vai là ; cet incident me tira de toute inquiétude et
« j'en remerciai le Seigneur. »

C'est dans ces dispositions que la caravane arrive *au Caire* en traversant le désert, pour reprendre le 14 février 1842 la route de l'Abyssinie.

CHAPITRE QUATRIÈME

PRINCIPAUX ÉVÈNEMENTS SURVENUS EN ABYSSINIE PENDANT L'ABSENCE DE M. DE JACOBIS : 1° ARRIVÉE AU CAIRE DE L'ABOUNA ; 2° DÉFAITE ET CHUTE D'OUBIÉ.

1841-1842

Plus d'une année s'est écoulée depuis le départ d'Abyssinie de M. *de Jacobis* ; des événements politico-religieux s'y sont déroulés, faisant redouter un terrible contre-coup pour la mission catholique.

Le *nouvel Abouna*, le plus redoutable adversaire des hommes apostoliques, est accouru prendre possession de son siège. A leur départ d'Alexandrie, *Salama* leur avait bien promis de les attendre au Caire, pour rentrer avec eux en Abyssinie ; mais à peine les voyageurs sont-ils au large de la Méditerranée qu'il fait banqueroute à sa promesse et s'embarque avec les membres de l'ambassade, restés auprès de lui.

Dès les derniers jours d'octobre *1841*, on le voit débarquer à *Massawah*. Informé de sa venue, *Oubié* a député son propre fils, avec mission de veiller à ce que, partout sur son passage, depuis les frontières du *Tigré* jusqu'à *Adoua*, le nouveau chef de l'Église éthiopienne reçoive partout les honneurs dus à sa dignité. Aussi, tout le long du parcours, prêtres et moines se succèdent-ils pour lui faire une escorte d'honneur ?

Son arrivée le 12 novembre dans la capitale du royaume donna lieu à des réjouissances bruyantes ; et c'est au milieu des plus heureuses acclamations que le saluent tous les habitants. Le cortège est des plus imposants : en tête, une longue théorie de moines et de prêtres, coiffés d'énormes turbans de mousseline blanche ; puis, drapé dans un ample burnous, broché d'or, s'avance le jeune prélat dont le riche costume contraste avec les vêtements austères du clergé abyssin. Monté sur une fort belle mule richement caparaçonnée, on lui trouve un certain air de majesté dont hélas ! il ne saura maintenir longtemps ni le prestige ni l'éclat.

Les hauts dignitaires du royaume chevauchent à ses côtés ; derrière lui viennent les gouverneurs de provinces, habillés à l'antique, superbement campés dans leurs toges éblouissantes de blancheur, dont les larges plis retombent en flottant sur leurs montures d'apparat.

Au milieu de cette suite, figurent plusieurs Européens : ce sont des ministres protestants, hier attachés à cette *école méthodiste du Caire*, où le jeune *Andreyas* est censé avoir parcouru le cercle de ses études. En qualité d'anciens maîtres de l'élu, on ne leur discute pas une faveur qu'ils considèrent déjà comme le point de départ d'une propagande facile à travers l'Abyssinie. Mais personne n'ignore en quel discrédit est tombé le protestantisme ! L'*Abouna Salama*[1] aurait dû méditer l'arrêt de proscription tout fraîchement lancé contre les prédicants allemands et ne pas céder ainsi à une faiblesse qui confinait à l'imprudence.

Cependant, par une aberration du sens public, son prestige dans les premiers temps n'eût à souffrir ni de

---

1. *Abouna Salama*, c'est le nom officiel que prit *Andreyas*, comme pour ressusciter le premier *Salama* : St *Frumence*. — (E. C.)

son imberbe jeunesse ni de son ignorance bientôt légendaire, ni du dérèglement de ses mœurs.

Sans doute, pour des esprits avisés, l'équivoque n'était pas possible, et l'insuffisance du *nouvel Abouna* ne le céda désormais qu'à son indignité. Deux officiers français, témoins de sa réception solennelle, sont, dès le lendemain de la cérémonie, reçus en audience particulière : « L'Abouna, disent-ils eux-mêmes, se montra rempli des meilleures intentions ; mais, il faut l'avouer, sa jeunesse, son inexpérience, et surtout son ignorance profonde en matière de religion produisirent en nous une impression pénible... Nous aurions voulu reconnaître en lui une instruction réelle, au service d'une grande intelligence, eu égard à son poste éminent. Hélas ! »

Le haut clergé indigène ne tarde pas non plus à partager cette manière de voir et *Salama* apprécié bientôt à sa juste valeur, par *Oubié* lui-même, eût été renié par ses diocésains si la question des intérêts matériels n'était venue exercer une influence prépondérante dans l'esprit de ces populations, inféodées au nouveau régime oligarchique.

Le *Dedjaz*, en effet, nourrissait alors des projets d'ambition et escomptait déjà un appui moral dans l'alliance et le concours de la haute autorité du métropolitain ; et les *moines Jacobites* eussent sacrifié leur cause, en travaillant eux-mêmes à discréditer le chef de leur Eglise.

Quant au peuple, il est tout entier à la joie. Depuis près de dix ans ces malheureux étaient sans pasteur. Le siège épiscopal d'Ethiopie est enfin rempli : en échange de leurs hommages et de leurs présents, ils reçoivent des bénédictions.

Ainsi, au début de son épiscopat, *Salama* peut jouir, en toute sécurité, de la considération attachée à sa haute dignité. De plus, son pouvoir est immense :

possesseur de troupeaux innombrables, de villages populeux, de districts entiers, il compte parmi les principaux seigneurs terriens du pays. A ses vastes propriétés, il faut ajouter les dons, en argent ou en nature, dont il est l'heureux bénéficiaire pour prix de bénédictions dont il n'est point avare. Mais, ce qui rend surtout sa puissance redoutable, ce sont les *armes de l'excommunication* que son bras est toujours prêt à lancer et qui inspirent la plus vive terreur à ce peuple, plus superstitieux que croyant.

À peine en possession d'une telle autorité, le jeune et bouillant prélat en use contre les missionnaires catholiques. Restés en Abyssinie après le départ de M. *de Jacobis* pour l'Egypte, MM. *Sapeto* et *Montuori* avaient reçu de *Salama* notification d'avoir à s'abstenir de tout apostolat, sous peine d'être expulsés de l'Empire. Aux menaces, avaient succédé les anathèmes et les censures; une excommunication en masse engloba même tous les Abyssins, coupables de conversion ouverte au catholicisme ou seulement suspects de sympathie pour les missionnaires, au point d'abjurer la religion de *saint Marc* pour embrasser celle de *Rome*.

L'église *Saint-Gabriel d'Adoua*, frappée d'interdit, est fermée bientôt avec un appareil de rites et de cérémonies, propres à frapper l'imagination populaire, parce que deux ans auparavant, M. *Sapeto* y a célébré le saint sacrifice de la Messe.

Ces mesures violentes atteignent le but de leur auteur; elles donnent lieu à de nombreuses défections parmi ces Abyssins, à l'esprit aussi versatil que le cœur est séduit par les intérêts matériels : « Trahison et lâcheté, ordinaires à ces nègres, ajoute M. *Montuori*, de qui émanent tous ces détails ; quiconque les a bien observés, a dû voir que la religion est la dernière de leurs affaires et celle qui les occupe le moins ; aussi sont-ils toujours prêts à y renoncer ou à l'embrasser, selon les circonstances? »

Que faire en de telles conjonctures? Céder à l'orage! Ce fut l'opinion des missionnaires, qui jugèrent prudent de ne pas compromettre tout à fait, en le bravant, l'avenir d'une œuvre à peine ébauchée et déjà si fortement ébranlée.

M. *Montuori* quitte donc le *Tigré* pour chercher un refuge au *Sennaar*, à *Kartoum*, où une petite population chrétienne l'accueille avec d'autant plus de joie que depuis longtemps elle est privée de secours religieux. C'était l'heure aussi où le dedjaz Oubié s'engageait hélas! dans une guerre qui ne tarda pas à lui être funeste.

L'empire d'Abyssinie n'existe plus que de nom. Il y a bien encore un empereur, ou plutôt un fantôme de monarque; mais, relégué au milieu des ruines du palais de *Gondar*, avec un simulacre de cour, il y vit dans un état voisin de l'indigence, tandis que le pouvoir effectif est tout entier aux mains des gouverneurs de provinces. Ceux-ci sont, chacun dans leur gouvernement, de véritables rois et, sous le titre de *Dedjaz* ou *Ras*, y exercent une autorité sans contrôle. S'ils laissent subsister, dans la personne de l'empereur ou *Atié*, l'ombre, pour ainsi dire, des *Négous d'autrefois*, c'est pour flatter l'amour-propre national, heureux de retrouver, sous un nom vide de sens, comme une image de l'ancienne grandeur de la Patrie; c'est aussi dans le secret espoir de réussir, quelque jour, à restaurer l'*antique empire d'Ethiopie*, mais à leur profit. Et, comme ce rêve ne peut se réaliser que par ce jeu de bascule qui consiste dans l'élévation de l'un et l'abaissement des autres, il surgit forcément, entre ces différents chefs, bien des rivalités et des défiances, sources fécondes de guerres intestines.

C'est précisément une intrigue de ce genre qui se noue au début de *1842*. De tous ces gouverneurs, *Oubié*, passe pour le plus ambitieux et le plus fort ; son proche voisin est le gouverneur ou vice-roi de l'*Amhara*. Jeune homme de vingt-deux ans, doux et timide, le *Ras Ali*[1] a toujours été tenu en tutelle par sa mère ; l'altière et intrigante Waïzoro Ménène[2] ne domine pas seulement son fils, mais aussi l'empereur *Johannès*, qu'elle a trouvé moyen d'épouser, si bien que, mère du ras et femme de l'atié, c'est elle qui, sous leur nom, gouverne en despote sur toute la province. En quelque sorte sur les marches du trône impérial, le jeune *Ali* s'est donc attiré toutes les aversions de ses rivaux ; parmi eux, Oubié surtout ne peut tolérer un tel ombrage à ses vues ambitieuses...

C'est le signal d'une conspiration ; le vice-roi du Tigré en est l'âme, et le prétexte invoqué est de défendre la religion nationale, menacée, disait-on, par l'impiété d'*Ali*. S'il est accusé de songer à déserter l'Église chrétienne pour embrasser l'islamisme, la faute en est à sa mère ; dans le dessein de prolonger son enfance intellectuelle et de s'assurer à elle-même la perpétuité du pouvoir, cette femme ambitieuse a fort négligé la culture de son esprit et surtout son éducation religieuse. En réalité, il ne s'agit de rien moins que de détrôner le ras et de le supplanter.

Des troupes levées dans le *Tigré* viennent grossir les contingents de quelques provinces limitrophes ; elles sont mieux armées et plus disciplinées. Pour donner à son expédition le caractère ou l'illusion d'une *guerre sainte*, Oubié veut être accompagné de l'*Abouna*.

---

[1]. Ras Ali était de race galla et musulmane, mais par politique il s'était fait baptiser. (E. C.).
[2]. Cf. Arnauld d'Abbadie, *Douze ans dans la Haute-Éthiopie*.

Celui-ci, à cette occasion, demande la reconnaissance d'un droit de souveraineté, dont ses prédécesseurs auraient joui autrefois. « *Tu ne diffères de mes autres esclaves que par le prix énorme que tu m'as coûté* » ; telle est la seule réponse du prince qui, sans autre explication, lui enjoint de le suivre à la guerre.

Le *dedjaz* se dirige donc vers son rival avec *Salama*, et tandis que les soldats mettent tout à feu et à sang sur leur route, l'évêque frappe d'excommunication quiconque a épousé la cause de la faction ennemie. L'armée tigréenne arrive ainsi devant *Debra-Tabor*, camp retranché où le ras fait sa résidence. Au premier choc, les troupes d'*Ali* sont culbutées et mises en déroute. Le prince donne le signal de la fuite pour cacher la honte de sa défaite derrière les murs d'un couvent, « *répudiant ainsi*, dit M. de Jacobis, *la réputation de valeur qu'il s'était acquise jusque-là.* »

Mais, tandis que les Tigréens sont tout occupés soit à la poursuite des fuyards, soit au pillage du camp, un oncle d'Ali, nommé *Aligaz*, connaissant les mœurs d'*Oubié*, soupçonne qu'il célèbre son triomphe dans une orgie ; à la tête de quelques soldats déterminés, il pénètre dans son camp, et le trouve, en effet, plongé, sous sa tente, dans les fumées de l'ivresse. Il le charge de fers, lui et les officiers de son escorte.

Cette capture se répand avec la promptitude de l'éclair ; et, aussitôt, tout change de face. L'armée d'*Ali* reprend, de tous côtés, l'offensive ; les soldats d'*Oubié* sont écrasés à leur tour, et ceux qui n'ont pu trouver leur salut dans la fuite, sont massacrés ou faits prisonniers.

A la nouvelle de ce brusque coup de théâtre, *Ali* refuse d'y ajouter foi ; on lui envoie message sur message pour le déterminer à quitter l'asile où il s'est réfugié et à venir contempler la défaite de son vainqueur. Bien loin d'abuser de son triomphe : « *Déliez ses mains,* crie-t-il aux gardes, *du plus loin qu'il aperçoit* Oubié, *et qu'il soit en liberté !* » ; puis se tournant vers son captif : « *Votre frère* [1], ajoute-t-il avec un accent magnanime, *marche sur votre capitale et veut s'en emparer ; ralliez vite vos soldats et courez défendre votre trône.* »

---

1. Le dedjaz *Merred*.

CHAPITRE CINQUIÈME

RETOUR TRIOMPHAL A ADOUA. — POPULATIONS SYMPATHIQUES
FÉLICITATIONS DE L'ABOUNA JACOBITE

> « *L'auréole des martyrs est la récompense des plus hautes vertus.* »
>
> (Mgr DE JACOBIS).

Malgré des conseils amis, suggérés par la prudence humaine, M. *de Jacobis* se met en route. Il quitte *Massawah*, seul avec un frère coadjuteur, quelques indigènes et une modeste escorte de serviteurs en armes, laissant M. *Biancheri* pour ne pas l'exposer aux périls qu'il affronte lui-même avec une ardeur toute chevaleresque.

Du reste, la Providence veille sur son enfant. On signale bien quelques alertes ; mais elles sont prestement dissipées. Dès le premier soir, le frère *Abbatini* donne l'alarme.

Dans une gorge profonde, non loin du sentier suivi par la caravane, un lion vient, dit-il, de faire son apparition ; mais la peur n'a-t-elle pas agi sur l'imagination de son compagnon ? C'est son avis et cet incident paraissait oublié, lorsque quelques jours plus tard on se trouve aux prises avec des ennemis plus redoutables. Ne sont-ils pas des instruments de la haine de l'*Abouna* ? Dans le dessein d'empêcher le retour à *Adoua* de l'homme de Dieu, il est de taille à avoir organisé un guet-apens pour le faire dévaliser ou mettre à mort sur sa route triomphale.

Nos voyageurs viennent de quitter *Eghéla-Goura*, petit village où le *Choum* (maire du pays), leur a donné l'hospitalité pendant la nuit. « *Le 4 mai*, raconte *M. de Jacobis*, à peine avions-nous fait une demi-lieue, qu'un homme à la mine infernale s'embusque devant nous, armé d'une lance et d'un coutelas et menace de s'emparer de l'âne chargé de notre petit bagage. A l'impertinence nous opposâmes un courage devant lequel notre agresseur prit la fuite. A cette nouvelle le Révérendissime dut se demander quel bras puissant nous avait tirés d'affaire. — *Ce bras c'était, à n'en pas douter, celui de Dieu.* »

Délivrés de ce bandit, ils vont pouvoir continuer en paix leur voyage. Détrompez-vous ? Soudain ils entendent derrière eux des cavaliers qui accourent à bride abattue. Ils sont armés jusqu'aux dents ; à leur tête, quelle n'est pas la surprise des voyageurs de reconnaître le fameux *Choum* qui les avait reçus sous son toit la nuit précédente. « Comme il avait la conscience estropiée, dit *M. de Jacobis*, il observait avec fort peu de scrupule les lois sacrées de l'hospitalité. Déjà, chez lui, il nous avait rendu plusieurs mauvais services. Pour vaincre le mal par le bien, je lui avais, en le quittant, donné deux belles et grosses médailles d'argent. Mais il était de ces Abyssins qui croiraient être injustes envers vous, s'ils ne vous dépouillaient de tout ce que vous possédez. »

Après avoir mis pied à terre, il prend violemment à partie le missionnaire, et se répand contre lui en un véritable déluge d'invectives et de menaces. « *Que voulez-vous ?* lui demanda alors d'un air sévère M. de Jacobis. » Aussitôt le ton de cet homme s'adoucit ; il en profite pour le démasquer et le confondre d'imposture. Sa confusion augmenta quand son pieux interlocuteur lui eût révélé que, sous la protection du *prince Oubié*, il ne manquerait pas de lui faire son rapport sur l'indélicatesse de tels procédés.

A peine échappée des mains du *Choum* d'Eghéla-Goura, la caravane eut à soutenir un nouvel assaut, machiné de toutes pièces par son mortel ennemi : « Le 5 mai, à 3 heures du soir, écrit-il à *M. Spaccapiétra*, il nous arriva une aventure aussi désagréable que ridicule. Un homme, au visage grossier, les cheveux tout ruisselants de beurre, sans souliers et presque nu, armé de pied en cap, paraît devant nous dans l'attitude d'un héros de comédie et, du geste et de la voix, nous défend d'avancer... Habitué aux prises avec des rodomonts de cette espèce, j'élevai donc la voix, et le qualifiant de tous les titres les moins honorables, je lui enjoignis de ne toucher ni à nos montures, ni à nos bagages. Qui le croirait ? La magie de ma voix obtint plein succès, et cet officier fanfaron se fit tout à coup si humble qu'il tomba à mes pieds en implorant son pardon. J'avais grande envie de rire, et pour le faire à l'aise, je le lui octroyai et le laissai partir.

« Vous vous étonnez, mon cher ami, que votre petit de Jacobis devienne à l'occasion si courageux. Mais il n'y a pas de quoi. Oh! quelle poésie dans la vie du missionnaire ! Il sent la puissance de Dieu : il le voit, il l'entend ; il peut dire: *Est Deus in nobis;* et ce Dieu n'est pas un Dieu fantastique, imaginaire, fabuleux, comme ceux des poètes, mais un *Dieu véritable, grand et tout-puissant, qui commande le combat et promet la victoire.* »

Mais si son fameux adversaire le poursuit avec tant d'acharnement, de leur côté, les amis de M. *de Jacobis* ne l'oublient pas.

Il voit, en effet, venir bientôt à lui, au milieu du désert, un jeune Ecossais, dont il a fait la connaissance lors de son premier séjour. *M. Bell* lui apporte deux lettres, l'une de *M. Arnauld d'Abbadie*, alors à *Adoua*, l'autre d'un naturaliste allemand, *M. Schimper*, établi dans la même ville et ami comme lui du serviteur de Dieu; né dans le protestantisme, celui-ci ne tardera pas à abjurer l'erreur et à devenir l'un des plus précieux coopérateurs des missionnaires catholiques. Ces messieurs ont tenu à le rassurer sur les dispositions des habitants de la capitale du Tigré. Les bruits les plus alarmants n'ont-ils pas couru à *Massawah*, touchant l'état d'anarchie du royaume d'*Oubié* et les dangers de la route? D'un caractère entreprenant et généreux, *M. Bell* s'était offert comme messager et il ne peut dissimuler sa joie en voyant *M. de Jacobis* regagner déjà son ancienne résidence. Depuis les derniers évènements, les adversaires ont perdu beaucoup de crédit et la majorité de la population le verra avec bonheur exercer son ministère à *Adoua*. Telle est la teneur de la missive. Ajoutons à cela qu'*Oubié* a établi son camp dans les montagnes du *Semien* où il s'occupe de recruter une nouvelle armée pour marcher à la conquête de ses Etats, et qu'il a donné l'assurance, s'il remonte sur le trône, d'accorder ses faveurs aux missionnaires de l'*Abouna Jacob*.

Doublement heureux de cette surprise inespérée, *M. de Jacobis* continue sa route à travers le désert. A ses côtés, chemine gaiement son bon petit noir, du nom de *Jezna* ; souvent à l'arrière-garde de la caravane, plus souvent en éclaireur, il prétend que quelque chose manquerait à la sécurité de la troupe, s'il ne va reconnaître le chemin qu'il s'agit de parcourir.

Pas d'autres épisodes marquants à signaler. Ils en ont fini avec les lions et les bandits, avec les surprises et les pièges du désert. Le jeudi 13 mai, dans la soirée, la caravane arrive en vue d'*Adoua*; malgré la pluie, de bonne augure pour les Abyssins, qui les précède, de nombreux habitants sont venus à sa rencontre. Pour leur cher *Abouna Jacob*, on a conduit une mule richement caparaçonnée, sur laquelle il fera son entrée dans la capitale du Tigré, au milieu des acclamations populaires; l'ovation faite à l'évêque schismatique, six mois auparavant, pâlira devant ces témoignages de respect, aussi sincères que spontanés... Mais un indice particulièrement significatif de l'état des esprits dans ce pays où il rentre après une si longue absence, c'est qu'aux félicitations de ses amis européens, MM. *d'Abbadie* et *Schimper*, *Salama* vent joindre les siennes par le ministère d'une délégation officielle.

Une telle démarche, conseillée par la poussée de l'opinion publique en faveur des catholiques, avait pour effet de pallier les derniers scandales de *Salama*, que le Ras *Ali* avait menacé de chasser comme indigne depuis le désastre de *Debra-Tabor*.

Pour se faire une idée de la déconsidération où était tombé ce malheureux *Abouna Jacobite*, il suffit de lire ces lignes adressées à M. *Etienne*[1] et où M. de Jacobis reproduit le jugement d'un simple soldat de l'armée d'*Oubié* :

« *Négoussié*, compagnon d'armes d'*Oubié*, reçut un jour, dans la chaumière qu'il habitait, l'abba *Ouelde-Kiros*, prêtre catholique abyssin, ancien élève de la Propagande de Rome, qui voyageait avec M. *Biancheri* : « *Rien au monde*, lui dit-il, *ne me cause plus de frayeur que la bénédiction de notre Evêque, l'Abouna Salama*. A mon arrivée à *Debra-Tabor*, pour combattre sous les ordres d'*Oubié*, contre le Ras *Ali*, j'étais possesseur d'un

---

1. Lettre du 18 juin 1843 à M. *Etienne* (C. M.), alors proc. gén. de la Congr. de la Mission.

magnifique *bitoua*[1] en argent, d'un *temd*[2] en velours, des plus jolis, et ma mule était réputée l'une des plus belles et des meilleures de l'Ethiopie. — J'étais maître de tout cela avant que l'*Abouna* ait béni notre camp ; mais après, de vainqueurs, nous sommes devenus les vaincus, et à présent, pour toute richesse, je n'ai plus que ce vieux toit pour me servir d'abri. »

Le contraste est trop manifeste entre les vertus de M. *de Jacobis* et les scandaleux désordres de *Salama*. Autant on méprise celui-ci, autant la vénération s'accroît pour le premier. Le spectacle éclatant de sa sainteté porte beaucoup d'Abyssins à se demander si le prêtre catholique n'est point parmi eux le véritable représentant de Dieu et on commence à le traiter comme tel.

En homme bien avisé, l'*Abouna* comprend combien serait imprudente une attaque ouverte à cette popularité naissante. Aussi avait-il pris le parti d'accentuer ses félicitations pour cet heureux retour ? Ce n'était là aucun indice de bienveillance, mais cette démarche, dictée par la force des circonstances, cachait un calcul des plus intéressés.

M. *de Jacobis* n'en sera pas dupe ; avec une charité doublée d'une prudence consommée, loin de repousser ces avances, il s'efforce de multiplier ses bons offices à son ennemi de la veille :

« Dernièrement, écrit-il encore à la date du 19 août *1843*, il m'a envoyé en secret son frère, pour m'emprunter quelque argent : je me suis empressé de le lui donner. Ce petit service, bientôt connu dans le public,

---

1. Espèce de large bracelet en argent ciselé, offert par le roi aux soldats les plus valeureux, pour orner le bras droit à l'heure du combat.
2. Partie de l'habit militaire, ordinairement en peau de tigre, de lion ou de mouton, et quelquefois en velours. C'est encore un signe dont le roi gratifie les plus méritants de son armée.

a achevé de nous gagner l'estime et la confiance générales. Je saisis toutes les occasions d'entretenir ces bons sentiments. »

Dans un paquet de lettres, reçu d'*Egypte*, il s'en trouvait une à l'adresse de l'*Abouna*. C'était une trop belle occasion fournie par la divine Providence pour la laisser échapper : « Je joignis à ma lettre une montre, dont je savais qu'il avait besoin. C'était un magnifique chronomètre à répétition, en or, avec chaîne de même métal, que j'avais reçu du *Roi de Naples*, en même temps que beaucoup d'autres objets de grand prix. Ce beau cadeau, et l'espoir, que j'entretiens en lui, d'en recevoir d'autres de plus grande valeur, suspendent l'effet de ses mauvaises intentions ; et, s'il n'est pas franchement notre ami, il a tout intérêt à en prendre les dehors et les apparences. — Il a même chargé son frère de nous donner des vaches, des moutons, etc. Concevez l'impression produite par de telles démarches sur le peuple qui voit son évêque nous payer ainsi une sorte de tribut ! »

Le bon Dieu semble d'ailleurs leur donner des marques spéciales de sa protection : « Un jour, continue-t-il, ce même frère de l'*Abouna*, frappé subitement d'apoplexie, *avait perdu la langue*, comme on dit ici. Un grand nombre d'hérétiques, Grecs, Arméniens, Coptes, me firent prier, par un protestant, de donner à boire au malade de l'eau bénite des saints apôtres Pierre et Paul [1]. Dès qu'il en eût bu, il recouvra sur le champ l'usage de la parole, et un moment après, se leva parfaitement guéri. Depuis lors, une foule de personnes viennent sans cesse me demander de l'eau bénite pour les malades. »

---

[1]. Véritable *eau bénite* d'après les prières du rituel, auxquelles on ajoute l'invocation des SS. apôtres *Pierre* et *Paul*.

Ainsi, à peine rentré de son long voyage en Europe et en Palestine, M. de Jacobis voit tomber comme par enchantement les barrières dressées devant lui. Désireux de profiter d'aussi favorables dispositions, le héraut du Christ se met à l'œuvre.

SOLDAT ABYSSIN

LIVRE CINQUIÈME

A LA SUITE DU MAITRE

CHAPITRE PREMIER

PREMIÈRES CONQUÊTES

TROIS CONVERSIONS CÉLÈBRES

« *Le catholicisme, autrefois répudié en Abyssinie comme la plus criminelle des hérésies, y jouit maintenant de la même liberté que les autres religions établies dans le pays :* » Tel est le cri qui s'échappe du cœur de M. de Jacobis, au lendemain de son retour, le 31 mai 1842, en associant à sa joie un de ses confrères de *Naples*.

Quel heureux changement! Comme il bénit Dieu de ce voyage de *Rome* sur lequel, à bon droit, tant d'espérances avaient été fondées. Une fois au milieu de leurs compatriotes, les Abyssins ne manquent pas de communiquer leurs impressions de la Ville éternelle : Ils ne tarissent point sur les merveilles de sainteté, de bonté, de sciences dont ils ont été les témoins attendris. Tout a remué leurs cœurs, et la majesté des cérémonies pontificales, et les pompes du culte romain, mais surtout l'accueil si paternel reçu du *Vicaire de Jésus-Christ*. C'est leur manière à eux de se faire les apôtres du catholicisme; ces récits enthousiastes secondent efficacement dans leur ministère les missionnaires dont les exemples de vie pauvre et mortifiée font un lumineux contraste avec les débordements de l'*Abouna* et de sa suite cléricale et laïque.

Si tout souriait aux apôtres, en entrant dans la carrière que devaient couronner les persécutions et le martyre, le divin Maître aussi favorisera son héraut de toutes les consolations et les joies que peut ambitionner une âme sacerdotale, avant de connaître les tribulations et les souffrances qui consacrent sa mission.

De nombreuses conversions signalent cette période d'apostolat. La première en date est celle de ce naturaliste allemand dont la générosité est au-dessus de tout éloge. Né et élevé dans le luthéranisme, M. *Schimper* était venu en Abyssinie sous les auspices de la Société protestante d'histoire naturelle du *Wurtemberg* ; ses recherches scientifiques ne tardèrent pas à lui acquérir, soit parmi ses compatriotes, soit parmi les intelligences d'élite, une réelle et très légitime notoriété. Lié d'amitié avec M. *de Jacobis*, lors de son premier séjour au *Tigré*, il avait été, dans ses rapports avec lui, très vivement frappé des vertus de cet homme de Dieu. A la suite de lectures sérieuses, la lumière se fit brillante dans son esprit. Rien de touchant comme la relation de sa conversion communiquée le 30 juin *1843* à M. Etienne [1]. Le travail intérieur, que le savant naturaliste décrit dans ces pages, était achevé et l'avait conduit par degrés à une conviction profonde et raisonnée de la vérité du catholicisme, lors du retour de l'ambassade éthiopienne.

C'était l'heure de la grâce. M. *Schimper* attendait avec impatience une occasion pour abjurer ses erreurs et se déclarer ouvertement *enfant de l'Eglise romaine*. Une telle démarche est aussi honorable pour sa foi que pour sa générosité. N'allait-il pas s'aliéner ainsi la plupart de ses coreligionnaires et s'exposer en perdant

---

1. *Annales de la Congrégation de la Mission*, t. X, p. 160.

l'appui de la Société allemande à l'amère critique de ses amis ? Le masque est levé et rien ne saurait plus désormais le faire rougir. Les ministres protestants, récemment venus en Abyssinie, ne pardonnent pas à M. *Schimper* une conversion dont le coup, si sensible à leur cause, achève de les discréditer dans un pays, déjà si méfiant pour leurs doctrines. Mais rien ne peut ébranler le courageux néophyte.

Sans s'inquiéter des sacrifices, il ne songe qu'à mettre sa vie d'accord avec sa foi et à reconnaître le bénéfice d'une telle grâce, en travaillant de tout son pouvoir à la diffusion de l'Eglise dont il est devenu le fils dévoué. Dans ses lettres, M. de Jacobis ne cesse de louer *son zèle pour le bien de la religion*, et d'après son témoignage, *sa conversion produit plus de bien que la Mission elle-même* [1].

Ne semble-t-il pas cependant que la profonde humilité de notre héraut, jointe à son affectueuse estime pour le nouveau converti, lui fait exagérer son rôle et son influence ? Ce qui reste toutefois acquis, c'est l'efficacité de son concours, soit en faisant profiter les missionnaires du crédit ou des ressources créées par ses relations, soit surtout en donnant l'exemple d'une vie admirablement chrétienne.

Peu après sa conversion, il avait épousé à *Adoua* une indigène catholique ; son intérieur était une révélation en même temps qu'un modèle, fort digne d'être imité, dans une contrée où les liens de la famille sont si relâchés et le mariage profané. Dans le village qu'*Oubié* lui avait donné en toute propriété, s'épanouissaient suavement odorantes toutes les vertus évangéliques, dignes d'un patriarche aimé et vénéré :

---

[1]. Lettre de M. de Jacobis à M. Etienne, 10 décembre 1844. — *Annales de la Congrégation de la Mission*, t. XI, p. 65. — T. X, p. 161.

« *J'ai respiré là*, dit M. de Jacobis, *cet air de modestie et de paix, que l'on respirait dans les temps fortunés de la primitive Église. J'y ai été accueilli comme un père le serait par ses enfants* [1]. »

Après avoir reposé nos regards sur ce foyer béni auquel le saint missionnaire vient de sourire avec tant d'allégresse, assistons à un nouveau triomphe de la grâce, dans l'âme d'une jeune princesse du sang. Impossible de reproduire l'heureuse impression d'une telle conversion, dans les rangs de l'aristocratie éthiopienne et jusqu'au sein de la famille impériale.

Petite-fille de l'*atié Técla Chiorghis*, *Agar Ruth* avait été enlevée, presque enfant, par un musulman riche et puissant qui l'avait épousée, après l'avoir contrainte d'abjurer la foi chrétienne et d'embrasser la religion du Croissant. Cette apostasie avait consterné l'Abyssinie tout entière, qui ne pouvait se résoudre à voir une petite-fille de *David* et de *Salomon*, tombée dans un tel état de dégradation. Défense hélas ! à M. de Jacobis d'approcher lui-même de la princesse ; mais le dévouement de quelques femmes récemment converties au catholicisme, lui ménagera une entrevue. En proie aux remords de sa conscience, *Agar* touchée de leur pieuse démarche, se rend à ses messagères et demande à être instruite de la *religion catholique*.

Dès le 19 août suivant, nous trouvons la relation émue de cette conquête précieuse ; le contre-coup s'en fait même bientôt sentir dans la famille et la maison de la jeune princesse, où plusieurs de ses proches et de ses esclaves embrassèrent la foi catholique.

A vrai dire, comme aux temps évangéliques les pro-

---

[1]. P. Arnault d'Almaric : *Douze ans dans la Haute-Éthiopie*. — Détails très suggestifs sur la famille abyssine à cette époque.

diges naissent sous les pas de l'apôtre ; mais l'entrée dans le giron de l'Eglise qui, à cette époque, eut le plus grand retentissement, fut sans conteste celle d'un homme influent, déjà avancé en âge et dont la droiture était connue de tous.

Bien que très attaché à la religion de ses aïeux, le célèbre debtéra *Ghebra Mikael*[1] était revenu de Rome fort ébranlé dans ses convictions religieuses. Durant la traversée de *Naples* à *Alexandrie* il avait fait subir son influence à un de ses amis intimes. A son retour en Abyssinie, le spectacle des querelles théologiques qui passionnent des esprits encore surexcités par les menées et la mauvaise foi de l'abouna, l'afflige profondément. Aussi se détache-t-il complètement d'une Eglise, en proie à une confusion, à une anarchie doctrinale qui contrastent si fort, à ses yeux, avec la paix et l'union de l'Eglise romaine? Ses entretiens dès lors avec M. *de Jacobis* deviennent plus fréquents ; à l'étude, il joint la méditation et une prière persévérante. Un dernier lien cependant le retient encore. Pour une âme si élevée et si délicate sur le point d'honneur, le pacte conclu avec son ancien maître revêt un caractère d'autant plus sacré que l'allaka *Oueldé-Sellassié* est lui aussi un théologien en renom. Ces deux esprits, rapprochés par de nombreuses affinités et un commun besoin d'arriver à la vérité pleine et entière, se sentent travaillés des mêmes doutes, à la seule pensée des contradictions si obscures du symbole jacobite.

Pour ne rien brusquer cependant, et résister à tout entraînement, ils s'étaient engagés par serment à ne pas changer de croyance, sans un commun accord. *Ghebra-Mikael* hésite à s'ouvrir à l'*allaka*, dont les attaches à la communion romaine se sont tout récem-

---

1. *Ghebra Mikael* signifie serviteur ou esclave de *Saint-Michel*.

ment encore manifestées. Néanmoins, l'irrésistible attrait de son cœur met fin à cette lutte intérieure. Il s'attend à un éclat, à de violents reproches ; la réponse du maître est froide, fortement teintée d'ironie et de dédain : « *Va, si tu veux, vers le prêtre Jacob ; mais ne te rends qu'à l'évidence*. Tel est son dernier mot. »

Libre désormais, le *debtéra* retourne auprès de M. de Jacobis. Comment décrire cette scène, entrecoupée par des larmes de joie ? Il est prêt, dit-il, à rendre publique sa conversion, accomplie déjà, de fait, dans le secret de son âme.

Quelques jours après, dans un modeste oratoire, sous le regard de la *Vierge Immaculée*, *Ghebra Mikael* fait son abjuration. Dix ans plus tard, affermi dans ses croyances, il s'agenouille aux pieds de l'autel pour recevoir l'onction sacerdotale des mains de celui qui l'a fait entrer dans la véritable Église.

On devine aisément l'impression causée par cette nouvelle. L'ascendant de sa renommée et de ses vertus sur l'esprit de ses compatriotes est tel qu'il se suscite de nombreux imitateurs. Ni le respect humain, ni les préjugés de naissance n'arrêtent les hommages rendus à l'illustre moine. L'*Allaka Oueldé Sellassié* lui-même n'hésite pas à féliciter celui dont, à regret, il ne peut suivre l'exemple.

Mais cette conversion éclatante achève d'exaspérer contre les catholiques l'*Abouna Salama*, dont l'aversion jalouse se décide à lever le masque, par une déclaration de guerre. Bientôt une excommunication terrible est lancée contre les missionnaires ; toutefois, quelque peu émoussée déjà entre ses mains, cette arme maniée avec tant de maladresse se retourne contre lui. En butte aux railleries populaires, son crédit, déjà fort ébranlé, reçoit de cet incident malencontreux une nouvelle atteinte.

Ce ne sont encore que conversions isolées, que

grâces particulières ; mais des communautés chrétiennes se forment et, avec ces premières assises de l'édifice à construire, on peut saluer déjà l'aurore de jours meilleurs pour la cause du Christ.

Le figuier est en fleurs, l'été approche et il va être temps de se livrer au travail de la moisson déjà jaunissante.

Toutefois pour se préparer à de nouveaux travaux, les ouvriers du père de famille ont retrempé leur courage dans les exercices de la retraite annuelle, durant les huit jours qui précèdent la Pentecôte : Au témoignage de M. de Jacobis, « *la grâce de Jésus-Christ s'y est fait sentir d'une manière remarquable ; après avoir réfléchi sur les moyens de nous conformer aux règlements si sages de notre congrégation, fidèle reflet de l'esprit de saint Vincent, notre petite communauté qui se compose de MM. Biancheri et Oueldé-Kyros, du Frère Abbatini et de moi, s'est mise au pas de nos maisons d'Europe* [1]. »

Ainsi forts du secours d'En-Haut, ils peuvent voler à de nouvelles conquêtes, sous la puissante égide de la Vierge Immaculée.

---

1. *Annales de la Congrégation de la Mission*, t. X, p. 155, etc.

N.-B. — Tous nos clichés sont des reproductions de photographies envoyées par M. *Bateman*, prêtre de la Mission, en résidence à *Alitiéna-Gouala*, par *Adi-Caïé*. (Erythrée.)

CHAPITRE DEUXIÈME

LES FONDATIONS

1843-1845

> « Je ne suis propre à aucune bonne chose. »
> Mgr de Jacobis.

Sur ces entrefaites, tout concourt à souhait au succès de la présentation de l'extraordinaire chargé d'affaire et de message princiers qui rentre dans la capitale du *Tigré*. M. de Jacobis n'était pas sans inquiétude, après l'aventure de *Debra Tabor*, où le dedjaz *Oubié* ne dut le salut qu'à la générosité chevaleresque du *Ras-Ali*. Mais, forts de son échec, ses rivaux, son frère le dedjaz *Merred* lui-même, avaient pris sa place. Aussi sa réapparition la plus inattendue les plonge-t-elle dans la stupeur, malgré leur espoir secret que ses armes étant de ce coup considérablement affaiblies, ils pourraient escompter une victoire facile.

La rencontre qui eut lieu sur les monts *Sémien* en décida autrement et son insolente fortune ne l'abandonna pas.

Dans l'alternative de ces escarmouches, M. de Jacobis se demandait anxieusement à quel chef seraient liées ses destinées ? Assurément, il n'aurait pas été mal accueilli par le rival d'*Oubié*, si les hasards de la guerre l'avaient favorisé ; mais enfin, étranger au message, il l'eût été aux réponses adressées à ce prince.

Grâce à un concours de circonstances providentielles, tout s'arrange pour le mieux ; une victoire décisive et éclatante lui permet de rentrer en triomphe dans le Tigré et de redevenir ainsi le royal destinataire des messages que rapportent de Rome ses ambassadeurs. Et comme ses projets d'apostolat le pressent de s'assurer la protection de l'heureux triomphateur, M. de Jacobis se rend avec ses confrères au camp situé à quelques lieues de la ville d'*Adoua*.

Ce sont quatre jours de fêtes incomparables. L'accueil du dedjaz et de ses officiers est d'autant plus enthousiaste qu'*Abouna Jacob* ne se présente pas les mains vides ; il porte avec lui les riches cadeaux que le *pape* et le *roi de Naples* lui ont remis pour le *souverain du Tigré* :

« Tout le camp, écrit-il à Paris, montra la plus grande joie de notre présence. Les cadeaux du Souverain Pontife au prince, ceux du roi de Naples, les récits entendus de la bouche des Abyssins qui revenaient de Rome, sur le caractère tout à fait divin du successeur de saint Pierre, et sur la majesté vraiment chrétienne du fils de saint Louis, tout cela le tenait dans une espèce d'extase, d'admiration et d'affectueuse gratitude. *Il nous a promis de nous donner, après la saison des pluies, tout le nécessaire pour un établissement définitif en Abyssinie.* »

Une fois à la tête de son royaume, le prince se fait un scrupule de tenir sa promesse. Mais ne voulant à aucun prix devenir le feudataire du dedjaz, l'homme de Dieu décline ses offres généreuses ; cependant, sur ses conseils, le territoire qu'il lui destine devient la propriété de M. *Schimper*, dont l'unique souci est de favoriser de ses ressources et de son crédit la propagation de l'Evangile.

De cette façon le zèle de notre apôtre ne paraîtra pas, aux yeux des Abyssins, entaché de vues plus ou moins ambitieuses.

Le fief du naturaliste allemand est connu sous le nom d'*Entitchio*; situé au nord et à une faible distance d'*Adoua*, dans la partie la plus fertile et la plus riante du Tigré, il compte environ 4.000 habitants, sur une superficie dont la circonférence représente une forte journée de marche. Tout ce pays est destiné, au dire de M. de Jacobis, à être l'*Eden des catholiques*. S'il est exempt d'impôt, il subit la domination d'*Oubié*; les conversions y deviennent bientôt nombreuses, sous l'influence du seigneur qui mène au village d'*Am basséa* une vie toute patriarcale [1]...

C'est bien son œuvre que le saint apôtre peut admirer dans cette édifiante communauté de fidèles !

Mais *Entitchio* n'est qu'une première étape. Cette chrétienté une fois établie, il reprend aussitôt sa course vers le nord, préoccupé d'un projet dont la réalisation lui semble d'une importance capitale, pour l'avenir de la mission : « Du moment, poursuit-il, que la divine Providence eut opéré, par notre indigne ministère, des conversions assez nombreuses et assez éclatantes, pour nous faire bien augurer de l'avenir, nous avons cru de notre devoir de chercher un endroit convenable à l'*établissement d'un séminaire*, où nous pourrions travailler à l'éducation des nouvelles générations catholiques et à la formation de prêtres instruits. »

Cet endroit, il croit l'avoir trouvé dans l'*Agamié*, à

---

1. M. *Schimper*.

Gouala, près d'Addigrat, chef-lieu de cette province. Son choix est pleinement justifié par le voisinage des autres centres ; dans l'intérêt des prosélytes, il est à propos de se tenir toujours en communication directe avec *Adoua* et *Entitchio*. D'autre part, c'est un pas vers *Massawah*, port du Tigré et par conséquent

Premier Séminaire établi par M. de Jacobis
Addigrat, chef lieu de l'Agamié
(*Vue de Gouala*)

point stratégique des plus importants pour les rapports des missionnaires.

Les avantages de cette position géographique le décident même à faire de *Gouala* sa principale résidence et comme le centre de la mission. C'est un charmant pays qui peut passer pour un des plus beaux sites de l'Abyssinie ; on y respire un air très pur et un ruisseau limpide, qui prend sa source dans un bosquet délicieux, n'en diminue pas les agréments.

Quelques mois de travail suffisent à y élever une

humble maison qu'il qualifie de « *logement commode pour lui, ses confrères et leurs élèves* », et dont l'ornement le plus beau et le plus apprécié est une petite chapelle où les prêtres peuvent célébrer, tous les jours, les saints mystères.

Pour assurer la prospérité de cet établissement, le pieux missionnaire le place sous le vocable de l'*Immaculée Conception*. En vrai fils de *saint Vincent*, il a toujours eu une dévotion marquée pour ce mystère que Pie IX devait, en 1854, élever au rang des dogmes de la foi catholique. Aussi ne tarde-t-il pas à bénéficier de la protection de cette bonne mère : « Nous sommes sûrs, écrit-il, à la date du 29 avril *1844*, que le bras de la Vierge Immaculée s'est étendu sur les enfants de *saint Vincent*, et, depuis deux ans, nous lui adressons, chaque jour, en commun, l'invocation : *O Marie, conçue sans péché,* etc., pour la conjurer de préserver de tout danger notre petite mission. Nous conseillons la même pratique à nos Abyssins. »

Puis en quelques traits rapides, le supérieur avisé esquisse le programme d'études et d'éducation ; il se propose de suivre en tout la méthode de son bienheureux Père. Aussi les jeunes séminaristes ne sont-ils pas seuls à éprouver les heureux effets d'un système d'éducation, si sagement ordonné?

Les enfants du pays se rendent bientôt en foule à l'école ouverte dans les dépendances de la mission, pour y apprendre d'un maître abyssin, très fervent néophyte, avec les premières notions du *ghez*, langue sacrée de l'Abyssinie, le chant ecclésiastique de la liturgie, propre à l'Eglise d'Ethiopie.

Ses confrères se multiplient pour suffire à la tâche. M. *Biancheri* y exerce toutes les fonctions à la fois ; et le bon frère *Abbatini*, doué de tous les talents nécessaires au temporel de la communauté, tour à tour tailleur et cordonnier, se fait à ses heures maçon, jardinier, cuisinier, infirmier, etc[1].

Pour lui, il n'est qu'un serviteur inutile : « *Je ne suis propre*, dit-il, *à aucune bonne chose.* » N'en croyons pas son humilité. Il est l'âme de ce mécanisme ingénieux ; et cette période de paix et de liberté lui paraît si avantageuse pour l'œuvre catholique, qu'il se hâte de multiplier les centres chrétiens, afin qu'en cas d'orage, la mission déjà étendue sur un vaste champ d'action, ne soit pas complètement anéantie.

Cette appréhension de l'avenir lui a toujours dicté cette tactique ; ses épreuves successives en ont suffisamment justifié le bien fondé, dans l'intérêt de ses néophytes.

La dernière de ces stations catholiques, placées comme des jalons par le saint missionnaire, est *Emkoullou*, véritable faubourg de *Massawah*. En quatre ans à peine, la jonction des fidèles d'*Adoua* avec ceux de l'île était opérée, à l'aide de ces chrétientés échelonnées sur la route.

Plusieurs chapelles avaient aussi été spontanément offertes par les prêtres schismatiques ; mais, ce n'étaient pas seulement quelques moines ou quelques familles qui se donnaient ainsi à la véritable église, c'étaient parfois des tribus entières, comme il lui arriva bientôt dans la personne de *Tekla Ghiorghis* : « Un jour, écrit-il à la date du 16 août 1846 à *M. Spaccapietra, mon cœur était plongé dans la tristesse et le découragement. Je dis cela, parce qu'il est bon d'avouer sa propre faiblesse, pour mieux faire ressortir l'œuvre de Dieu. Je me demandais avec douleur si l'établissement de la religion*

---

[1]. Mais, avant tout, il était excellent ébéniste et les sanctuaires en garderont des souvenirs, tels que les autels de l'église d'*Hébo* et de celle d'*Halay*... etc... (E. C.)

catholique dans ce pays était possible, au milieu des nombreux obstacles qu'elle y rencontre. Tout à coup, je vois venir à moi un jeune Abyssin, très appliqué à l'étude, nommé *Tekla Ghiorghis.* »

Encore tout imbu des préjugés les plus invétérés contre le catholicisme, grand ami des discussions théologiques, ce jeune Abyssin s'y répandait volontiers en invectives ardentes contre le pape *saint Léon*, contre le concile de Chalcédoine et la doctrine des deux natures, qu'il qualifiait avec une nuance de dédain « *l'hérésie des Francs* ». Mais il avait l'esprit juste, et son caractère droit ne lui permit pas de résister à la science et à la logique de *M. de Jacobis*, dont *Ghebra Mikaël* était d'ailleurs le puissant auxiliaire. Ancien maître de *Tekla* et son hôte aujourd'hui, il lui avait inspiré, comme à tous ses élèves, une admiration et un attachement qui avaient survécu à son abjuration.

A peine converti, le jeune Jacobite veut être apôtre à son tour : « *Je ne connais pas,* dit-il au préfet apostolique, *de pays plus propre que le mien à un établissement catholique.* » Il savait d'avance que le zèle du serviteur de Dieu ne résisterait pas à l'attrait d'une nouvelle conquête, au profit de l'Évangile.

Le pays du nouveau converti était celui des *Irob-Bocknaïlo*. Cette peuplade de pasteurs appartenait à la nation des *Choho*, et menait la vie nomade. Entre toutes les tribus qui la composent, celle des Irob se distingue par l'antiquité de ses origines, comme par le nombre et les exploits de ses membres. Une obscurité légendaire couvre, il est vrai, son berceau, et même le cours entier de son histoire. Dans ses annales, œuvre d'imagination plus encore que de mémoire, il n'est pas toujours aisé de faire la part de la fiction et de la réalité. Aussi, pourquoi s'attarder dans la nuit de ses origines, puisque dans les traditions nationales de ces bons chevriers, on est aux prises avec des anachronismes manifestes et les invraisemblances les plus choquantes? Si parmi leurs nombreux héros, le célèbre *Soubagadis*, surnommé avec quelque hyperbole le *Napoléon de l'Ethiopie*[1], mérite une place de choix, dans l'histoire de sa patrie, rappelons-nous que ce n'étaient pas les gloires, vraies ou prétendues des Irob, qui intéressaient M. de Jacobis, mais bien plutôt leurs *misères morales et religieuses*, dont il soupçonnait, hélas! toute l'étendue.

Pour les soulager et réaliser son programme d'évangélisation progressive, les voies lui seront aplanies par des auxiliaires puissants, en œuvres et en paroles.

En prenant contact avec eux, nous assisterons bientôt à la renaissance de l'église d'Abyssinie.

---

[1]. Mot-à-mot *Torrent de beurre*.

CHAPITRE TROISIÈME

RENAISSANCE DE L'ÉGLISE D'ABYSSINIE

LES TRIBUS DES IROB ET DES BOGOS

C'est une page émouvante que celle où l'Eglise d'Abyssinie consigne le retour à la vraie foi des tribus séparées des *Irob* et des *Bogos*.

L'islamisme compte, chez les *Choho*, beaucoup de sectateurs ; il étend même sa funeste influence sur les quartiers chrétiens, très nombreux dans cette grande nation des Alpes Maritimes Ethiopiennes, mais qui n'ont du christianisme que le baptême et encore ? A première vue, une barrière infranchissable semble les séparer ; malheureusement, au témoignage de M. de Jacobis, l'éloignement du chrétien pour le musulman *ne va pas au delà du pot au feu*.

Il n'existe, il est vrai, aucune participation réciproque au culte religieux ; mais, hormis ce point différentiel, les mariages mixtes, fruit d'un misérable calcul d'intérêt, constituent une alliance des plus néfastes. On devine en effet les conséquences de ces marchés scandaleux ; ajoutez à cela le *divorce* et la *polygamie*, l'*immoralité* et les *superstitions*, derniers vestiges des cultes idolâtriques et vous aurez une idée des causes

GRANDE ÉGLISE D'ALITIÉNA
(En bas, à droite, on aperçoit celle de Mgr de Jacobis).

d'altération du christianisme, au sein de cette tribu des Irobs.

Le premier désir exprimé de M. *de Jacobis* fut celui de bâtir une église et une résidence ; son emplacement est vite choisi sur un pic abrupt qui domine la conque profonde d'*Alitiéna*. Mais il avait compté sans les réclamations des indigènes. C'est là, s'écrient les chevriers, que s'offrent les sacrifices à *Ghinni*[1]. Changer la destination de la sainte colline serait un sacrilège qui, en attirant la colère du ciel, amènerait sur-le-champ le bouleversement du monde.

De telles alarmes n'ont pas le don d'intimidation ; il abat une partie de ce bois sacré, au milieu de la stupéfaction générale. Mais, comme aucun prodige néfaste ne se manifeste, comme le ciel est toujours aussi serein, la terre aussi ferme, ils se rassurent peu à peu et, riant eux-mêmes de leur simplicité, finissent par prêter main forte à l'homme de Dieu.

Tel est le peuple qu'il s'agit d'évangéliser : *Tekla Ghiorghis* seconde efficacement le zèle du missionnaire avec le secours de son vieux père, nouvellement converti[2]. Dès sa présentation devant le sénat des pasteurs, son triomphe dépasse ses espérances. Quels furent ses arguments et de quelle éloquence sut-il les appuyer? C'est le secret de son humilité : « La reconnaissance envers le Cœur Immaculé de Marie, se contente-t-il de dire, me fait un devoir de vous déclarer ce qu'une longue expérience m'a appris avec la plus entière certitude : c'est que, *tous ces progrès aussi rapides qu'inattendus, constatés dans les missions catholiques, l'Église les doit à l'intervention de cette Vierge très pure, si puissante au ciel*

---

[1]. *Ghinni*, divinité bienfaisante, bon génie des campagnes, opposé à *Ganien*, génie malfaisant qui séjourne dans les marais impurs.
[2]. *Hapté-Marian*, vieillard vénérable très considéré dans la tribu.

et sur la terre, et qui s'intéresse si vivement à l'extension du règne de son divin Fils. »

Serait-il téméraire cependant d'attribuer aussi et cette action de la grâce sur le cœur de ces vieilllards, héros sacrés de la patrie, et cette intervention de *Marie*, aux prières et aux vertus du saint *Abouna Jacob* ?

Toujours est-il que son discours achevé, le président du grand conseil se lève au milieu de ses pairs ; et d'une

ÉGLISE D'ALITIÉNA

voix lente et solennelle, déclare que la foi de l'Eglise catholique, apostolique et romaine serait à l'avenir la foi de toute la tribu [1]. Comme gage de cette soumission les prêtres catholiques étaient mis en possession de l'église *Sainte-Marie d'Alitiéna*, ainsi que de ses dépendances, depuis les temps les plus reculés.

Ce n'était pas un riche apanage : l'église riche de vétusté et de délabrement pouvait entrer en comparaison

---

[1]. *Tsarou* était aveugle ; à son nom il joignait le titre d'*Amaïta*, « Le preux », la plus haute distinction connue parmi les *Choho* et synonyme de Brave. Il régnait en souverain sur les *Irob* ; ses décisions, avec quelques coutumes de tradition orale, constituaient toute la législation de ce peuple.

avec l'*étable de Bethléem* et les montagnes d'alentour étaient impropres à la culture. Quant aux habitants, laissons M. *de Jacobis* nous les présenter lui-même :

« A n'en juger que sur les apparences, dit-il, mes enfants spirituels pourraient être pris, moins pour des êtres civilisés que pour des sauvages du Nouveau-Monde, voire même pour les Faunes et les Satyres de la Fable. Mais, considérés des yeux de la Foi, qui sait faire abstraction de tout préjugé humain, ce sont les frères adoptifs de Jésus-Christ, les cohéritiers de son royaume éternel. Aussi, je dois l'avouer, je ressens autant de joie d'avoir été appelé à diriger les *Irob-Bocknaïlo* dans les voies du salut, que jamais ambitieux n'en a goûté en parvenant à la possession des honneurs les plus enviés [1]. » Quel noble langage !

Fier de cette vigne, en apparence assez ingrate, il la cultive, six mois durant, avec courage et abnégation, vivant de la vie nomade des *Irob*, vêtu comme eux de toile grossière et soumis au régime de ces pauvres gens, malgré les exigences d'une santé fort précaire.

Méditons à loisir cette page suave où le pasteur s'est peint lui-même au milieu de son troupeau :

« Pendant nos voyages, écrit-il, le 11 août 1846 [2], à son ancien condisciple de Naples, M. Spaccapietra, nous trouvons le plus souvent un abri dans ces antres, creusés par les mains de la nature et qui servent de retraite aux bergers et à leurs troupeaux, ou dans les misérables chaumières que l'Irob nomade construit, dans le désert, avec les branches du genévrier et des touffes de sycomore ; car pour de véritables cabanes, bâties en mauvaise maçonnerie et dont la fange fait

---

[1]. Lettre du 11 août 1846. — *Annales de la Congrégation de la Mission*, t. XII, p. 585. — COULBEAUX : *Mission d'Abyssinie*.
[2]. *Annales de la Congrégation de la Mission*, t. XII, p. 532 et sq.

tout le ciment, nous n'en rencontrons que rarement sur notre chemin, et elles sont la demeure privilégiée des grands de la tribu. Mais, quoi qu'il en soit de l'habitation où nous sommes reçus, l'Irob nous fait toujours l'accueil le plus cordial, et notre arrivée chez lui est une véritable fête pour toute la famille. Il ne manque pas d'étendre, dans l'endroit le plus propre et le plus honorable de sa demeure, une peau de vache,

ALITIÉNA
Résidence des Missionnaires.

sur laquelle il nous prie poliment de nous asseoir. C'est donc assis et les jambes croisées à l'orientale, que le missionnaire catéchise son monde, tout en se démenant et faisant mille contorsions, comme ses auditeurs, pour se défendre des insectes incommodes qui le harcèlent de toutes parts et le poursuivent de leurs morsures. L'entretien se termine par la récitation du chapelet, des actes des vertus théologales et de quelques autres prières dites en commun. Après quoi, on sert le souper. Ce singulier souper, que la présence du missionnaire, ou *Monacos*, change pour tous les convives en un véritable festin, mérite une description détaillée.

« On commence par choisir, dans tout le troupeau, le bouc le plus gras, et on le traîne devant le missionnaire. J'accepte l'offre qui m'en est faite, et l'on se met aussitôt en devoir d'égorger l'animal. Mais, comme ces bonnes gens sont très pauvres, après avoir reçu

ÉGLISE BATIE PAR MGR DE JACOBIS

leur présent, de peur de les mortifier par un refus, je suspens l'exécution sanglante, et me contentant de leur bon vouloir, je prononce sans appel que l'innocente bête sera réservée pour un repas plus solennel. A défaut de viande, on sert alors du *gonfo*, qui est une espèce de bouillie de farine d'orge nageant dans le beurre. Cette farine d'orge, en l'absence de celle de froment, totalement inconnue dans ce pays, est regardée par l'Irob comme un mets délicieux, comme une nourriture royale. Ce *gonfo*, qu'on apporte dans une grande écuelle de bois de sycomore, remplace donc le bouc, d'abord présenté. Aussitôt, les femmes se retirent ; car l'usage veut qu'elles mangent à part ; et les hommes, s'étant assis à terre en cercle, entament à l'envi cette bouillie en forme de pyramide, n'ayant pour la trancher d'autre couteau que le travers de la main et trempent chaque morceau dans le beurre, chaud et épicé, avant de le porter à la bouche. Le beurre est ce qui

Chapelle domestique des Missionnaires (Alitiéna).

manque le moins : à mesure qu'il s'épuise, le maître de la maison est là, près de l'âtre, une large cruche à la main, pour en verser de nouveau dans l'écuelle : quel régal !

« Comme roi du festin, je devrais, dans ces occasions, donner l'exemple ; mais j'avoue que j'en suis incapable, et d'ailleurs mes hôtes m'en dispensent. Ils attaquent avec tant d'avidité cette pyramide, qu'elle tombe promptement sous leurs coups redoublés.

« La bouillie est suivie du *lahano-hàn*, sorbet favori

des Irob, que l'on apporte dans des *dagoudi*, coupes grossières, que les femmes du pays tressent si adroitement avec de la paille, qu'elles ne laissent pas échapper une seule goutte du liquide qu'on verse dedans. Ces coupes ont la forme d'un cylindre ; à les voir, on les dirait d'ébène, tant la fumée et la crasse du lait les ont rendues noires et luisantes. Elles peuvent contenir chacune environ trois litres de lait. Les *dagoudi* tout pleins, une fois apportés, on tire du feu des tisons ardents, et on les plonge dans le liquide, qu'on met ainsi en ébullition. On remue alors le lait à l'aide d'un petit bâton, jusqu'à ce que la mousse soit montée à la surface, puis les convives boivent tour à tour deux gorgées du *dagoudi* qui passe de main en main, à la ronde. Cette boisson fumante les échauffe insensiblement, et la conversation va toujours en s'animant de plus en plus jusqu'à la fin.

« Le souper terminé, et la prière du soir étant faite, le missionnaire s'étend sur sa peau de vache, où il cherche vainement un sommeil, que l'étrangeté de son matelas et le bavardage continu de ses voisins chassent loin de lui. »

Les fatigues, on le voit, sont le lot de l'apôtre ; mais que de consolations ! Rarement missionnaire eut affaire à des néophytes mieux disposés ; autant leur conversion avait été prompte et générale, autant elle fut solide et persévérante. Aux mauvais jours, c'est dans leur désert qu'il trouvait un abri contre la persécution ; et sous leurs pauvres huttes, il allait se consoler des défections qui affligeaient son cœur de père.

Ses précédentes excursions de pionnier avaient eu pour objectif les plateaux du versant *Tigréen* vers *Massawah* ; dans le but de rechercher un site favorable à l'établissement d'un séminaire, M. *de Jacobis* avait poussé une pointe jusqu'aux extrémités nord du *Hama-*

sen et sur les pentes escarpées de *Debra-Sina, Memsa* et *Bogos*.

Ces reconnaissances stratégiques avaient bientôt abouti à des projets de fondation de postes apostoliques, parmi ces peuplades sauvages, chrétiennes de nom, mais plus encore que les *Irob*, minées par le contact des musulmans du *Samhar*, et par le travail d'infiltration, poussé sans relâche et toujours plus avant par les *Jaukras* ou *émissaires de l'Islam*.

Avec une phalange d'aides indigènes, M. *Bianchéri* se fixe au milieu des *Bogos*, à *Kéren*, pays sauvage qui deviendra bientôt le centre d'une mission florissante ; de là, un petit détachement de catéchistes va planter ses tentes parmi les pasteurs de *Memsa*.

C'était un secours providentiel. Ainsi, la mèche encore fumante du christianisme sur ces lisières lointaines et délaissées, peut, en se ravivant, briller d'un nouvel éclat. Comment ne pas admirer cette attention de la miséricorde divine sur ces peuplades égarées ! Déjà, sous les impulsions puissantes de la grâce, se ressaisissent tout à coup des âmes hier insensibles, terriennes, réfractaires à toute influence de réveil.

Fatigues et privations, tout est vite oublié et compensé, devant le spectacle de moissons si riches en espérances !

Avec la renommée des vertus et des conquêtes apostoliques de l'*Abouna Jacob*, la conversion récente d'*Abba Ghebra-Mikaël* avait produit l'effet d'une traînée de poudre. Le cœur même de l'Abyssinie palpitait sous un frisson de vie nouvelle, et les prières ardentes adressées au ciel pour l'établissement du règne de Dieu, au sein de ces tribus nomades, ne pouvaient manquer d'attirer sourires et bénédictions sur les travaux de ces ouvriers inlassables.

Aussi, M. *de Jacobis* vit-il bientôt un mouvement

favorable au catholicisme se dessiner sur un tout autre théâtre, là où se trouvait en quelque sorte la plus haute expression de la civilisation éthiopienne, parmi les théologiens et les lettrés des écoles de Gondar.

Admirable vraiment ce revirement imprévu, qui soudain travaille les cœurs des savants opiniâtres des sectes, comme des fauves humaines, perdues au loin dans la brousse et les plaines désertes !

Ainsi donc, moins de sept ans après son débarquement sur les rivages de l'Afrique, l'Eglise catholique semblait renaître un peu partout, de Gondar à Massawah, dans cette Abyssinie où, depuis de longs siècles, ses ministres avaient été proscrits et ses enfants, victimes d'une persécution sacrilège.

En présence de si rapides et consolants succès, comment expliquer les heures de découragement de M. *de Jacobis* qui se prend à douter de l'avenir ? C'est qu'il connaissait bien les lacunes de ce peuple abyssin et les défauts de son caractère. Aussi ses alarmes s'expliquent et se raisonnent. Il n'était que trop fondé à supposer chez ses adversaires du clergé schismatique, et en particulier chez l'*Abouna*, l'intention persistante d'entraver, par tous les moyens, le développement de la *mission catholique* et de lui ravir ses conquêtes. Il l'a déjà entrevu : les premiers succès, par leur éclat même, n'ont ils pas eu pour effet d'aviver encore leur haine et d'accroître leur désir de déchaîner la persécution ?

En songeant aux assauts de l'avenir pour la foi de ses néophytes, il se demandait s'ils sauraient y opposer une force de raison et une vigueur de volonté, suffisantes pour en triompher. Comment d'ailleurs, en cas de péril, compter sur une bienveillance quelconque des gouvernements établis ?

Oubié, lui-même, malgré des gages de sympathie non équivoques, n'était pas l'homme de la situation, le jour où l'*Abouna* réussirait à reconquérir sa popularité, à rallier ses adeptes, et menacerait sérieusement les catholiques dans leur sécurité ou dans leur vie.

Les faits hélas ! ne tarderont pas à justifier les

ABBA ARAGAOUI
*devant la maison occupée autrefois par
Mgr de Jacobis (Alitiéna).*

appréhensions du serviteur de Dieu. Cette occasion tant rêvée de prendre sa revanche, l'évêque schismatique la trouve dans un événement favorable en apparence au progrès de la mission catholique, mais qui, dans les desseins de Dieu, ouvrit pour elle l'ère des épreuves et de la persécution violente.

CHAPITRE QUATRIÈME

AUTOUR D'UN NOUVEAU VICARIAT

MGR MASSAÏA

Les appréhensions de M. *de Jacobis* redoublent surtout, à la vue du petit nombre d'ouvriers, occupés à la vigne du Maître.

Au *séminaire de Gouala*, il est vrai, de jeunes Abyssins sont bien dignes d'être promus aux ordres sacrés ; mais point d'évêque catholique pour les leur conférer, puis avec la question troublante de plusieurs prêtres schismatiques convertis, une foule d'inquiétudes matérielles agitent encore son âme sacerdotale.

Son amour de la pauvreté est mis à une terrible épreuve, car le manque de ressources l'oblige à lancer un pressant appel à la *Propagande* et, dans la personne de M. Leroy [1], à ses confrères d'Alexandrie.

Les mois s'écoulent ; ses embarras financiers redoublent. Mais la divine Providence saura mettre fin à sa

---

[1]. M. *Leroy*, sup. d'*Antoura* (Syrie), visiteur de la province chargé de centraliser les ressources, profita de l'entrée en Abyssinie de Mgr *Massaïa* pour envoyer une somme assez considérable à M. *de Jacobis*.

détresse, et le secours dépassera toutes ses espérances.

Sur sa demande, un *nouveau vicariat apostolique* avait été récemment érigé pour détacher de la *Haute Ethiopie les vastes pays limitrophes du Sud*, c'est-à-dire le pays des Galla ; et la Sacrée Congrégation en confiait la sollicitude aux RR. Pères Capucins, dans la personne de Mgr *Massaïa*, évêque de Cassia.

Nous sommes en *1846*. Le nouveau titulaire a déjà quitté Rome pour se rendre directement en Egypte ; un ordre supérieur lui donne mandat de modifier son itinéraire et de prendre la voie de la mer Rouge jusqu'à *Massawah*.

Le vénérable évêque obéit bien volontiers à l'injonction romaine, ne songeant qu'à la joie du saint préfet apostolique. Reçu à son débarquement dans la chrétienne famille du consul français, M. *Degoutin*, quelle ne fut pas sa surprise d'y trouver deux jeunes séminaristes de *Gouala* dont le récit l'émut jusqu'aux larmes : « Un jour, disent-ils, après la célébration de la sainte Messe, *Abouna Iacob* prolongea plus que d'habitude son action de grâces, au sortir de laquelle il vint en souriant avec une sérénité toute céleste, rassurer tous les siens plongés dans la plus amère affliction. Puis il nous commanda de prendre la route de *Massawah* : « Allez, mes enfants, et soyez sans inquiétude ; vous verrez bientôt arriver ce que nous désirons. » Pleins de confiance dans la parole de notre père, nous sommes partis avec joie ; et, depuis trois jours, nous attendions en vain, en proie à une grande tristesse, lorsque parut la barque qui vous portait, vous et vos religieux. »

A la narration d'un fait si étrange, Mgr *Massaïa* ne peut s'empêcher de conclure, comme eux, « *que M. de Jacobis avait appris son arrivée par une révélation céleste*. » Mais jamais il ne fut possible de lui arracher une confidence à ce sujet.

Aussi, avait-il hâte de voir un homme dont le Ciel semblait, par des grâces si insignes, attester lui-même la sainteté. D'ailleurs, tous ne se faisaient-ils pas ses panégyristes ? Dès le lendemain, les jeunes émissaires ont repris la route de *Gouala*; quinze jours à peine se sont-ils écoulés qu'on vient annoncer l'arrivée du préfet apostolique. Accompagné de ses confrères et de ses hôtes, il court à Massawah saluer le délégué du Saint-Siège. Celui-ci, après un moment d'hésitation, voit descendre à terre un petit homme, couvert d'un pauvre habit de toile blanche, dont la couleur et les traits accusent un Européen. C'était bien M. de Jacobis qui, déjà à ses genoux, lui baisait humblement les pieds. Mgr *Massaïa* s'efforce de le relever : « *Passe encore pour vos jeunes séminaristes, mais vous, notre supérieur à tous, vous ne devriez pas vous abaisser ainsi.* » — « *Laissez-moi faire*, répliqua l'humble prêtre. *Je sais l'idée que les gens de ce pays se forment d'un évêque ; je m'exposerais à scandaliser mes néophytes, si j'en usais autrement avec vous.* » Puis, comme s'il voulait justifier ses démonstrations respectueuses : « *Il y a si longtemps que nous vous désirions ! depuis trois siècles, aucun évêque catholique n'a foulé cette terre qui semblait abandonnée de Dieu ; aujourd'hui je commence à espérer que l'heure de la miséricorde est arrivée pour ces pauvres Abyssins.* »

Au sortir du port, l'évêque et le préfet apostolique reçoivent l'hospitalité au consulat de France ; puis ils se retirent dans une maison de louage avec la suite de la mission [1]. Toute la soirée, la nuit presque entière, se passent en colloques, pleins d'édification et d'abandon ; ces épanchements révèlent l'une à l'autre deux grandes âmes d'apôtres, les unissent à l'instant par des liens de

---

[1]. Les pères *Juste*, *Césane* et *Félicissime* composaient la suite de Mgr *Massaïa*.

vénération et de sympathie mutuelles, qui ne se relâcheront plus...

A dater de ce moment, Mgr *Massaïa* prend M. *de Jacobis* pour son modèle ; il l'étudie avec un soin jaloux et se félicite d'être à une si belle école de sainteté sacerdotale et de perfection apostolique. Ce qui le frappe le plus dans ce premier entretien où le vrai maître tenait à

Enfants Abyssins en prière.

passer pour le disciple, c'est le *détachement* et *l'humilité* du serviteur de Dieu.

Après quelques questions rapides sur la mort de *Grégoire XVI* et l'élection de son successeur, il est tout entier à son ministère auprès des infidèles de cette pauvre Afrique, comme s'il n'avait d'autre patrie que son pays d'adoption, et d'autre famille que les âmes de ses chers Abyssins. A peine nos deux apôtres ont-ils pris contact que les voilà unis par les mêmes intérêts et la collaboration apostolique. On les retrouve ensemble sur la côte d'Abyssinie jusque dans les derniers jours du mois de novembre. M. de Jacobis partage son temps entre *Massavah* et *Emcoullou*, où s'est formé un petit noyau de catholiques. Arrive bientôt l'heure du départ ; suivis de leurs compagnons, ils se mettent en route pour *Gouala*.

Il fallut onze jours de marche à petites étapes. A l'aurore du quatrième jour nos voyageurs gravissent les pentes escarpées du *Taranta* ; au sommet de la montagne se déroule dans toute sa splendeur le vaste plateau de l'Abyssinie. Ravis du magnifique horizon qui s'ouvre devant eux et de l'air embaumé qu'on y respire, tous se mettent à chanter avec une ardeur apostolique l'hymne de la reconnaissance.

Les voilà enfin devant *Gouala !* Il est tard ; la caravane se recueille et les élèves récitent la prière du soir qu'ils terminent par le chant du *Pater*, dans la langue du pays. « *Ces accords de timbres si variés, au milieu desquels, se détachaient les voix gracieuses et argentines des petits enfants, semblent aux voyageurs une harmonie céleste, et leur cœur se laisse un moment aller à de douces et chrétiennes espérances* [1]. »

Les ordinations faites, Mgr *Massaïa* se proposait de gagner aussitôt sa mission des *Galla*. Mais la guerre venait d'éclater de nouveau entre le prince *Oubié* et le Ras Ali. Toutes les issues méridionales sont fermées ; comment songer, pour le moment, à traverser le *Tigré* et l'*Amhara*, en proie au brigandage et à l'anarchie ? Force lui est donc de prolonger son séjour dans l'*Agamié* ; et, pour le sanctifier d'avance ainsi que son apostolat futur, M. de Jacobis consent à présider les exercices de la retraite spirituelle.

---

1. Card. Massaïa, I. *Mei trentacinque anni di missione*, t. I, *passim*.

Ce furent dix jours de grande édification et ses auditeurs, sous le charme de sa parole passionnée, en conservent une telle impression que trente-cinq ans plus tard Mgr *Massaïa*, très bien servi par sa mémoire, se déclarait prêt à reproduire presque mot à mot, les instructions de cette retraite inoubliable : *piété, doctrine, éloquence, dévouement*, rien n'y manquait ; et malgré la

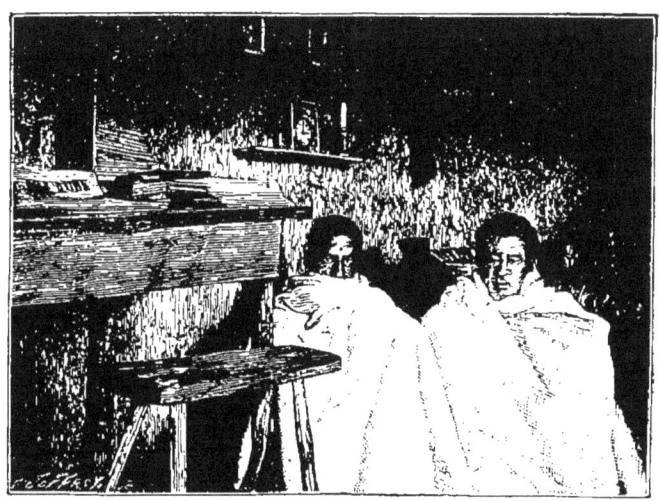

Intérieur de la maison d'un Missionnaire.
(Deux visiteurs).

variété de ses occupations, on aurait dit que sa pensée n'avait pas cessé d'habiter les hauteurs où, dès les premiers mots, il entraînait à sa suite tout son auditoire.

Aucune heure n'était plus propice pour procéder aux ordinations. A la première prennent part, avec les ecclésiastiques et les jeunes aspirants de *Gouala*, seize prêtres indigènes. « Qu'il était beau de voir, écrit M. de Jacobis, relatant les émotions de cette journée, au milieu d'un pays à demi barbare, la piété, le recueillement profond de ces jeunes gens, et la joie toute céleste, peinte sur leurs noirs visages ! Je n'oublierai jamais cette solennité ; son doux souvenir restera profondément gravé dans nos esprits et dans nos cœurs. Grâces immortelles en soient rendues au Dieu de toute consolation [1] ! »

Ces actions de grâces, M. de Jacobis peut les répéter plusieurs fois, dans le cours de cette année mémorable. Il est déjà à la tête de vingt-un prêtres indigènes, sans compter des collaborateurs plus nombreux encore, dans un avenir assez prochain. Mais, si son cœur se réjouit de voir se former ainsi peu à peu les cadres de son nouveau clergé, il s'applaudit surtout de l'heureuse impression produite par ces ordinations successives, célébrées, suivant les rites de l'Église romaine, avec toute la dignité et la pompe relative que peut permettre la pauvreté du préfet apostolique.

Dans l'Église schismatique, on sait à quelles étranges profanations ou parodies, ces sacrements, surtout celui de l'*ordre*, se trouvaient exposés : « *Maudit soit ton père, chien, fils de chien. Va, sois prêtre !* » Telle était la formule sacrilège des prédécesseurs de *Salama* qui ne le leur cède en rien pour le ridicule et les imprécations. C'était au plus offrant, et rien d'indigne comme cette vénalité des titres pour participer aux prétendues cérémonies de ces ordinations.

On devine l'effet que devait produire sur l'âme des fidèles privilégiés, admis aux ordinations de *Gouala*, le contraste qui éclate à leurs yeux entre ces comédies sacrilèges et les émouvantes solennités qui se déroulent dans la chapelle intérieure du collège de l'Immaculée

---

[1]. Rapport de *M. de Jacobis* à MM. les membres du Conseil central de la propagation de la Foi. 10 juillet *1847.* V. *Annales de la Mission*, T. XIII, p. 73.

Conception. Peut-être ne serait-il pas téméraire d'en voir l'heureuse conséquence dans le mouvement accentué de conversions qui se manifeste alors : « Ces jours derniers, écrit un compagnon de Mgr *Massaïa*, M. de Jacobis a reçu une députation de quatre ou cinq personnes venant lui déclarer, au nom de leurs tribus respectives, que prêtes à embrasser le catholicisme, elles demandent à être instruites » ; et il ajoute : « De telles députations et de telles demandes ne sont pas extraordinaires, mais se produisent fréquemment, et il ne faudrait, pour recueillir une abondante moisson, qu'un peu plus de bras et de ressources. »

Ainsi, le travail ne manque pas, et les vénérables hôtes du séminaire de *Gouala* n'y demeurent pas inactifs. Outre le ministère apostolique, tous s'adonnent à l'étude des idiomes multiples de l'Abyssinie et des pays Galla. Aussi, sans oublier le terme de leur voyage, ils bénissent la Providence qui les tient ainsi arrêtés à mi-chemin. Comme ils sont heureux de profiter de cette espèce de noviciat apostolique, auprès d'un maître aussi consommé que M. de Jacobis !

Rien, d'ailleurs, ne les empêche de penser qu'ils pourront encore profiter assez longtemps de ses leçons et de ses exemples.

Hélas ! tout différents sont les desseins de Dieu.

CHAPITRE CINQUIÈME

TRISTES PRÉLUDES DE LA PERSÉCUTION

Les deux rivaux sont toujours aux prises; et cette guerre soulevée entre *Oubié* et *Ali*, deviendra le brandon de discorde qui mettra le feu à toute la contrée. C'est de plus la saison de l'hiver abyssin, période de pluies torrentielles qui, en rendant les chemins impraticables, suspendent toutes les communications. Bloqués en quelque sorte dans cette délicieuse oasis, nos missionnaires jouissent d'une paix relative et sont loin de prévoir une prochaine expulsion.

Par ce temps de désordre et d'anarchie, des bandes de pillards sillonnent le pays : la rançon ou les tortures, telle est la douloureuse alternative des habitants. Leur pieux asile n'échappera pas à leurs incursions : une fois entre autres, il fallut soutenir contre ces bandits un siège en règle dont ils furent délivrés par le dévouement et la vaillance des paysans. Hérétiques et catholiques, tous ont pris les armes, au premier bruit du danger, pour se porter au secours du séminaire et mettre l'ennemi en fuite.

Sans doute, Dieu se sert d'eux comme de précieux auxiliaires : mais le vénéré M. de Jacobis aime surtout à voir l'intervention de la *Vierge Immaculée* dans cette délivrance vraiment providentielle : « Il faut remarquer qu'un moment auparavant, nos petits élèves du collège avec les missionnaires et nos illustres hôtes étaient rassemblés dans la chapelle : à genoux devant la belle statue de *Marie conçue sans péché*, ils suppliaient avec ferveur cette bonne et tendre Mère, de ne point permettre que sa maison fut profanée et pillée par ces malfaiteurs, ni que ses enfants devinssent les victimes de leur aveugle férocité. »

Mais on ne voit dans de tels incidents qu'une suite inévitable du sanglant conflit qui arme, l'une contre l'autre, les deux moitiés de l'empire abyssin, et l'on se rassure à la pensée que l'*Abouna Salama* sera réduit ainsi pour longtemps à l'impuissance.

Lui-même ne se fait pas illusion à ce sujet. Tout récemment, il a député au préfet apostolique quelques personnages distingués de ses amis « *pour lui faire, de sa part, des ouvertures de paix et d'amitié.* » Il est vrai qu'en même temps, avec cette perfidie native, plusieurs chefs, ses voisins, avaient reçu l'assurance « *qu'ils seraient ses enfants chéris, s'ils tuaient M. de Jacobis.* »

Bien que cette infâme proposition ait été rejetée avec horreur, ce nouveau trait de la félonie jacobite parvient aux oreilles d'Oubié : « *Si tu oses tuer M. de Jacobis*, lui fait-il dire aussitôt, *je te ferai trancher la tête ; si tu fais mettre à mort un de ses compagnons, tous les Égyptiens subiront la même peine ; enfin, si un seul de ses domestiques est massacré par les ordres, tous les gens de la maison seront tués sans merci.* »

Publiées partout, ces menaces protègent quelque temps les jours du serviteur de Dieu ; instruit d'ailleurs des dispositions des autres souverains de l'Abyssinie[1],

---

[1]. Les souverains de l'*Amphara* et du *Choa*, non moins irrités que leur collègue du *Tigré*, des insolences de l'abouna, toujours aussi prodigue de ses excommunications et qui n'épargnait pas même les têtes couronnées.

il se croyait en droit, le 10 juillet 1847, d'écrire en Europe : « *Vous apprendrez avec grand plaisir que nous avons l'espoir bien fondé de voir l'Evêque copte hérétique, qui nous a fait tant de mal, bientôt chassé de l'Abyssinie.* »

Or, *Salama* était alors à la veille de relever encore une fois la tête, de ressaisir avec son prestige tout son pouvoir et de couvrir de ruines la jeune *Mission catholique*, née d'hier et déjà si florissante.

D'après les lois du pays, il ne peut y avoir en Abyssinie qu'un seul évêque, l'abouna désigné par le patriarche du Caire. Un ancien édit, depuis longtemps mis en oubli, prononçait la peine de mort contre tout évêque étranger, assez téméraire pour franchir les limites de l'empire. Pressenti au sujet de Mgr *Massaïa*, le prince *Oubié* avait promis de fermer les yeux sur sa présence à *Gouala*. Au moment où l'on se croit le plus à couvert de toute indiscrétion, une maladresse ou une trahison met entre les mains de Salama la preuve matérielle et authentique de l'identité de l'*Evêque de Cassia*.

D'après la version la plus justement accréditée, un Européen, mû par les plus bas sentiments, aurait intercepté les lettres destinées à Mgr *Massaïa* et commis l'indélicatesse de les ouvrir. Voyant, après traduction, le parti possible à en tirer, il les livre à prix d'or à l'évêque hérétique. À peine en possession d'une arme aussi terrible, *Salama* court chez *Oubié*, avec menace de soulever le peuple contre lui, s'il se refuse à venger la loi outragée. Cédant à un mouvement de faiblesse, le prince se borne à prescrire l'élargissement du nouveau Vicaire apostolique. Mais, altéré du sang de ses ennemis, le persécuteur exige des soldats pour arrêter et livrer au dernier supplice, celui qu'il considère comme un intrus.

CH. V. — TRISTES PRÉLUDES DE LA PERSÉCUTION

Heureusement, le ciel veille sur ses apôtres. Un catholique tout dévoué aux missionnaires se rend en toute hâte auprès de M. de Jacobis ; et, son illustre confrère peut s'éloigner avec une escorte d'hommes sûrs qui lui trouvent un asile momentané, dans une *amba* du voisinage.

Ces montagnes, à l'aspect bizarre et fantastique, qu'on ne rencontre qu'en Abyssinie, sont de « *véritables forteresses avec des tours, des poivrières, des machicoulis, tout l'agencement d'un manoir destiné à soutenir de longs sièges.* » Elles ne sont pas seulement des citadelles, témoins de luttes mémorables ; il en est de diverses proportions, d'un accès plus difficile encore, qui deviennent des prisons d'État.

C'est sur la cime d'une de ces *ambas* que Mgr Massaïa se cache, pendant plusieurs jours, avec ses religieux. Mais sa nature ardente se lasse bientôt de l'inaction ; il quitte sa retraite et ne tarde pas à avoir une preuve nouvelle et de la rage acharnée de ses ennemis et de la protection éclatante dont l'entoure la divine Providence.

Les voici tous au repos, dans une misérable cabane ; soudain, ils sont cernés par une troupe d'hommes armés dont les menaces de mort indiquent assez que sa tête est mise à prix.

Au moment où Mgr *Massaïa* va se livrer aux assaillants pour sauver ses frères, les clameurs redoublent, et la porte de la hutte vole en éclats. Tous à genoux, les assiégés sont prêts à mourir, lorsque devant eux, se présente un chef ami des missionnaires ; prévenu de ces évènements, il était accouru avec une poignée d'hommes déterminés, pour mettre en fuite les satellites sacrilèges de Salama.

Echappé à une mort qui lui avait un moment paru inévitable, l'*Evêque de Cassia* reprend le chemin de la mer Rouge et arrive sain et sauf à *Massawah* où, avant la fin de l'année suivante, il doit rencontrer de nouveau son généreux émule.

Celui-ci, après ce départ mouvementé, n'est pas resté longtemps en repos à *Gouala*. Mais, furieux de voir lui échapper sa proie, l'abouna tourne sa rage contre le préfet apostolique et veut à tout prix obtenir son bannissement. Comme *Oubié* hésite à prendre une mesure aussi odieuse, Salama frappe d'interdit tout le royaume du Tigré, avec défense de célébrer la messe et de faire aucune fonction du culte, aussi longtemps que sa présence serait tolérée dans le pays. Le peuple s'émeut ; les chefs de l'armée courent à la tente du dedjaz, pour le supplier de céder aux circonstances ; saisi de frayeur, le pauvre prince envoie à M. *de Jacobis* l'ordre de se retirer pour quelque temps.

L'homme de Dieu vient de se réfugier au milieu de ses fidèles *Irob d'Aliliéna*, lorsque, le soir de l'Immaculée Conception, le séminaire de *Gouala* est envahi par une bande de forcenés, venus pour le mettre à sac et s'emparer des habitants. Élèves et maîtres terminent la récitation du chapelet, lorsque de grands cris se font entendre à la porte : « *Fuyez, fuyez vite ; les soldats sont ici : ils viennent pour vous massacrer.* »

Ce sont des catholiques du voisinage ; ils ont tout aperçu, tout deviné. Aussi ont-ils accouru pour sauver la Mission ?

Avec ce qu'il peut emporter de plus précieux, chacun s'enfuit en toute hâte du côté de la montagne. A l'arrivée des soldats, la maison était vide de ses hôtes ; ils la livrent au pillage et ne laissent derrière eux qu'un monceau de ruines :

« La nuit était venue, et le ciel se trouvait couvert de nuages, raconte un témoin de ces scènes, les fugitifs s'égarèrent dans les bois. Pour se guider au milieu des ténèbres, les uns à la suite des autres, ils n'avaient que le froissement des broussailles, foulées par ceux qui marchaient en tête de la colonne, ou le bruit des pierres qui se détachaient sous leurs pieds, le long du sentier escarpé qu'ils étaient en train de gravir. Lorsque, vers minuit, ils atteignirent l'autre versant de la montagne, ils étaient trempés par la pluie, transis de froid, accablés de sommeil et de fatigue ; la faim et la soif les dévoraient. L'un d'eux, ayant aperçu quelques cabanes, alla y demander du feu, tandis que les autres ramassaient des branches de bois mort. Mais le bois, trop mouillé, ne put s'enflammer. Ils se contentèrent de délayer dans de l'eau un peu de farine, dont ils firent une pâte qu'ils partagèrent entre eux ; puis ils essayèrent de prendre un peu de repos sur le sol humide. Une heure après, l'aube commençant à paraître, ils se remirent en route, mais par petites troupes séparées, afin de se dérober plus sûrement aux recherches de l'ennemi. Ils arrivèrent enfin à Alitiéna, où se trouvait déjà leur père. Cette contrée indépendante, continue le narrateur, renferme une nombreuse tribu de pauvres pasteurs qui se sont déclarés catholiques. C'est la fleur de la chrétienté abyssinienne. Le pays n'est pas riche ; ce sont des rochers nus ou des plaines stériles ; mais le missionnaire y goûte les véritables consolations. Là s'accomplit littéralement la parole du divin Maître : *Evangelizare pauperibus misit me :* « Le Seigneur m'a envoyé évangéliser les pauvres. »

Les fugitifs peuvent enfin s'y reposer en paix ; mais ce repos n'était pas l'inaction, surtout pour M. de Jacobis. Depuis la conversion des Irob, il n'avait fait au milieu d'eux que de rares et courtes apparitions. Fixé à *Alitiéna*, il se consacre avec bonheur à cette intéressante chrétienté qui s'accroît bientôt de quelques familles environnantes. La violence de la tourmente est loin, en effet, d'avoir refroidi son prosélytisme. Son jeune clergé l'entoure : à chacun il assigne son poste de combat, pour étendre le royaume de Jésus-Christ.

Son courage apostolique est souvent récompensé d'une manière bien sensible. Comme il se rend un jour vers une tribu de près de deux mille âmes, dans l'espoir de quelques conquêtes, il voit arriver à ses devants des députés qui lui tinrent ce langage : « Nous voulions attendre quelque temps encore pour nous faire instruire de votre foi et de vos pratiques ; mais vu les persécutions et l'excommunication de notre évêque contre vous, nous tenons à montrer que, mus par aucun sentiment humain, nous sommes décidés à affirmer tout de suite notre foi catholique [1]. »

Toutefois, l'œuvre qui, à ses yeux, prime toutes les autres et à laquelle est réservée la meilleure part de ses sollicitudes et de son temps, c'est son cher séminaire. Pour reconstituer au plus tôt l'établissement dévasté de *Gouala*, on élève de pauvres cabanes. Maîtres et élèves trouvent un refuge dans cet abri improvisé où, pendant un an, il travaille à remettre en vigueur le règlement suivi avec tant de succès.

Bientôt, la ferveur première renaît dans cet asile du recueillement où la prière et les chants alternaient avec un travail soutenu. Dieu se plaît à bénir son généreux serviteur, dont la dévotion particulière se manifestait surtout, pendant le saint sacrifice de la messe. Il lui arrivait souvent de rester une heure et même deux heures à l'autel. « *Ce qui se passait en lui, surtout depuis la consécration jusqu'à la communion, donnait à penser que le ciel le favorisait de grâces et de communications extraordinaires : on le voyait, en effet, changer de visage :*

---

[1]. Rapport de M. Biancheri. V. *Annales de la Mission*, t. XV, p. 328.

CH. V. — TRISTES PRÉLUDES DE LA PERSÉCUTION

tout son corps tremblait par moments et, à ce spectacle, les assistants ne pouvaient retenir leurs larmes[1]. »

C'est au milieu de ces œuvres de zèle et de ses pieuses pratiques que s'écoule presque toute l'année 1848. Vers la mi-novembre il quitte sa retraite pour *Massawah*, avec un certain nombre de jeunes indigènes, qu'il juge dignes d'être promus aux ordres sacrés. Son intention est de les présenter à Mgr *Massaïa* qu'il espère rencontrer sur les côtes de l'Abyssinie. Cette nouvelle entrevue des deux vénérables missionnaires exerce une grande influence sur sa destinée.

Depuis plus d'un an, il s'était élevé entre eux une de ces luttes qu'on rencontre seulement dans la vie des saints. Ayant pour principe la vertu même des deux antagonistes, de telles constatations ne feront, par leurs diverses péripéties et le dénouement qui les couronne, que la mettre encore plus en lumière.

---

1. V. *Notice manuscrite pour servir à la Cause de Béatification du Serviteur de Dieu.*

Type Abyssin Somalis
de la Côte.

CHAPITRE SIXIÈME

LA NUIT DU SACRE

COMMENT ABOUNA-JACOB REÇUT LE CARACTÈRE ÉPISCOPAL

6 Janvier 1849

> « *Votre père est très malade d'une maladie qu'on
> appelle l'humilité.* »
>
> Aveu de Mgr Massaïa.

A peine arrivé en Abyssinie, Mgr *Massaïa* avait aussitôt reconnu le caractère élevé de cet homme, dénommé par les indigènes *Abouna Jacob* ; aussi, dans sa première correspondance avec Rome, manifestait-il son sentiment, en priant la *Sacrée Congrégation de la Propagande* d'envoyer les pièces nécessaires pour lui permettre de consacrer M. *de Jacobis*, de la capacité et du mérite duquel il n'était pas permis d'avoir le moindre doute?

La réponse de Rome fut d'autant plus favorable qu'elle permettait au prélat consécrateur de partir plus tôt pour le pays *Galla*, lieu de sa destination.

Dans l'attente de ces instructions, cinq mois s'étaient passés à *Gouala*, d'ailleurs fort utilement employés, nous l'avons vu, à la préparation et à l'accomplissement des ordinations ; ces sujets que Mgr de Jacobis croyait déjà assez formés, étaient appelés à le seconder dans les paroisses qui lui avaient ouvert leurs portes.

Vers le 10 mai 1847, un pli considérable de la Propagande était arrivé à *Aliténa*, où le zélé missionnaire se trouvait depuis Pâques, avec ses recrues sacerdotales, afin de les mettre à l'œuvre en ce champ prêt à la récolte.

La même valise avait apporté à *Massawah* des lettres adressées à l'*évêque de Cassia*. Hélas! leur sort est resté un énigme. Au lieu de parvenir à *Gouala*, elles sont tombées aux mains de l'Abouna! Ruse de l'enfer pour allumer toutes les colères.

L'humble fils de *saint Vincent* se tenait plus à l'ombre que jamais, tout entier à l'évangélisation des *Irob*, dans leurs abruptes et désertes montagnes. Et si Mgr Massaïa n'en avait eu vent, rien n'aurait percé au dehors.

« C'est alors, dit-il, que commença la lutte entre
« mon orgueil et l'humilité sans exemple de M. *de Ja-*
« *cobis*. J'attendais avec anxiété les lettres de Rome,
« pour terminer mes affaires avec la Mission d'Abyssi-
« nie, en consacrant évêque le préfet de cette Mission.
« Il avait reçu les Brefs, mais il les ensevelit et l'on
« n'en sut plus rien. Heureusement M. *Degoutin*, vice-
« consul de France à *Massawah*, m'écrivant pour
« d'autres affaires, me dit que, dans la valise diploma-
« tique, était arrivé un courrier qui lui semblait être
« une lettre de *Rome*, à l'adresse de M. *de Jacobis*,
« *évêque nommé de Nilopolis, et vicaire apostolique d'Abys-*
« *sinie*. A cette nouvelle, je lui écrivis aussitôt pour en
« avoir la confirmation. Il m'assura que rien n'était
« encore venu. Sur une seconde lettre, il fut contraint
« d'avouer qu'il avait en effet des pièces contenant des
« affaires qui le regardaient personnellement et me
« priait de rester tranquille. Néanmoins, le courrier
« me prit à part et me dit : « *Je ne sais ce qu'a notre*

« *Père ; depuis qu'il a reçu votre lettre, il s'est retiré tout
« seul, et quelques-uns de nos prêtres étant entrés dans
« sa chambre, l'ont trouvé à genoux, fondant en larmes. »
« Je lui répondis alors : « *Notre Père est très malade,
« d'une maladie qu'on appelle l'humilité.* »

C'était l'exacte vérité, car la lettre remise par l'envoyé portait les traces de ses larmes. Mgr *Massaïa* en baisa les pages avec respect, tant était grande sa vénération pour cet homme de Dieu :

« Enfin, continue l'heureux acteur de cet épisode,
« décidé à conclure cette affaire, je savais qu'il ne man-
« querait pas de m'obéir, bien que dépourvu de titre
« pour lui commander. — Je le priai alors de venir à
« tout prix à *Gouala*, et cela le plus tôt possible. Il n'en
« fallut pas davantage. C'était vers le 15 Mai ; Il quitte
« son dîner, prend avec lui un morceau de pain et se
« met en route avec un de ses prêtres, pour m'arriver à
« la tombée de la nuit. Sa tristesse m'imposa silence ;
« mais le lendemain, après la célébration de la sainte
« messe, seuls dans la chapelle, assis devant l'autel, ce
« fut l'heure des plus émouvantes confidences. »

Fortement attaqué et mis en demeure au nom du Pape, M. *de Jacobis* devient docile comme un agneau. Il raconte alors tout bonnement la chose telle qu'elle était, mais finit par avouer qu'il ne pouvait exhiber les documents, laissés exprès à *Alitiéna*. Comment décrire cette scène ? Tourné vers l'autel, sans se soucier de son interlocuteur, il fond en larmes et récite devant Dieu toute l'histoire de ses misères, de ses défauts et de ses péchés, de telle sorte qu'il fut impossible d'entamer avec lui aucun entretien, pour développer les raisons de ce conflit et s'entendre à l'amiable. Force fut donc de l'ajourner, afin de donner à son imagination le temps de se calmer.

A toutes les tentatives il opposait toujours un refus

catégorique ; et dans une agitation convulsive il lançait des sentences, de nature à épouvanter Mgr *Massaïa* lui-même : « *Comment*, disait-il, *moi qui ne suis pas encore arrivé à comprendre ce que c'est qu'un prêtre, et après tant d'années de sacerdoce, il faut que je sois évêque ?... évêque ? quoi ? quoi ?* » et il couronnait son langage par des phrases sublimes et profondes qui seraient de vrais trésors, si l'exil et les persécutions n'avaient obligé Mgr *Massaïa* d'alléger ses bagages, en supprimant toute sa correspondance.

« Il ne me restait plus qu'une ressource à tenter, « poursuit le délégué du Pape, c'était celle d'un com- « mandement formel ; car il m'obéissait en tout comme « un novice. Auparavant je le raisonnai, en lui rappe- « lant les besoins de sa Mission, si judicieusement « exposés par lui à Rome et la permission sollicitée « d'envoyer ses jeunes gens en Egypte pour les faire « ordonner. Je mis alors devant ses yeux la lettre de « la *Sacrée Congrégation de la Propagande* qui me com- « mandait de m'arrêter à cet effet... Ensuite, pour le « presser davantage, je lui représentais que l'horizon « commençait à s'obscurcir en Abyssinie, précisément « à cause de moi, que déjà j'étais menacé d'un exil « dont il pouvait facilement calculer les conséquences. « Puis, *je lui commandai formellement au nom du Pape*, « dont je croyais pouvoir raisonnablement interpréter « l'intention. Aussitôt, comme frappé d'un coup de « foudre, il resta environ dix minutes immobile. — « Je crus que c'était bon signe et l'engageai à mettre « sa confiance en Dieu. Mais le résultat fut tout « autre. Tombant aussitôt à mes pieds, il me demanda « pardon de la manière la plus touchante et la réponse « suivante coupa court à toutes mes instances :

« *Mon Père, j'espère en la miséricorde de Dieu que ma désobéissance à vos ordres ne me sera pas imputée à péché, parce qu'il est tout bon et ne demande pas l'impossible; surtout il est certain qu'il n'exige pas une chose qui serait pour ma faiblesse une occasion de péché, peut-être même de déshonneur pour l'Episcopat, et de ruine pour cette Mission.* »

Mais admirons l'Enfant de saint Vincent qui se révèle ; il sait que le missionnaire ne doit jamais aspirer aux charges ecclésiastiques ; aussi poursuit-il avec une sainte conviction :

« *D'ailleurs, en l'absence de toutes ces raisons, j'appartiens à une Congrégation ; et l'Episcopat entraîne une certaine émancipation du corps auquel j'appartiens et que j'aime du fond de mes entrailles. Vous vous fatiguez en pure perte, parce que vous devez comprendre qu'il m'est impossible de me résoudre à pareille démarche, avant d'être moralement certain, non seulement de la permission de mon Supérieur Général, mais encore de son commandement formel, puisque c'est à lui qu'appartient ma personne. — L'Eglise est au-dessus de mon Général ; mais vous connaissez assez l'intention de l'Eglise... Cependant, sur votre désir, je vais consigner mon refus, par écrit, pour votre décharge auprès des supérieurs.* »

Une réponse aussi catégorique fermait toute voie à de nouvelles instances. Cependant à cette époque surgit la persécution et Mgr *Massaïa* dut quitter l'Abyssinie par ordre du prince *Oubié*. En octobre *1848*, une lettre privée de Rome le trouve à *Zeïla*, sur la côte *Somali*, prêt à aller rejoindre ses confrères dans le *Choa* et les terres *Galla*. Fort mécontent de son attitude, relativement au sacre de M. *de Jacobis*, on lui enjoint de rentrer à *Massawah* pour procéder à cette cérémonie[1]. A la nouvelle des désagréments occasionnés par son refus, il en fut

---

1. Il y rentrait au commencement de Novembre. « Notre saint homme s'y trouvait alors ; lui aussi avait été obligé de quitter l'Abyssinie » (E. C.)

très affligé ; mais, en saint qu'il était, il s'humilia d'une manière incroyable, demandant à son Père pardon d'avoir été pour lui la cause de tant de peines.

« Le voyant ainsi humilié et repentant de toutes les
« histoires passées, poursuit le vicaire apostolique des
« Galla, je crus l'occasion favorable pour attaquer l'af-
« faire de sa consécration. Mais lui, plus habile que
« moi, prévient toutes les objections. Il me demande
« huit jours pour réfléchir. C'était trop juste. En con-
« séquence il se retire lui, ses prêtres et ses clercs à
« *Emcoullou*, sur la terre ferme, pendant que je restai
« dans l'*île de Massawah* pour laisser ce fruit mûrir
« spontanément, sans m'exposer aux scènes d'autrefois.
« — Comme il passa tous ces huit jours dans une par-
« faite solitude avec tout son clergé indigène, je me
« confirmais de plus en plus dans la persuasion qu'au
« bout de cette retraite je pourrais procéder à la con-
« sécration si désirée ; et, à cet effet, je me préparais
« secrètement à une fonction toute nouvelle pour
« moi.

« Au bout de huit jours, au lieu de venir à *Massa-*
« *wah*, il m'envoya un prêtre indigène avec un gros
« pli qui contenait le récit complet de toutes ses con-
« testations et une revue de ses confessions, incom-
« plètes à son avis ; maintenant qu'il est mort, je puis
« déclarer qu'au milieu de ses craintes et ses angoisses,
« ma grande difficulté à moi était de trouver une ma-
« tière suffisante au sacrement.

« En voyant cet écrit, admirable petit traité conçu
« dans la contemplation du caractère du prêtre et de
« l'évêque, je compris que, sans un miracle de Dieu
« ou sans un commandement direct du pape, il n'y
« avait plus d'espoir. Mais au milieu de mes perplexités
« et de mes calculs, Dieu commence à tresser un
« enchaînement de circonstances qui termineront le

« conflit en le décidant, contre toute prévision hu-
« maine de ma part. »

L'heure était grave. Toute la population arabe, fanatique à l'excès, terrifiée par le massacre que les chrétiens
d'Abyssinie ont fait des musulmans campés sur la terre
ferme, menace en représailles de massacrer tous les
chrétiens, réfugiés dans l'île de Massawah. Inquiet sur
la population frémissante, le gouverneur turc avait
donné l'ordre de se retirer sur la mer, dans des barques
mises à leur disposition. C'était le 5 janvier 1849 ; ce
jour-là, tous les effets des missionnaires y avaient été
transportés ; et, comme la maison de Mgr *Massaïa*,
située sur le bord de la mer, avait une sortie sur le
rivage, tous les Européens s'y étaient réunis, prêts à se
sauver au premier moment critique.

« Vers le soir, poursuit le digne prélat, quand tout
« fut disposé pour la fuite, me trouvant seul avec
« M. *de Jacobis*, je lui témoignai vivement ma peine de
« subir tous ces dangers, à cause de lui ; et dans mon
« animation, je lui tins ce langage énergique : « *Par
« humilité, vous ne voulez pas être évêque; mais, dans les
« missions étrangères, les évêques sont des victimes et non
« point des époux: craignez que ce ne soit l'amour-propre
« qui vous fasse faire tant d'embarras.* » Ces mots suf-
« firent ; et, contre mon attente, il se jette à terre et,
« après m'avoir demandé encore une fois pardon, me
« supplie de faire de lui ce que Dieu m'inspirerait.

« Le voyant en cette disposition, je priai un Fran-
« çais, M. *Alexandre Vissier*, de demander au gouver-
« neur des soldats, pour assurer ma maison pendant
« la nuit, en vue de quelques affaires à terminer ; puis,
« je fis venir aussitôt la caisse des ornements sacrés.
« Un autel fut dressé à la hâte dans une chambre sur
« la mer, de laquelle, en cas d'alarme, nous pouvions
« descendre dans les barques. Ainsi, un peu après

Sacre de Mgr de Jacobis par Mgr Massaïa, évêque des Galla.
6 janvier 1849.

« minuit, 6 janvier 1849, gardé par une escorte en
« armes, assisté de deux prêtres indigènes et du frère
« Pascal, je commençai la cérémonie du sacre de
« Mgr *de Jacobis* qui se termina vers le lever du jour.
« J'avais été sacré à Rome par le cardinal *Franzoni*,
« dans l'église de *Saint-Chârles du Corso*, avec une solen-
« nité qui avait fait accourir toute la ville de Rome. Lui,
« tout au contraire, fut sacré de nuit, comme on prend
« un voleur, dans une chaumière, avec la seule assis-
« tance de deux prêtres indigènes. A mon sacre, il y
« avait eu des centaines de prêtres et de clercs et une
« musique ravissante ; au sien, nous devions nous-
« mêmes remplir les fonctions de clercs et de servants.
« En guise de musique, nous entendions les hurlements
« de la populace et les menaces de mort qui s'élevaient
« de partout. Néanmoins, l'un et l'autre nous étions si
« émus que toute la cérémonie fut accompagnée des
« larmes d'une tendre consolation ; une souveraine
« tranquillité répandait dans nos cœurs comme un
« baume suave qui nous faisait voir, dans cette consé-
« cration pontificale accomplie après tant de résistances,
« un signe manifeste que Dieu avait voulu attendre à ce
« moment, pour remplir ce « chaos ténébreux d'humi-
« lité, par un trésor incomparable de lumières et de
« grâces. » La cause était gagnée.

Après s'être donné l'accolade fraternelle, les deux évêques proscrits se séparent ; l'un reprend le chemin de son lieu de refuge, dans les montagnes d'*Alitiéna* ; l'autre va demander quelques jours de repos aux rochers de *Dahalac*. — Restons sur les pas de Mgr *de Jacobis*.

CHAPITRE SEPTIÈME

ALITIÉNA

DU THABOR A GETHSÉMANI
1849 1850

Sa mission remplie, le délégué du Saint-Siège a pris le chemin de son nouveau vicariat; s'il éprouve un sentiment d'amère tristesse pour le présent, son cœur est encore plus préoccupé de l'avenir religieux de l'Abyssinie.

De son côté, Mgr *de Jacobis* reste juste à *Massawah* le temps nécessaire pour prodiguer ses consolations aux chrétiens et les affermir dans leur foi, en vue des luttes du lendemain. Marie protège ses enfants.

Réduits bientôt à l'impuissance, les soldats d'*Oubié* renoncent à leurs démonstrations menaçantes. Pressés par la faim ils se retirent; et le nouvel *évêque de Nilopolis* en profite pour rejoindre sa famille d'*Alitiéna*, au milieu de laquelle il reprend sa vie austère et laborieuse. Moins par prudence que par humilité, il ne porte jamais ses insignes[1] : a-t-il quelque fonction épis-

---

[1]. D'ailleurs en avait-il vraiment alors ? De soutane violette, il n'en a jamais eu jusqu'à sa mort. A son sacre, il n'était vêtu que de la longue chemise en coton grossier, que porte le clergé Abyssin.

copale à remplir, il le fait toujours en cachette pour ne pas donner prise aux ennemis de la mission ?

La petite chapelle de la résidence va devenir le théâtre d'un événement qui, en projetant dans le cœur du nouveau pontife, un rayon de bonheur et d'espérance, le fait tressaillir des saintes émotions de l'apôtre.

Depuis sa conversion, le moine *Ghebra-Mikael* avait été le commensal et le collaborateur du serviteur de Dieu, dans les différents centres où son zèle s'était exercé. On avait apprécié son concours pour la formation des jeunes séminaristes. Et dans les controverses, que de fois les docteurs du schisme avaient dû s'avouer vaincus, quand ils s'étaient trouvés aux prises avec un tel athlète, d'une science théologique universellement reconnue et d'une éloquence toute persuasive. Déjà confesseur de la foi, il avait été chargé de chaînes et soumis aux pires traitements. Son retour d'*Adoua* où le fameux Abouna l'a jeté dans les prisons de l'évêché, devient l'occasion d'une fête triomphale. Aux portes du village se présente Mgr *de Jacobis*, escorté de plusieurs prêtres et suivi d'un groupe compact des catholiques des environs. Tous se jettent aux pieds du confesseur de la foi, baisent la trace de ses chaînes et unissent aux siennes leurs ferventes actions de grâces. Au milieu de l'émotion générale, le vicaire apostolique célèbre devant tous ces chrétiens le courage et la fermeté de son disciple, puis entonne le cantique de la reconnaissance qui se poursuit jusqu'à la résidence des missionnaires.

Comment traduire cette scène touchante ! Le moment semble venu de combler ses désirs et de consacrer une si belle existence en le marquant du caractère sacerdotal. « *Qui donc fut plus que lui digne du sacerdoce ?* écrit Mgr de Jacobis. *Aussi je m'estime heureux*

Monseigneur de Jacobis.

Reproduction d'un portrait au crayon dessiné par un séminariste à Naples et offert à Mgr Massaïa † Cardinal.

de voir en lui le premier prêtre que j'ai élevé à cette dignité... C'est en 1851, dans l'église d'Alitiéna qu'il reçut la prêtrise avec une ferveur et une joie qui transfiguraient son visage. »

Une fois promu au sacerdoce, le concours du célèbre *Debtéra* devient plus efficace et plus assidu que jamais. Sa modeste cellule se transforme chaque jour en une véritable classe de théologie et de littérature. Avec les jeunes clercs dont il est le maître écouté et le modèle accompli, il y reçoit une quantité de fidèles qui trouvent auprès de lui, la solution de leurs doutes ou le complément de leur instruction religieuse. Son enseignement oral tire une autorité plus grande encore, par la composition de plusieurs ouvrages, entrepris à la prière et exécutés sous la surveillance de Mgr de Jacobis.

Le rêve des premiers jours touche à sa réalisation ; l'humble fils de *Vincent de Paul*, pour vulgariser les choses de la foi, avait projeté la publication de toute une bibliothèque abyssine, à l'usage du clergé et des fidèles du pays. Lui-même avait composé le premier opuscule de cette collection : c'était un catéchisme dans les trois dialectes abyssins et il l'avait annoncé en ces termes au *Père Etienne, Supérieur général de la mission* : « Je viens de terminer un livre, écrit dans les trois principales langues de l'Abyssinie, *le Ghez, l'Amharique* et *le Tigréen*. Ce petit ouvrage a pour but de présenter aux ignorants la doctrine catholique, sous la forme la plus simple et la plus claire, et d'exposer en même temps aux docteurs du pays cette même doctrine, vengée de toutes les attaques de l'erreur... »

D'autres ouvrages plus considérables étaient destinés au clergé, notamment un abrégé de théologie dogmatique et une traduction complète, en langue *ghez*, de la théologie morale du Père Gury. Le vénéré prélat avait bien mis la main à tous ces ouvrages et sa part était grande. Mais on devine aisément combien précieuse avait été la collaboration de *Ghebra-Mikael* dont l'érudition proverbiale, se complétait par une connaissance des plus approfondies, des idiomes de l'Abyssinie.

De plus, outre sa part active dans les publications des missionnaires européens, il avait composé à lui seul, pour les élèves du séminaire catholique, une grammaire et un dictionnaire de la langue *ghez*, dont les règles ne se conservaient encore que par la tradition orale.

Alitiéna est bientôt comme une ruche où travaille tout un essaim d'apôtres, à propager la bonne doctrine. Les membres de la pieuse communauté sont plongés dans le calme que procure l'étude, à des intelligences avides de vérité et du désir de la communiquer aux autres. On entend cependant au loin, à travers les gorges et les forêts, des bruits sinistres, signes avant-coureurs de la persécution ; l'écho s'en répercute bientôt des hauts pays frontières des *Irob* jusque dans les ravins sauvages d'*Alitiéna*.

Salama trouve son concurrent encore trop rapproché de sa sphère d'influence ; il redoute l'action d'un prosélytisme dont il connaît l'ardeur et les conquêtes. De vagues rumeurs commencent, d'ailleurs, à courir parmi les schismatiques sur la cérémonie du sacre ; et, ce seul soupçon de consécration épiscopale, jette son rival dans une telle colère qu'il jure d'en finir une bonne fois avec les catholiques.

Sous sa main, se trouve précisément un instrument docile pour le service de sa cause. Un des ministres d'*Oubié*, homme violent et cruel, a depuis quelque temps épousé tous les sentiments de l'Abouna envers les missionnaires. Ne lui a-t-il pas fait croire qu'en les exterminant eux et leurs fidèles, en égorgeant leurs troupeaux et en mettant à sac leurs églises et leurs propriétés, il prendrait le chemin le plus sûr pour arriver au ciel et mériterait d'y être un jour couronné d'un septuple diadème ? Dans cet espoir, *Cuocabié* fait le serment de lui ramener vivant ou mort Mgr de Jacobis ; et pour réaliser son projet exécrable, il se dirige vers *Alitiéna* avec une bande de sicaires, disposés au carnage.

Dans le village bientôt investi, ces forcenés cherchent la résidence des missionnaires pour lui donner l'assaut. Visiblement protégé par le Ciel, le saint prélat a pu s'évader avec la plupart des siens ; mais les pauvres habitations sont incendiées, après avoir été mises au pillage.

A toutes ces tristesses, vient s'ajouter la désertion de plusieurs néophytes, effrayés par la main-mise brutale sur des religieux et les personnes les plus considérées de l'endroit ; ainsi la tempête permet de discerner, l'ivraie d'avec le bon grain, et tandis que se produisent ces défections, les mêmes épreuves ne servent qu'à tremper le courage et à raviver le zèle des vrais fidèles. Des incidents si étranges se produisent lors de l'envahissement d'*Alitiéna* que le peuple ne peut s'empêcher de les regarder comme l'effet de la justice divine, s'exerçant aux dépens des persécuteurs.

Ce nouvel orage, soulevé par la haine de l'*Abouna*, semble donc tourner à l'avantage de ceux dont il méditait de consommer la ruine ; bientôt en effet les complots des ennemis seront déjoués. Une démarche hardie de Mgr *de Jacobis*, inspirée tout à la fois par son grand cœur et son esprit clairvoyant, promet à la Mission catholique encore quelques beaux jours, sous la protection même du pouvoir légitimement établi.

Les satellites ennemis sont toujours à sa poursuite

à travers les forêts et les montagnes ; ses jeunes séminaristes ne voient plus de salut que dans une fuite rapide, mais comment se séparer de leur père ? « Je les exhortais, raconte-t-il lui-même, à m'abandonner et à prendre les devants, afin de se mettre plus vite en sûreté. Mais, ces généreux enfants, voyant que mon âge, de plus de cinquante ans, a rendu ma course trop lente, pour me permettre d'échapper longtemps, aux lances de ceux qui courent après moi, refusent de se séparer de leur père. Ils me font un rempart de leur corps, jusqu'à ce que, par la protection de notre divin Sauveur et de son Immaculée Mère, nous soyons à l'abri dans une épaisse forêt, et que nos ennemis nous aient entièrement perdus de vue. »

Resté seul avec un frère coadjuteur, Mgr *de Jacobis*, après avoir assuré un refuge aux siens dans la montagne, se demande le meilleur parti à prendre, dans l'intérêt de la Mission. Après une course rapide, à travers les broussailles et dans d'affreux labyrinthes, ils se déterminent à prendre une autre voie. Devant eux, se hérisse une chaîne de rochers dont les sommets offrent un sentier qui paraît plus accessible. Ils s'aventurent nu-pieds sur cette route périlleuse, que de profondes anfractuosités coupent à chaque pas. Pendant sept heures consécutives, ils montent et descendent, cramponnés aux rochers, pour ne pas rouler dans les précipices. Grand Dieu ! Quel spectacle effrayant ! Leurs yeux n'aperçoivent que la forêt, leurs oreilles n'entendent que le bruit des torrents. Vont-ils se décourager ?

« Après quelques heures de repos, écrit-il, le Seigneur nous inspire d'aller nous réfugier chez ce même *Oubié* qui nous avait banni de son pays et dont le ministre était encore à notre poursuite. Entreprise bien difficile, si Dieu n'avait guidé nos pas à travers ce désert inconnu. »

Comment en effet ne pas escompter uniquement le secours du Ciel, pour le succès d'une tentative qu'au premier abord, on taxerait volontiers de témérité. Mais l'habitude de juger du cœur des autres par le sien, lui a dicté cette ligne de conduite, d'aller se confier à la générosité du prince. Son décret de bannissement n'a-t-il pas été le résultat d'une faiblesse ; et la persécution a-t-elle d'autres agents que Salama et ses suppôts ? C'est un acte de prudence, autant qu'un sentiment de noblesse, de recourir à la magnanimité d'un prince, si bienveillant dans le passé et qui lui apparaît encore comme son meilleur protecteur.

Aussitôt en route avec son fidèle compagnon, il arrive après quelques jours de marche pénible, au camp d'*Oubié* :

« Nous y pénétrons, dit-il, à la faveur de la nuit, et nous allons frapper à la porte de quelques-uns de nos anciens amis. Mais notre apparition nocturne, au lieu de leur causer une agréable surprise, suivant notre attente, les effraie tellement qu'ils nous accablent d'injures et nous chassent au risque de nous faire dévorer par les hyènes ou massacrer par les hérétiques. Que devenir alors ? Où passer le reste de la nuit ? Mourir pour mourir, nous allons nous asseoir près de la tente du prince. Au point du jour, lorsque les objets commencent à se dessiner, deux hommes viennent à nous en silence. Ils sont affublés de ces longues toiles qui servent en Abyssinie de vêtement et de lit : ce sont des catholiques qui ont passé la nuit, à la recherche de leurs frères dispersés. Ils s'unissent à nous pour réciter la prière du matin : tous ensemble nous supplions le Seigneur de bénir la démarche qui va décider de notre sort. Quand nous jugeons le moment venu, nous informons le concierge royal de notre arrivée. Il pénètre dans la tente du dedjaz, et reparaît bientôt, suivi du maître des cérémonies, lequel nous adresse les compliments d'usage. Deux officiers viennent ensuite annoncer l'audience pour le lendemain, et nous conduire au logement qu'Oubié nous assignait pour tout notre séjour au camp. Notre imagination s'était tellement repue de chaînes, de cachots, de supplices, que, tout en suivant nos guides comme des anges descendus du ciel, chacun de nous se demandait si ce qu'il éprouvait n'était pas l'effet d'un songe. Dans l'excès de notre joie, nous nous regardions sans oser nous parler. Enfin un prêtre abyssin, qui se trouvait là, rompt le silence : « A genoux, s'écrie-t-il avec un accent inspiré, à genoux ! » et tous, prosternés la face contre terre, nous rendons grâces à Celui qui tient entre ses mains le cœur des rois. Si j'entre dans ces détails, ajoute l'humble et saint évêque, en s'adressant à son correspondant, M. Etienne, c'est afin de rendre plus évidente et plus sensible la protection de Dieu sur le plus indigne des missionnaires, et dont je suis redevable à vos saintes prières, comme à celles des nouveaux catholiques de l'Abyssinie [1]. »

Le lendemain, introduit dans la tente royale, Mgr de Jacobis y trouve quelques-uns de ses ennemis et de ses accusateurs : « L'accueil bienveillant d'*Oubié*, en leur présence, ne nous permit plus de douter qu'il ne nous eût persécutés contre son gré. La première entrevue de *Darius* avec *Daniel* sorti de la fosse aux lions, ne dut pas être plus touchante. Nos ennemis ne laissèrent pas néanmoins de m'accuser avec acrimonie, d'avoir ordonné des diacres et des prêtres ; d'avoir continué, malgré la défense de l'abouna, d'enseigner la doctrine catholique ; de pousser enfin le fanatisme jusqu'à

---

[1]. Lettre de Mgr de Jacobis, du 13 décembre 1851, ap. *Annales de la Mission*, t. XVII, p. 202 et sq.

mettre en prison les sujets et même les parents de Salama. »

C'en était plus qu'il n'en fallait pour le faire écorcher vif ; et si, en entendant ce réquisitoire contre lui, l'assemblée ne s'est pas écriée : « *A mort, le prêtre franc !* » c'est que le prince venait de se constituer son avocat.

La suite des évènements nous montrera le prix d'une telle protection.

CHAPITRE HUITIÈME

DE HALAY A GONDAR

1850-1853

Bénie du ciel, la démarche de Mgr *de Jacobis* a vivement touché le cœur d'Oubié. Son dévouement est acquis, pour le moment du moins, à la mission catholique dont il commence même à faire l'apologie ; l'énumération, chaleureuse et éloquente des services qu'elle a rendus ne laisse plus aucun doute sur la sincérité de ses dispositions.

Cependant, pour donner satisfaction aux adversaires du *vicaire apostolique*, le prince se décide à ouvrir lui-même une enquête ; le résultat en est bientôt notifié aux intéressés qu'il cite à comparaître, pour produire leurs preuves ou se rétracter.

Le jour venu, les tenants de *Salama* ne peuvent fournir aucun témoignage à l'appui de leurs accusations : « Alors, dit Mgr *de Jacobis*, l'assemblée frémit d'indignation contre l'abouna, convaincu de calomnie. *Oubié* n'en continue pas moins la discussion ; il réprimande sévèrement son ministre de s'être prêté à la fureur de l'évêque schismatique, d'avoir emprisonné des catholiques innocents et envoyé des troupes pour envahir la province d'*Alitiéna.* »

Sur son ordre, on relâche immédiatement tous les prisonniers, mis aux fers depuis le commencement des hostilités ; et les objets pillés par les soldats sont restitués à leurs propriétaires ; puis, avec un accent de conviction, il termine sa harangue par ces paroles : « Quand même l'Abyssinie entière partagerait, comme il le prétend, les sentiments de l'*abouna Salama*, j'entends que nul de mes sujets ne se mêle dorénavant de questions religieuses. L'abouna peut, s'il lui prend fantaisie de faire la guerre aux catholiques, former des bataillons de moines et les lancer contre eux. Quant à moi, je ne serai jamais son esclave ; je ne tirerai jamais l'épée contre le prêtre Jacobis, ni contre tout autre qui ne viendra pas m'attaquer. Que les catholiques prêchent, enseignent et convertissent qui et où bon leur semblera : moins ils laisseront de musulmans dans mon royaume, plus ils me feront plaisir. »

Ces paroles produisent un effet véritablement magique et tous s'empressent de prodiguer au serviteur de Dieu des témoignages d'estime et de vénération.

La persécution même ajoutait un nouveau relief à la renommée de sainteté de cet homme visiblement protégé du ciel. Son bannissement à *Massawah*, au lieu d'éloigner les habitants des terres qu'il eut à traverser, avait été, au contraire, une occasion de l'aborder et de se déclarer prêts à lui ouvrir toutes leurs paroisses. Sous l'entraînement d'une conversion éclatante et des plus sensationnelles dans la région, celle de l'austère moine *Técla Alfa*, grand abbé de l'ordre de *Debra-Berbéré*[1], les sollicitations se sont succédées très pressantes des provinces d'*Akélé-Gouzay* et de *Séraë* (Let. de M. Stella, 20 fév. 1849.)

---

1. Fondé par un saint Libanos que la légende fait venir d'Italie, vers le VIIe siècle.

L'heure était venue de répondre à ces appels.

Le prince *Oubié* avait eu en face du public de nobles paroles qui arrêtèrent toutes les conjurations des ennemis. Cependant, en donnant congé à notre *Abouna Jacob*, il lui conseilla de ne pas retourner de suite à *Alitiéna*, parce que la révolte de quelques chefs avait fourni prétexte à l'invasion dont lui et les siens venaient d'être victimes. En effet, ces sauvages montagnes sont aux vassaux rebelles autant de retranchements assurés contre les répressions du suzerain.

Son aide de camp fidèle, *Cuocabié*, avait proposé de faire la chasse à ces insurgés, sans rien déclarer de son vrai but, l'arrestation de l'évêque catholique jurée à l'Abouna [1].

Sur cette recommandation qui le laissait libre de s'établir partout ailleurs, le *héraut du Christ* se hâte de profiter de ce retour inespéré de la faveur royale, pour porter aux peuplades d'*Akélé-Gouzay*, qui s'en montraient si avides, la parole du salut.

Il renvoie le frère *Philippini* à *Alitiéna* pour prendre tous les effets de la maison et les transporter au village de *Halay*, sur le plateau le plus élevé de *Taranta* [2]. A l'ombre de cette résidence, le séminaire successivement installé à *Gouala* et à *Alitiéna*, se réorganise au prix des plus grands sacrifices.

Nous avons la bonne fortune de posséder une relation fort intéressante d'un voyage sur ces coteaux abruptes; elle émane d'un assistant de la Congrégation, chargé par M. le Supérieur général de visiter les établissements d'Abyssinie [3] : « Pour me rendre de *Mas-*

---

1. Voir rapport de M. Poussou (C. M.), *Annales de la Mission*, t. XXV, etc.
2. 2,500 mètres d'altitude.
3. M. Poussou, Assistant de la Congrégation, vit Mgr de Jacobis à Halay, vers la fin de 1851. Cette lettre est adressée à une sœur de la Maison-

sawah à *Halay*, écrit-il, comme dans tous les voyages en ce pays, j'avais trois ennemis à craindre, les voleurs, les animaux féroces et les épines : Mon imagination s'effrayait un peu des cris sauvages des hyènes, du rugissement des lions et du voisinage des léopards qui se jettent brusquement sur leur proie et l'emportent sans bruit. Après avoir échappé à la dent des requins, dans les mers de Chine, je me souciais peu d'être broyé par celle de ces princes des montagnes... De derrière chaque buisson, il me semblait voir sortir un lion ou un tigre. Armé d'un mauvais fusil, et de deux assez bons pistolets, toujours à côté de moi, je les déchargeais de temps en temps, durant la nuit, tant pour faire peur aux bêtes que pour me rassurer moi-même. Souvent, je me recommandais à *Dieu* et à *Marie*, comme n'ayant plus peut-être qu'un instant à vivre.

« Quant aux épines, encore qu'elles couvrent littéralement la terre et vous barrent le passage, je savais que j'en serais quitte pour quelques déchirures aux habits, ou tout au plus quelques égratignures, plus ou moins profondes.

« Pour ce qui est des voleurs, tous musulmans, nous avions été assez rusés pour acheter le droit de passer impunément, en prenant pour guide un de leurs congénères.

« Une ou deux fausses alertes, ce fut tout le bilan de la journée. Au lever du soleil, nous étions à *Archico*, petite ville où les Turcs entretiennent une faible garnison ; après un repos de quelques heures, on se remit en route au milieu des mimosas pour arriver vers le coucher du soleil dans les premières gorges des mon-

---

Mère des F. D. L. C. V. *Annales Congr. de la Mission*, t. XII, p. 154, etc. Il s'était mis en route avec un lazariste italien, M. Stella, depuis quelques années en Abyssinie.

tagnes. Nous avions cheminé, tout le jour, dans le désert de *Samhar*, en faisant partir devant nous des gazelles, des volées de perdrix, des pintades et quelques autruches qui se sauvaient à toutes jambes. Je crois qu'elles ne volent pas ; mais la vitesse de leurs longues jambes est telle qu'elles peuvent défier les chevaux les plus légers. »

Arrivés au gîte, on dresse la tente et pendant que les gens de la caravane ramassent du bois sec pour allumer du feu, chacun fait ses dévotions en attendant le souper.

Le deuxième jour nos voyageurs suivent une gorge si encaissée que, la nuit, l'effet produit semble tenir de la magie ; ils ne la quittent que pour gravir le *Taranta* situé vers le 15° de latitude :

« Notre ascension, continue M. *Poussou*, avait duré quatre heures ; mes jambes de cinquante-huit ans n'y tenaient plus, et j'avais dû interrompre cette marche, par plus d'une petite halte. Arrivé au sommet, j'eus à à peine la force de remonter sur mon mulet, presque aussi harassé que moi, pour me faire porter jusqu'au village qui n'était plus qu'à une petite lieue de là.

« Le plateau de *Halay* n'est qu'une suite de petites plaines, coupées de ravins et de monticules ; il est habité par des paysans chrétiens, du moins de nom. On les dit très ignorants et même à demi sauvages. Ajoutez à cela qu'il n'y a dans le pays qu'un vieux prêtre qui ne sait même pas la forme du baptême. Voilà où aboutit l'hérésie. Comme ils ont manifesté le désir d'être catholiques, on les instruit peu à peu en commençant par les enfants. »

Pour compléter ce cadre rustique dans lequel va lui apparaître l'*évêque de Nilopolis*, notre visiteur décrit ensuite avec complaisance le toit qui abrite alors l'homme de Dieu. Regrettant ses prétendues prodigalités d'*Emcoullou*, il avait consenti à se rendre acquéreur de la maison de *Halay*, à cause de son prix modique de 5 thalers, à peu près 25 francs de notre monnaie d'Europe.

Encore est-elle une des plus belles du village ; bâtie en terre, ce qui est presque du luxe, elle n'a ni cheminée, ni fenêtre et ne reçoit le jour que par la porte, inconvénient que l'architecte n'a probablement pas prévu... Malgré l'exiguité de cette modeste résidence, on a trouvé moyen d'y disposer une chapelle assez décente où nous dîmes nos messes de Noël[1]. Là notre *bon Jésus* dut se retrouver dans la pauvreté de *Bethléem* ; et comme il fallait que tout en portât le cachet, rien de plus misérable que le pain qui servit au saint Sacrifice. Pour avoir des hosties, nous fîmes, à défaut de fers, chauffer le fond de deux petites boîtes de fer-blanc : puis nous coulâmes entre les deux un peu de pâte, et il en sortit de petites galettes dont il fallut se contenter. »

Le tout était digne des temps apostoliques ; il ne manquera plus rien à ce tableau, lorsque le pieux visiteur nous aura représenté son hôte dans un croquis caractéristique pris sur le vif, à l'heure de leur touchante entrevue :

« C'est un homme fait tout exprès, dit-il, pour vivre avec les Abyssins : bon, doux, charitable, mortifié, patient, il ne se distingue en rien du dernier de ses prêtres, mangeant comme eux, couchant comme eux, s'habillant comme eux. Toujours nu-pieds il n'a pour tout vêtement qu'un caleçon, une chemise grossière, une bande ou une coiffe de toile pour se couvrir la tête. Son lit est une peau de vache, sa monture un

---

[1]. 25 décembre 1851.

bâton long de cinq à six pieds. Cette vie, simple et frugale, plutôt dure pour un Européen, lui a acquis l'estime générale. *Il est regardé comme un saint; et, si Dieu a sur l'Abyssinie des desseins de miséricorde, il me semble que Mgr de Jacobis est plus propre que tout autre à en devenir l'instrument.* »

Cette sainteté lui avait acquis une considération extraordinaire, parmi ces populations demi-païennes. Un de ses premiers prosélytes, le père du gouverneur du pays, que ses concitoyens entouraient d'un culte religieux, vient à tomber subitement malade ; après avoir reçu les secours de la religion dans des sentiments de foi admirable, le vieux *Kantiba* s'endormit paisiblement dans le Seigneur après avoir exprimé le désir formel que seul, avec ses prêtres, Mgr de Jacobis l'accompagnât à sa dernière demeure.

A l'heure de la cérémonie funèbre, les membres du clergé dissident sont là, avec leurs guenilles bigarrées et leurs croix schismatiques. Aussi, ce n'est qu'après une déclaration solennelle de foi, faite par les assistants à la gloire de l'Eglise catholique, que Mgr de Jacobis se crut suffisamment autorisé à officier en public. Jusqu'alors, *Salama* les avait mis dans l'impossibilité d'exercer leurs fonctions à l'extérieur, grâce à son système de persécution, dont l'astuce allait jusqu'à les faire passer pour des hommes sans culte et sans religion :

« Mais quelle ne fut pas la surprise, l'admiration de ce même peuple, ajoute le saint évêque, lorsqu'il me vit venir à lui dans toute la majesté du rite catholique éthiopien, précédé d'une croix magnifique, de trois encensoirs d'argent, la mitre en tête, la crosse à la main et revêtu de ma plus belle chape de style oriental, que soutiennent avec respect plusieurs prêtres de mon cortège ! Cette pompe, jointe au parallèle que ces bonnes gens ne peuvent s'empêcher de faire, entre mes prêtres et ceux de leur pays, les a si bien gagnés qu'il n'y a pas un grand personnage qui maintenant, ne désire mourir et être enterré avec notre assistance et nos cérémonies [1]. »

A la suite de cette journée, une des plus mémorables de son apostolat, le mouvement catholique s'accentue jusque dans les localités environnantes. En parcourant ces Alpes africaines, il y avait surtout une vallée où l'homme de Dieu aimait à se rendre, assez vaste pour contenir jusqu'à six villages, entre autres ceux d'*Akrour* et de *Hébo*, qui sera de la part de Mgr de Jacobis l'objet d'une prédilection marquée :

« Que ne m'est-il donné, poursuit le saint évêque, de vous décrire l'attitude de cette foule de barbares, massés autour de moi et de mon clergé : ces physionomies basanées, avec leur jeu d'expressions diverses, ces regards où se peignent tour à tour l'admiration, l'espérance, et qui se tournent tantôt vers le ciel, tantôt vers nos ornements ? »

En attendant la construction de l'église, il bénit avec solennité un calvaire qui devint aussitôt un lieu de pèlerinage où les nouveaux chrétiens vont s'agenouiller, en s'écriant : « *O Marie, priez pour nous, pauvres pécheurs !* »

Mais l'infatigable missionnaire ne se contente pas de cette moisson si abondante : ses vues, comme les efforts de son zèle, s'étendent bien au-delà de ces limites, pour embrasser l'empire abyssin tout entier. En même temps qu'il relève les ruines de *Gouala* et d'*Ali Iiéna*, rêvant de nouvelles terres à conquérir et à défri-

---

[1]. *Mgr de Jacobis à M. Poussou* (13 mai 1852). V. *Annales de la Mission*, t. XVIII, p. 408. Récit de la mort et des funérailles du *Kantiba Kelf-Egzi*, père du gouverneur de *Haloy*.

cher, il envoie MM. *Biancheri* et *Stella* évangéliser la tribu nomade des *Bogos* où, grâce à lui, sont déjà révélés le nom et la loi de *Jésus-Christ*.

Du nord au midi de l'*Ethiopie*, partout on constate la trace de son passage et l'on voit, dès lors, se former au centre de la tribu cette chrétienté de *Keren*, destinée à devenir un des principaux foyers de la vie catholique sur les rivages de l'Afrique orientale. D'autre part, aux

Tribu des Bogos. — Église au centre du village.

confins opposés de l'Abyssinie, naissent, presque en même temps, dans les provinces du *Goggiam* et du *Choa*, de petites églises dont les fidèles sont décidés à tout braver pour la défense de leur foi.

Ajoutons à ces différentes stations, celle d'*Adoua*, berceau de la mission catholique, et celle de *Gondar* qui va devenir le théâtre d'événements décisifs, pour l'avenir de cette Église : nous aurons ainsi sous les yeux, dans ses grandes lignes, la carte religieuse de l'Abyssinie, vers la douzième année de l'apostolat de Mgr de Jacobis [1].

S'inspirant des exemples de Notre-Seigneur, il envoie ses prêtres deux à deux, tantôt dans un lieu, tantôt dans un autre. Tous les deux mois il les rappelle auprès de lui, pour s'entretenir de leurs travaux, de leurs succès, de leurs épreuves ; puis il leur assigne de nouveaux postes. Ainsi reste-t-il l'âme de la mission, pour les progrès de l'évangélisation.

De plus en plus convaincu de son impuissance à porter ce lourd fardeau de l'apostolat, il supplie Rome d'élever M. *Biancheri* à la dignité épiscopale et de le lui accorder comme coadjuteur. Le Saint-Siège se rend avec bonheur aux instances du saint vicaire apostolique. Au mois d'octobre 1853, en la fête du saint Rosaire, la touchante cérémonie du sacre se déroulait dans la petite chapelle de *Halay* ; par sa simplicité comme par la religieuse émotion des assistants et des officiants, elle rappelle celle de *Massawah* : « Après cette cérémonie, où brillait tout le luxe de la pauvreté apostolique, mon zélé coadjuteur se rend aussitôt dans la vaste mission des *Bogos*, tandis que moi-même, bénissant et remerciant, dans l'effusion de mon âme, le pasteur des pasteurs de ce qu'il m'avait donné un tel auxiliaire contre le schisme et l'hérésie, j'achevai de mon côté mes préparatifs, pour visiter les royaumes de *Gondar* et de *Choa*. »

Un nouvel incident le force même à précipiter son départ. Salama a-t-il appris cet événement, ou bien a-t-il trouvé un moyen d'indisposer contre lui le trop faible et versatile *Oubié*, toujours est-il que, peu de

---

[1]. Statistique. 20 prêtres indigènes, 3 diacres et environ cinq mille fidèles (Mgr. de Jacobis). Lettre du 13 décembre 1851 à M. Étienne, t. XVII des *Annales*.

semaines après, un ordre du *dedjaz* lui intime l'ordre de sortir encore une fois, lui et tous les siens, du *royaume du Tigré* ?

Obligé de quitter ce plateau hospitalier du *Taranta*, sur l'injonction d'un prince qui se disait chrétien, il ne trouve d'abord de refuge que, sous la protection du gouvernement turc, dans les plaines brûlées, en bordure sur la mer Rouge où il se transporte avec tous les siens, véritable faubourg d'*Emcoullou*.

Inaccessible au découragement, il se dirige de là vers *Gondar*, malgré la puissance des partisans de Salama et des bruits sourds, avant-coureurs d'un orage prochain. De telles considérations ne sont pas faites pour ébranler notre vaillant apôtre. Bien loin de là ; il sait ses frères exposés aux plus redoutables épreuves, il veut sans doute fortifier leur courage, mais surtout il nourrit l'espoir de détourner sur lui les traits qui les menacent.

Fatigues et dangers, il saura tout braver ; aussi se met-il aussitôt en route avec une escorte de prêtres dévoués qui le suivent dans le péril, avec un héroïsme vraiment chevaleresque ?

LIVRE SIXIÈME

CRUELLES ÉPREUVES ET DERNIER SOMMEIL

CHAPITRE PREMIER

LES AVENTURES DE KASSA

Laissons le vénérable apôtre cheminer à pied, dans ces contrées hérissées d'obstacles naturels, en proie à toutes les horreurs de la guerre, pour faire connaissance avec le souverain du pays qu'il se propose d'évangéliser.

C'est un aventurier, son ambition est comme ses rêves, sans limites et sans scrupules ; favorisé d'ailleurs, d'une manière qui tient du miracle, par les chances de la guerre, il est encore servi par de réelles qualités de soldat et d'homme d'État. Bien que de basse extraction, sa domination va s'étendre bientôt sur l'Abyssinie tout entière. Il est le fils d'un simple paysan du *Kouarata* et d'une marchande d'herbes[1] ; une fois en âge de choisir un état, il avait embrassé la profession des armes. Remarqué bientôt d'une personne qui approchait l'impératrice, il lui fut présenté et *Waïzoro Ménène* lui fit épouser une jeune fille dont le *ras Ali* passait pour être le père.

En récompense de tant de faveurs, *Ménène* voit un jour son jeune protégé, lever contre elle et contre son fils, l'étendard de la révolte. Vainqueur du Ras et de

---

[1]. Spécialement des feuilles et fleurs du *Kousso*, violent purgatif dont tout abyssin se sert tous les deux mois contre le tænia. Aussi, les jaloux de *Kassa* lui donnaient-ils l'injurieux surnom de *Fils de Marchande de Kousso*. (E. C.).

ses lieutenants sur plusieurs champs de bataille, *Kassa* s'était emparé de l'*Amhara*, avec le titre de *dedjaz match*, en attendant de se faire proclamer *empereur*.

Il n'exerce encore son autorité qu'à *Gondar* et sur ses dépendances. Mais déjà il roule dans sa tête ses projets de *restauration du vieil empire des Négous*, élaborant le plan de gouvernement qu'il appliquera plus tard à l'Ethiopie et dont il fera l'essai dans la province où il est le chef reconnu. Or, son premier dessein était de ramener toutes les branches de la vie publique à la plus complète unité, et de ne laisser subsister d'un bout à l'autre de ses États qu'un souverain, une loi, une religion. Son but n'était pas alors de persécuter les missionnaires; ses rigueurs contre les catholiques étaient un moyen de gouvernement, complètement dépourvu de fanatisme religieux.

A l'arrivée à *Gondar* de Mgr de Jacobis, *Kassa* ne paraît pas définitivement fixé sur le choix d'un symbole de foi, ni sur la religion officielle de son peuple. Il lui propose même une controverse avec l'*Abouna*, pour voir laquelle des deux religions est la meilleure.

Salama n'eut garde d'accepter ce duel théologique. Malgré toute sa présomption, il n'osait affronter le savoir et la dialectique du vicaire apostolique. Furieux des progrès de ses adversaires et de la faveur d'*Ali*, sur la fin de son règne, il ameute aussitôt les moines fidèles au schisme et répond à *Kassa* qu'il ne viendrait à *Gondar*, qu'après l'expulsion de l'évêque catholique.

Kassa lui promet de le satisfaire; de retour dans sa capitale, il veut avoir un entretien avec lui. On voit alors se réaliser de point en point la prédiction faite, peu de semaines auparavant, par Mgr Biancheri, dans une lettre adressée à son supérieur général, M. *Etienne*, au sujet des récents événements de *Halay* : « C'est à son père, lui écrivait-il, que pense tout d'abord et que recourt au plus tôt un fils affligé, qui demande consolation et direction. Je suis ce fils, très honoré Père. Mes dernières lettres à MM. *Poussou* et *Sturchi* vous ont appris notre récente expulsion de *Halay*, par ordre d'*Oubié*. Je cherchais à me persuader que ce n'était là qu'une mesure forcée, un sacrifice au désir de gagner l'abouna *Salama*, pour en tirer tout le parti possible contre *Kassa*. La persécution se bornerait alors au *Tigré* sans s'étendre jusqu'à *Gondar*, où notre bon père ne serait pas inquiété. Illusion, cette fois encore comme tant d'autres! *Salama* est déjà en marche vers *Gondar*. C'est le lion qui se rue sur sa proie : *leo rugiens, quærens quem devoret*. Quant à Mgr de Jacobis, agneau chrétien, brûlant, comme un autre *Ignace*, du désir d'être broyé par tous les genres de persécution, puisqu'il ne peut l'être par la dent des bêtes féroces, je sais que tous ses vœux appellent le martyre. Il tiendra bon, protestant qu'il ne veut ni ne peut abandonner son troupeau, à la merci du ravisseur. Mais tout ce qu'il y gagnera, ce sera le pillage, la dévastation, la ruine entière de notre résidence de Gondar, pendant que lui-même se verra violemment arraché à ses chers catholiques et entraîné de vive force bien loin d'eux, à travers les sables arides du *Sennaar*. On me dit de tous les côtés que *Kassa* l'a formellement autorisé à séjourner à *Gondar*; j'en doute encore; mais d'ailleurs, quand cela serait, vienne l'heure où *Salama* doit assiéger le prince, l'obséder de ses prières et de ses menaces, ne faudra-t-il pas qu'il cède? Comment tenir tête à ce terrible abouna, dans lequel, malgré ses insolences, *Kassa* salue et vénère son père spirituel, à qui surtout il se croit en grande partie redevable de sa prodigieuse fortune? Je crois le connaître. Voilà pourquoi l'illusion m'est plus difficile qu'à tout autre. Dieu veuille que mes craintes soient exagérées! »

Etrange mobilité des jugements humains ! Cet indigne *Abouna*, dix ans auparavant l'objet du mépris public, et sur le point d'être honteusement chassé de l'Abyssinie, est devenu l'idole du peuple de *Gondar*. On le regarde comme un être surnaturel, favorisé du don des miracles et orné de toutes les vertus. Et, chose plus surprenante, *Kassa* fait écho à toutes ces sottes opinions.

Avec de telles dispositions, on devine l'issue de son entrevue avec l'*Abouna* ; il oublie bien vite ses velléités d'entente avec les catholiques. Aussi n'est-on pas surpris de le voir céder sans résistance, aux impérieuses exigences du fanatisme et des rancunes de leur implacable ennemi ?

Dès ce jour, tout fut perdu pour la mission[1] ; le pacte conclu entre le prince et l'évêque hérétique marqua l'heure de la persécution. Aux termes de cette parodie de concordat, suivant l'expression suggestive de Mgr de Jacobis, chacun des deux contractants avait son domaine propre, et toutes leurs conventions d'assistance mutuelle, tenaient dans cette odieuse promesse : « *Pourvu que vous souteniez ma domination, ô père de mon âme, j'exécuterai en tout point vos volontés, et vos moindres désirs seront pour moi des ordres*[2]. »

Grâce à cette alliance offensive et défensive avec ce soldat de fortune, l'Abouna se voit le maître d'assouvir sa rage contre ses adversaires : il aurait voulu s'en tenir là. Mais, toutes autres sont les visées de *Théodoros* : « On dirait, écrit alors le saint évêque, que l'encens de la gloire monte à son cerveau et y produit des vertiges. Non content de rêver la *restauration de l'unité politique*, il soupire encore avec autant de passion après le *rétablissement*

---

[1]. Lettre de Mgr de Jacobis de sa prison de Gondar, juillet 1854. V. l'*Abyssinie et son Apôtre*.
[2]. Coulbeaux : *Un Martyr abyssin*, p. 145.

de l'unité religieuse. Pourquoi ? parce que toutes deux lui semblent également nécessaires à l'affermissement de son nouveau pouvoir ; parce que, dans sa pensée, depuis qu'elle a perdu son unité politico-religieuse, l'Abyssinie a cessé d'être elle-même. »

Aussi se met-il aussitôt à l'œuvre ? Il lui faut un symbole qu'il puisse imposer, sous peine de mort, à tous ses sujets. L'Abouna est chargé d'en façonner la formule. Devant la multiplicité confuse des croyances dans l'Eglise Jacobite, et le chaos doctrinal, verrons-nous se fixer ses hésitations ? Son aversion pour l'Eglise romaine lui servira de règle.

Sa décision porte sur le formulaire, le plus radicalement opposé à l'enseignement du Concile de Chalcédoine, et il propose le *Credo* de la secte des *Karra*[1], dont le monophysisme est plus net et plus absolu que celui des deux autres.

A peine en possession de cette formule, *Kassa* résolut de publier son *édit d'union* et d'en faire jurer la fidèle observance aux habitants de Gondar. Le 15 juillet 1854 fut le jour de la *grande et solennelle apostasie*. Mgr de Jacobis a consigné cette scène dont il fut témoin dans une page remarquable de ses mémoires. Sur la galerie extérieure ou tribune de l'antique palais, s'avancent *Kassa* et l'*Abouna*. Lecture est faite par un héraut de l'édit doctrinal. Puis Salama se lève, et, la tête haute, le regard assuré, il étend solennellement la main et prononce à haute voix ces paroles : « *Oui, je le jure à la face du ciel et de la terre, le symbole que vous venez d'entendre, Abyssins, c'est la pure doctrine de l'Evangile, la seule vraie ; c'est la mienne ! Je suis prêt à la sceller de mon sang ; tous ici vous devez m'imiter.* » Il n'avait

---

[1]. Le mot *karra* signifie *coutelas tranchant* ; ce qui explique bien l'absolutisme doctrinal de la secte qui réduit à néant, dans la nature du Christ, la nature humaine, totalement absorbée par la nature divine.

pas achevé, que le dedjazmatch était debout à son tour. Le pistolet au poing, il invite son peuple à faire ce qu'a fait l'abouna, et à prêter le serment d'adhésion au *Credo* qui vient d'être promulgué : « *Sachez-le bien*, s'écrie-t-il, *je suis le nouveau Constantin du saint empire d'Abyssinie, de la vieille Ethiopie, l'élu de Dieu pour votre salut, pour votre bonheur et votre gloire à tous; la religion va renaître avec la patrie.* » Tous alors, petits et grands, ignorants et docteurs, moines et prêtres, répondent à ces paroles par leurs acclamations. « En ce moment, ajoute notre saint narrateur, la terreur a opéré le plus nouveau des prodiges. Des mille et une sectes, successivement issues du sein inépuisable de l'hérésie, durant les trois derniers siècles et depuis l'anéantissement du catholicisme sous *Basilidès*, il ne reste plus qu'un souvenir et un nom. Il semble qu'un coup de baguette magique, entr'ouvrant la terre, les a fait tout à coup disparaître ; à moins qu'on ne préfère dire que ce sont comme autant de monstres infernaux refoulés dans leurs sombres demeures, pour y dormir un sommeil plus ou moins long, jusqu'à l'heure où il leur sera donné de renaître à la lumière et de fondre tous ensemble, avec une rage vengeresse, sur cette Abyssinie infortunée. Sa religion, reste misérable d'un christianisme abâtardi, ne serait plus qu'une proie abandonnée, sans défense, au triple ravage de l'erreur, du fanatisme et de l'ambition. Quant à Kassa, le conquérant réformateur, tout fier de se voir si bien secondé par son excellent pistolet, qui jamais ne lui a fait défaut, pas même dans cette bataille toute spirituelle, il recevait les parjures de tant de milliers de consciences, le visage rayonnant, avec l'orgueil du triomphe. » Cependant, en ce jour de victoire, le triomphateur se heurta à une résistance irréductible. « Et qui donc, poursuit Mgr de Jacobis, reste encore debout, aujourd'hui, en face de l'erreur victorieuse, toute-puissante, et qui a centralisé toutes ses forces? qui combat le dernier? Le catholicisme, comme toujours et partout. Il est bien petit sur cette terre hétérodoxe, où il vient à peine de renaître; il est bien faible; et pourtant, on l'a reconnu, personne ne s'y trompe; lui seul peut ainsi combattre. » Ils étaient bien peu nombreux, en effet, ces catholiques de la ville et des faubourgs de Gondar; mais, entraînés et soutenus par la présence et l'exemple de leurs chefs, ils se montrèrent intrépides, et pas un d'eux ne faiblit ce jour-là. Leurs chefs, c'étaient cinq moines jacobites, convertis, formés et ordonnés par Mgr *de Jcobis* et que nous retrouverons bientôt. « Sommés de réciter à leur tour, après tous les autres, le nouveau *Credo*, décrété par ordre du prince, ils n'ont répondu à ces sacrilèges instances que par une triple confession de leur inviolable fidélité à la foi catholique, apostolique et romaine. Et cela s'est passé à la face de tout *Gondar*, pour la plus grande exaltation de la sainte Église, leur mère, et la confusion, impossible à décrire, de ses persécuteurs : victorieux tout à l'heure de ces milliers d'hérétiques et de schismatiques, *les voilà vaincus par cinq catholiques, hommes simples et sans autre puissance que celle de leur foi.* »

Malgré sa fureur d'un tel échec auprès de quelques familles catholiques de Gondar, *Kassa* leur laisse le temps de fuir et de se réfugier dans les campagnes voisines.

Peut-être hésite-t-il à tirer sitôt le glaive au nom de la religion? peut-être aussi Salama ne tient-il à le voir sévir en ce moment que contre Mgr *de Jacobis* et le célèbre *Ghebra Mikaël*, ses ennemis irréconciliables? Aussi lui tarde-t-il de déchaîner contre eux toutes les rigueurs du bras séculier, et de réclamer pour leur perte, l'exécution du traité qu'il vient de signer avec le futur Théodoros?

CHAPITRE DEUXIÈME

POUR LE CHRIST

EN EXIL ET DANS LES FERS

> « Me voilà donc enfin prisonnier de Jésus-Christ !
> « O grâce longtemps désirée, tu es venue. »
>
> Mgr de Jacobis.

Quelle heure douloureuse pour le saint apôtre ! La situation se complique étrangement et il n'a plus qu'à adorer les secrets desseins du ciel sur l'*Église d'Abyssinie*.

Séparés de leur père, les fidèles de la petite communauté de *Gondar* prennent le chemin de l'exil, prêts à tous les sacrifices pour affirmer leur foi. Mgr *de Jacobis* se retire avec *Ghebra-Mikaël* et les quatre autres moines catholiques dans la maison qu'avaient acheté les missionnaires au quartier dit de l'*Etchéghié*[1].

Le droit d'asile, attaché à la demeure du chef suprême du clergé régulier abyssin, semble les mettre à couvert des vexations de l'ennemi. Hélas ! bien que

---

[1]. *Etchéghié*, comme qui dirait l'Évêque Noir, en réalité aussi et plus puissant que le vrai titulaire (J. B. C.).

respecté jusque-là, l'abouna ne fera aucune difficulté de le violer.

Le même jour, à la faveur des ténèbres, une escouade de soldats accourt pour cerner la résidence épiscopale : « *Alors, dit-il, mes prêtres furent traînés dans les cachots de Salama, tandis qu'on m'emmenait dans la prison civile.* »

Si l'on sépare ainsi les prisonniers, c'est sans doute pour ajouter aux souffrances de leur détention, en privant les disciples des encouragements de leur père : c'est aussi parce que le même traitement ne leur est pas destiné. Malgré eux, les persécuteurs respectent l'évêque européen ; Salama lui-même ne peut se défendre d'une involontaire admiration pour une si haute vertu qu'il caractérise ainsi : « *Jamais chrétien n'a accompli plus parfaitement la loi et les conseils évangéliques.* »

Mais ce qui pèse davantage sur cette âme vulgaire, inaccessible aux idées élevées, c'est le désir bien arrêté d'éviter toute complication diplomatique. Sans scrupule pour la vie des indigènes, il use de ménagement à l'égard d'un étranger, dont la mort violente pourrait entraîner de dangereuses représailles.

Mais sa préoccupation du moment est d'empêcher son noble rival de poursuivre ses prédications : « Qu'à cela ne tienne, avait répondu Kassa, dans l'enivrement d'une victoire facile, remportée sur les consciences schismatiques ; je le ferai jeter dans les fers, lui et ses disciples. Dites-moi seulement que vous en répondez pour moi devant Dieu, et je le ferai mettre à mort et les siens avec lui ! — Oh ! non, s'écrie vivement Salama, comme épouvanté du succès de sa demande ; il ne faut pas mettre à mort un tel homme ; renvoyez-le seulement dans sa patrie. Quant aux Abyssins qui ont renié leur croyance nationale pour adopter la sienne, livrez-les moi et j'en aurai raison par la torture. »

Ainsi, le perfide abouna croyait avoir trouvé le moyen

de se défaire d'un rival, sans avoir à rendre compte de sa mort. Il voulait le contraindre à quitter de lui-même le pays ; il l'aurait alors fait conduire, sous bonne escorte, à la frontière occidentale, comme si on s'était proposé de lui faire gagner l'Egypte par la voie du Sennaar, mais en réalité pour l'abandonner au milieu de cette contrée, où règne une fièvre endémique, presque toujours mortelle, le *kuolla*, dont on présumait qu'il serait en quelques jours la victime.

Dans une page admirable, le serviteur de Dieu nous fait connaître comment il évite ce piège et dans quels sentiments il endure sa prison : « J'avais bien raison, écrit-il à M. Etienne[1], de m'humilier en moi-même, à la pensée que Dieu ne m'avait pas jugé digne de partager les liens et les souffrances de mes chers enfants spirituels ; mais, je ne pouvais pas, d'autre part, très honoré Père, consentir à un voyage qui me promettait une mort certaine et inutile. Je ne pouvais pas m'ôter la ressource de l'attente, si précieuse en Abyssinie, où le temps est tout, la situation politique changeant d'un jour à l'autre. Les princes vaincus par Kassa, le roi du Choa et Oubié, ligués ensemble par la communauté des revers et des dangers, ne faisaient-ils pas ouvertement des préparatifs immenses pour tenter une dernière fois le sort des armes, à la saison prochaine? Pouvais-je, même en dehors de ces considérations et quand rien n'eût menacé ma vie, pouvais-je fuir lâchement, mettre ma tête seule à l'abri du péril, loin de la tempête, laissant abandonnés à ses fureurs, sans appui, sans consolation, sans leur père en un mot, des enfants qui me sont plus chers que la vie? Comment enfin refuser à mon cœur l'indicible joie de participer à leurs souffrances

---

1. De ma prison de Gondar, juillet 1854, ap. *Annales de la Mission*, t. XX, p. 529 et sq.

glorieuses, de combattre avec chacun d'eux, de les aider, selon mes faibles forces, à triompher de l'ennemi, et d'adoucir leur épreuve autant qu'il serait en mon pouvoir ? Non, encore une fois, je ne pouvais m'éloigner de Gondar que violemment traîné par la force. Je restai donc et, faisant de nécessité vertu, je cherchai à m'accommoder, le moins mal possible, avec mon cachot de quatre pieds de hauteur sur autant de largeur et un peu plus en longueur. Le sol, recouvert de paille, sert de lit commun au prisonnier et à ses gardes. Eh bien, le croiriez-vous, très honoré Père ? c'est là du luxe, de la magnificence! Mon trou, ainsi garni, peut être appelé, en comparaison du lieu sans nom où gisent nos chers confrères, un vrai palais royal; et mes gardes, mis en parallèle avec les leurs, véritables léopards de la race fameuse de ceux qui rugissaient autour du glorieux martyr saint Ignace d'Antioche, mes gardes sont des agneaux. *Me voilà donc enfin prisonnier de Jésus-Christ ! O grâce longtemps désirée, tu es venue!* Pourquoi faut-il que les égards que l'on conserve encore pour moi, pourquoi faut-il surtout que la cause principale, sinon unique, de ma détention prolongée, qui est tout simplement le refus de m'exposer à mourir du *kuolla*, me rendent tout à fait indigne du titre incomparable de confesseur de la foi, lequel revient de plein droit aux compagnons de ma captivité! Assurément, et je ne dois pas reculer devant cet aveu, *c'est une trop juste punition de mes fautes si multipliées.* »

Quant aux compagnons de sa captivité, Mgr de Jacobis ne se borne pas à une stérile compassion; il travaille à adoucir leur sort par le ministère d'un serviteur dévoué; chargé de fournir à la subsistance de son maître, il a la mission de pourvoir aussi aux besoins de *Ghebra-Mikael* et de ses co-détenus. Au pain de chaque jour, il ajoute encore quelques petites douceurs dont son humilité a supprimé le message d'encoura- qui étiquetait ses envois. Mais plusieurs billets de ses correspondants nous sont parvenus : « *De la part de vos enfants qui sont demeurés fermes dans la fidélité due à Dieu, non par leurs propres forces, mais par la toute-puissante assistance de Marie conçue sans péché. — Merci, Père, du fond du cœur, pour la petite douceur dont saint Liguori, notre bien-aimé patron, nous a réjouis par votre main. Le ciel vous le rende au centuple.* »

« En vérité, merveilleuses sont les voies de la divine sagesse ; ses conseils sont insondables et échappent à tout calcul humain. C'est de l'océan amer que se dégagent les pluies fécondes, et voici que des ténèbres de notre cachot jaillit et rayonne au loin l'éclatante lumière de la foi. Ne pourrions-nous pas dire : *Notre bouche est muette, mais nos jambes meurtries crient bien haut : Croyez en l'Eglise catholique.* »

En lisant ces lignes toutes frémissantes de zèle et d'amour divin, le saint confesseur n'a-t-il pas le droit d'être fier des fruits de son apostolat ? « Salut, à notre Père *Justin*, écrivent-ils une autre fois, salut de la part de ses enfants, arrachés par la miséricorde divine aux ténèbres du schisme et de l'apostasie. Puisse croître en lui et en nous, l'amour de *Marie, mère de Jésus*. Ainsi soit-il ! — Nous avons été tous bien consolés par le salut que nous a envoyé notre Père spirituel. Mais hélas ! que nous compatissons à son angoisse présente, sachant combien la douleur de l'âme l'emporte sur celle du corps ! Que sont, en effet, les souffrances des plus dures chaînes sur les chairs, comparées à celles des angoisses et des anxiétés qui étreignent le cœur ? Notre épreuve n'est rien à côté de la vôtre. C'est ce crucifiement de l'âme qui a couronné la *mère de Jésus, reine des martyrs*. Ah ! tout notre tourment, à nous aussi, c'est la chute de nos frères. Sous le poids d'une telle douleur, à peine ressentons-nous les plaies causées par le bois meurtrissant, collé à nos pieds? »

Dans ces billets vraiment admirables, les saints prisonniers font plusieurs fois allusion à un genre de supplice, inconnu ailleurs qu'en Abyssinie. Ce qui accroît leur mérite c'est qu'ils sont volontairement soumis à de pareils tourments[1]. Vaines furent toutes les exhortations de Mgr *de Jacobis* : « Non, Père, lui avaient-ils toujours répondu, nous ne vous quitterons pas ; c'est maintenant l'heure de souffrir pour *Jésus-Christ* ; nous devons confesser au prix de notre liberté, de notre vie même, s'il le faut, la foi catholique, cette foi que vous nous avez apportée de la part de Dieu, cette foi si odieusement calomniée et outragée dans notre malheureuse patrie. On verra bien, à la force qu'elle saura donner à des hommes comme nous, si faibles par eux-mêmes, qu'en elle et en elle seule, réside la vertu du Tout-Puissant. — *Père, nous ne vous quitterons pas.* »

Ces héroïques dispositions ne se démentent pas un instant, lorsque, jetés dans une prison plus dure encore, ils ont à subir l'horrible supplice du *ghènd* ou mieux *gouend*[2] : « Ce genre de torture, propre à l'Abyssinie, dit notre héraut, offre plus d'une analogie avec la fameuse cangue chinoise. Seulement, au lieu de saisir, comme celle-ci, sa victime par le cou et les épaules, le *ghènd*, s'emparant des deux jambes à la fois, les serre étroitement l'une contre l'autre et, rendant par là tout mouvement impossible, condamne le patient, ou bien à se tenir constamment assis, ou bien à demeurer étendu sur le dos, sans autre matelas que le sol dur et humide d'un

---

[1]. Mgr de Jacobis proposait l'évasion qu'il eut pu leur faciliter à prix d'argent près de leurs geôliers. (J. B. C.).
[2]. D'après M. Coulbeaux, Ghènd ou mieux Gouend, signifie tronc d'arbre.

cachot, où pullulent toutes sortes d'insectes. » Figurez-vous un tronc d'arbre, à peine dégrossi, long d'un mètre, du bois le plus dur et le plus lourd, comme l'olivier par exemple. Dans le milieu, une ouverture ovale, juste assez large pour laisser passer à la fois les deux pieds. On fait remonter cette pièce de bois sur les jambes serrées l'une contre l'autre, et on la fixe à l'aide de deux longues chevilles. Celles-ci, introduites dans un trou percé de chaque côté, sont enfoncées avec effort et se rencontrent entre les deux jambes qu'elles déchirent et achèvent d'emprisonner étroitement. Pour délivrer le patient, il faudra scier le tout par le milieu. L'arbre qui devint l'instrument de supplice de nos confesseurs, dit l'historien de Ghebra-Mikael[1], était un énorme olivier, planté autrefois par l'atié Basilidès dans l'enclos d'une église qu'il avait bâtie à Gondar. Ainsi, ajoute le même auteur, le Julien l'Apostat de l'Abyssinie, qui persécuta si cruellement les catholiques de cette contrée, au xviie siècle, semblait les poursuivre jusqu'au xixe, en fournissant l'instrument de leur supplice.

Cet horrible supplice, nos saints prisonniers l'endurent pendant plusieurs mois, sans que leur constance en soit un moment ébranlée. Ils étaient, en même temps, soumis à de nombreux interrogatoires. Une note[2] conservée avec soin nous montre ces admirables prêtres aux prises avec des bourreaux inhumains qui tentent un dernier assaut, pour leur arracher une parole ou un acte de faiblesse : « — *Renoncez au papisme et vous êtes libres. — Si ce n'est pas assez de nos jambes, prenez aussi notre tête... Tout pour notre foi, nous voulons tout lui donner.* » Telle est leur réponse !

---

1. Coulbeaux, *Un Martyr abyssin*, p. 157.
2. Ap. *Annales de la Mission*, t. XX, p. 537 et sq.

« O langage, digne des premiers martyrs, ajoute Mgr de Jacobis, ô magnanimité dont l'éclat resplendit divinement et fait un merveilleux contraste avec cette défection universelle des mille et une fractions du monophysisme abyssin ! »

S'il se met peu en scène, nous savons, à n'en pas douter, que le saint Evêque ne le cède pas en générosité à ses frères d'armes, qui gémissent pour la foi dans les prisons de *Gondar*. Digne émule de ceux dont il fait un si bel éloge, rien ne troublera sa tranquillité d'âme et sa maîtrise de lui-même :

« Plus d'une fois, dit-il, j'avais ouï parler, depuis ma détention, de visites imprévues, d'apparitions soudaines de Kassa, tantôt dans un cachot, tantôt dans un autre; en conséquence, je me tenais sur mes gardes, prêt à une entrevue, si subite qu'elle pût être. Un beau jour, il me semble entendre un léger bruit à la porte de ma cellule; j'y cours. C'était Kassa, seul, sans gardes, sa chaussure ôtée; il venait par pur hasard de heurter le seuil de ma prison et pénétrait à l'instant même dans une chapelle attenante, pour y faire ses dévotions. Sans perdre une seconde, je me mets à passer et à repasser dans ma mémoire, les termes de la supplique que je vais lui adresser à son retour. Ma leçon est bien apprise; il ne reste plus qu'à la débiter. A qui ? mon seigneur et mon maître est déjà loin : appelé par une affaire urgente, il a pris une autre direction au sortir de la chapelle. Ainsi joué, l'oiseau en cage, se repliant sur lui-même, se mit à rêver, un peu boudeur, au parti qu'il devait adopter. Le temps pressait, puisque, dès le lendemain, à la pointe du jour, Kassa quittait Gondar pour rejoindre son armée : force fut donc de brusquer ma résolution. Je fis suivre sur-le-champ jusqu'à sa résidence notre visiteur impromptu, par mon domestique dévoué, le seul que j'eusse gardé avec moi. Quand mon messager parut devant le terrible autocrate, ses regards tombèrent tout d'abord sur le sbire qui avait présidé à notre arrestation : sinistre augure ! Alors s'établit entre ces trois interlocuteurs, Kassa, le messager et le sbire, le dialogue suivant, que je ne fais que transcrire. — *Kassa* : De quel pays es-tu ? — *Le messager* : Du Tigré. — *Kassa* : Mauvais pays. — *Le messager* (tout en rajustant son costume national, d'après l'étiquette de la cour) : Mon maître m'envoie saluer votre royale personne et m'informer de ses nouvelles ; sa santé est-elle toujours parfaite ? (Ici salutations jusqu'à terre et révérences interminables.) — *Kassa* : Ça ne va pas mal, grâces à Dieu. Comment n'es-tu pas en prison avec les autres ? — *Le sbire* : Excessive indulgence de notre révérendissime Père et Seigneur Salama ! Sa pitié a laissé libre celui-là pour procurer à son maître le pain et l'eau. — *Kassa* : Mon Père l'a voulu, bien, très bien ! — *Le messager* : Dieu a donné à Votre Majesté l'empire de l'Abyssinie ; elle y est toute-puissante ; qu'Elle daigne écouter l'humble supplique de mon maître, son très fidèle sujet. La voici : Je supplie Sa Majesté de rendre la liberté aux catholiques que la clémence du révérendissime abouna retient dans le ghènd, avant que la mort ait fini leurs souffrances. Si Sa Majesté croit devoir me refuser, qu'Elle accorde au moins à un père la triste consolation de partager la prison et les liens de ses enfants. — *Kassa* : Ils sont bien où ils sont. Quant à lui, une escorte armée le conduira à la frontière du Sennaar, d'où il pourra retourner dans son pays. Le Père le déteste, et moi, je n'en ai que faire. Est-ce que je l'ai appelé en Abyssinie, pour être le réformateur de mon pays ? — Tel fut le dernier mot de l'autocrate, qui ajouta seulement : La séance est levée. Et pendant qu'il court rejoindre son armée, mon pauvre messager me revient tristement, bien qu'un peu consolé pourtant par son espèce de demi-certitude (il fut longtemps encore avant d'arriver à une certitude entière), que ses deux jambes sont encore à lui, et non aux serres impitoyables du terrible ghènd. »

On le voit, la même menace planait toujours sur la tête de Mgr de Jacobis. Pendant ses cinq mois de détention, il reçoit fréquemment la visite des agents de Salama. Ceux-ci ne cessent de le poursuivre, nuit et jour, de leurs obsessions afin de le décider à quitter l'Ethiopie. Mais lui, fait toujours la même réponse : envoyé aux Abyssins par le Souverain Pontife, il ne peut les abandonner ni déserter son poste, sans un ordre exprès de celui qui le lui a confié. Enfin, au bout de cinq mois, Salama perd patience. Il va, du reste, quitter lui-même Gondar, et accompagner Kassa dans sa dernière expédition contre le prince Oubié. Avant le départ, pour en finir avec son rival, il le met entre les mains d'une escorte de soldats, sur l'aveugle fidélité desquels il se croit en droit de compter; ordre leur est intimé de conduire le prisonnier, hors des limites de l'empire, dans ces plaines du Sennaar, où l'on escompte les atteintes mortelles de la contagion qui y règne. Mais, le Seigneur veille sur son apôtre. En chemin, les satellites ne peuvent se soustraire à cette véritable fascination que le serviteur de Dieu exerce sur tous ceux qui l'approchent et dont nous avons vu un si remarquable exemple, lors de son voyage en Egypte. Touchés de ses vertus, de sa douceur, de sa résignation, ils reculent devant leur odieuse mission. Arrivés aux confins du Tigré, ils brisent eux-mêmes ses chaînes et lui rendent la liberté, en le forçant d'accepter une somme d'argent. Quelques semaines plus tard, en revoyant ses chères stations du Taranta, il écrit à son Supérieur général les lignes suivantes qui n'ont pas besoin de signature, tant il semble difficile de n'y pas reconnaître le cœur qui les a dictées : « Vous avez appris la nouvelle de ma délivrance presque miraculeuse, et votre affection paternelle attend sans doute quelques détails sur ce fait consolant, où éclate, à ne pouvoir s'y tromper, l'intervention de la divine Bonté. Je dois avouer qu'il m'est comme impossible de vous satisfaire aujourd'hui. Non, je ne me sens pas la force de me réjouir de ma liberté, ni d'en parler seulement, quand je sens que je ne suis libre qu'à demi, puisque mes bien-aimés enfants de Gondar, cette autre moitié de mon âme, sont toujours en prison sous l'étreinte terrible du ghènd. Oh! l'admirable spectacle offert à l'Abyssinie! Cette prédication de l'exemple ne sera pas entièrement stérile, je l'espère, et c'est dans cette pensée que je cherche un adoucissement à ma trop légitime douleur[1]. »

---

1. *Annales de la Mission*, t. XX, p. 585.

CHAPITRE TROISIÈME

UNE VICTIME DE LA RÉVOLUTION POLITIQUE

(Ghebra-Mikaël)

KASSA PROCLAMÉ EMPEREUR SOUS LE NOM DE THÉODOROS

Le confesseur de la foi est de retour à *Halay* ; il y jouit d'un calme relatif et peut vaquer en paix à l'apostolat de cette chrétienté. Tout à sa lutte contre *Kassa*, *Oubié* est distrait d'une guerre aux catholiques ; de son côté l'*Abouna* n'est plus là pour semer la division. Aussi le prince, obéissant à ses sentiments personnels, laisse-t-il le champ libre à l'évangélisation ?

Hélas ! cet état de choses ne durera pas longtemps. Revenu depuis un mois à peine au *Tigré*, Mgr de Jacobis apprend la défaite et la chute définitive d'*Oubié*. Trop faible et mal aguerrie, son armée n'ayant pu tenir contre celle de Kassa, a été taillée en pièces. C'est le 11 février 1855, que se livrait ce combat acharné où le vieux dedjaz fut fait prisonnier.

L'heure du triomphe avait sonné ; le lendemain, le vainqueur se fait couronner *empereur d'Éthiopie* sous le nom de *Théodoros II*, à *Dérasghié* : par une ironie du sort, la cérémonie se déroule dans l'église que tout récemment *Oubié* y avait édifiée à grands frais ; les indigènes l'appelaient la merveille du pays et le prince avait résolu d'y dormir son dernier sommeil. « *Voilà notre implacable persécuteur, l'aventurier Kassa, au comble de la prospérité*, écrivait le mois suivant Mgr Biancheri, *l'Abyssinie tout entière est soumise à sa loi.* »

Dès lors on peut tout redouter pour les jeunes chrétientés du *Taranta*. Fidèle à son plan d'unification religieuse et maître désormais d'y soumettre l'empire, *Théodoros* ne va-t-il pas poursuivre les missionnaires jusque dans leurs derniers retranchements ? D'ailleurs, instruit de l'évasion de Mgr de Jacobis, il ne peut tarder à en tirer vengeance. Dès le lendemain de son couronnement, il écrit au consul français de Massawah une lettre où sous le couvert des plus chaleureuses protestations de dévouement à la France et à ses intérêts, il éclate en plaintes amères contre la prétendue révolte, jurant de lui infliger un châtiment exemplaire : « Pour ne pas compromettre davantage la mission, ajoute son coadjuteur, le pauvre pasteur a été contraint de se séparer de nouveau, la douleur dans l'âme, du bien-aimé troupeau auquel il venait à peine d'être rendu. Notre vénéré supérieur n'a trouvé pour lieu de repos, après sa longue prison, après tant de fatigues, que le sable brûlant de *Massawah*. Il est actuellement avec nous à *Emcoullou*. »

C'est là que son cœur de père fut si cruellement affecté de la mort tragique de celui de ses disciples qu'il semble avoir le plus aimé, mais comme il est fier de le donner en exemple à ses néophytes pour les affermir dans la foi !...

Après le départ du proscrit, *Ghebra-Mickael* n'est pas resté longtemps à *Gondar*. En s'éloignant de cette ville, Salama ne peut consentir à laisser le prisonnier sous la seule garde de ses geôliers. Ce sont des hommes faibles à ses yeux ; déjà, à plusieurs reprises, ils ont étalé des sentiments trop humains, au gré du farouche persécuteur. A aucun prix il ne veut favoriser la fuite de son illustre captif ; aussi l'emmène-t-il avec son escorte au camp de *Théodoros !* La distance n'est pas longue ; à peine une journée de marche pour s'y rendre de la capitale. Mais, au sortir des douloureuses étreintes du ghend, ses jambes sont meurtries et gonflées et le saint debtéra, incapable de se soutenir, se voit privé de tout mouvement.

Malgré son état qui aurait dû exciter la compassion de son oppresseur, il faut marcher ; et deux jours entiers seront à peine suffisants, pour franchir cette petite étape.

Nous renonçons à dépeindre les horribles souffrances de ce martyre. Son arrivée au camp, dès le lendemain du couronnement, sa comparution étrange devant le tribunal de l'Empereur, ce long et pénible interrogatoire, entremêlé d'atroces sévices, tout cet appareil, nous reporte aux temps de la primitive Église et permet d'écrire une des belles pages de l'histoire ecclésiastique contemporaine.

Les actes de la captivité et de la mort de ce confesseur de la Foi ne peuvent laisser indifférents des cœurs chrétiens et l'on comprend l'émotion qui gagne Mgr de Jacobis, en faisant la relation de ce drame si glorieux pour l'*Église d'Abyssinie* et pour la *famille de St Vincent* à laquelle tant de liens le rattachaient.

En relisant les détails consignés dans le glorieux martyre du bienheureux *Jean-Gabriel Perboyre*, on se reporte volontiers à cette scène saintement tragique qui se déroule devant une multitude de soldats et de paysans, à la solde de ses bourreaux.

Le cadre est des plus sévères ; le château de *Djeb-*

Tarara[1], en sera le théâtre. C'est l'ancienne résidence d'*Oubié* et *Dérasghié* se trouve dans le voisinage.

Sur un ordre de *Théodoros*, on lui demande d'adhérer à l'édit d'union : « *Sire*, s'écrie le généreux athlète, *n'espérez pas que jamais, j'arrive à croire et à proclamer que le Christ notre Sauveur n'ait que la nature divine, sans la nature humaine.* »

A ces mots, deux soldats des plus robustes le frappent au visage de 150 coups de queue de girafe, instrument terrible en forme de fouets dont les longs crins ressemblent à des fils de fer[2].

C'est un spectacle horrible ! Le pauvre patient tombe épuisé sur le sol et trouve assez d'énergie dans sa foi pour confesser Jésus-Christ, au milieu de ces tortures barbares.

La rage du tyran n'est point assouvie. « *Les grands fouets des bouviers d'Abyssinie*, s'écrie-t-il aussitôt : *que tous frappent sur le seul œil qui lui reste et sur les parties les plus sensibles de son corps.* »

Impossible alors, au dire des témoins oculaires, de compter ni le nombre des bourreaux, ni celui des coups assénés avec une cruauté inouïe. Rien n'ébranle la constance du martyr ; au milieu de cette scène, il répète à haute voix et en termes magnifiques sa profession de foi au dogme des deux natures en Jésus-Christ.

Ainsi déchiré par les fouets, son corps ne va-t-il pas rester en lambeaux ? A la stupeur des assistants, il se dresse devant ses bourreaux et s'avance sans aide et sans efforts. Son visage ne porte aucune trace de

---

[1]. *Djeb-Tarara* (montagne de la hyène).
[2]. Mgr de Jacobis a résumé ce martyre en 2 lettres adressées, l'une à un *Cardinal de la Curie Romaine*, l'autre aux *Filles de la Charité d'Alexandrie*. V. *Annales de la Mission*, t. XXIII et XXIV. — Consulter surtout : *Un Martyr abyssin*, par M. *Coulbeaux*, C. M.

l'horrible supplice et son œil étincelle d'une merveilleuse clarté. Un fait si étrange bouleverse l'âme de ce peuple qui crie au prodige et depuis ce jour, ils qualifient l'héroïque debtéra du titre glorieux de *Keddous-Ghiorghis* ou S¹ Georges. C'est le nom du martyr le plus en honneur chez les Abyssins. Ils croient que, d'après légende, il aurait perdu sept fois la vie pour la religion, et sept fois l'aurait recouvrée pour souffrir de nouveau en l'honneur du Christ.

Après cette scène sanglante, on lève le camp. Le 16 mars, *Théodoros* se remet en marche avec son armée. Ses troupes prennent la direction du sud pour gagner les provinces *Galla*, où son désir est de livrer bataille au *roi de Choa, Sahla-Sellassié*, qui refuse soumission au trône impérial.

Les fers aux pieds, le noble patient suit les troupes ; on s'avance lentement à travers des chemins impraticables, et pour renchérir encore sur ce pénible voyage, les outrages et les mauvais traitements de la valetaille, grossière et gouailleuse, ravivent ses douleurs.

Le 31 mai, après plus de deux mois de marches et de contre-marches, l'armée impériale s'arrête pour établir un campement provisoire. Un ministre extraordinaire de la *reine Victoria d'Angleterre* arrive avec un courrier, dans ces plaines de *Baba*, pour demander audience à *Théodoros*. Les monarques éthiopiens, à l'encontre de ceux d'Europe, pour fêter leurs hôtes, tiennent de solennelles assises judiciaires. Aussi, en l'honneur de M. *Plowden*, on va donc rééditer ici, mais avec plus de pompe et d'éclat, ce qui s'est passé à *Djeb-Tarara*.

Trois vastes tentes sont dressées dans le camp : celle du milieu, la tente royale, abrite avec l'empereur les principaux personnages de l'empire ; à la place d'honneur, la gauche du souverain, selon l'étiquette de la cour éthiopienne, est assis l'ambassadeur anglais. Sous les autres tentes, des représentants des grands corps de l'État ; et devant cet aréopage, une multitude confuse de soldats et de paysans.

Au signal donné, l'accusé, dont le jugement a motivé une telle mise en scène, s'avance péniblement, courbé moins par l'âge que par les tortures : « *Vous tous*, s'écrie aussitôt le tyran, *évêque, dignitaires et docteurs, je vous prends à témoin et comme arbitres. Tout a plié sous mon autorité ; mon peuple est assujetti à ma loi et à ma croyance. Seul ce moine m'a résisté, seul encore il refuse d'obéir au pouvoir suprême que Dieu m'a donné.* »

Pour toute réponse, le saint confesseur renouvelle d'une voix vibrante sa profession de foi : « *Je crois, dit-il, et j'adore en Jésus-Christ notre véritable nature humaine unie à la nature divine. Je crois et confesse dans le Verbe fait chair deux natures et une seule personne.* »

A ces mots, Théodoros, sous le coup d'une indignation simulée, invite les docteurs présents à prononcer la sentence. C'est vraiment une parodie sacrilège du tribunal de Pilate : Il est digne de mort, clament tout d'une voix ces fanatiques barbares. Sur-le-champ, on le traîne au lieu du supplice, et il va être fusillé lorsque M. *Plawden*, soit par compassion, soit par tactique, croit de son honneur ou de son devoir d'intervenir : « *Votre Majesté*, dit-il à l'Empereur, *ne tirera aucun profit de la mort de ce moine. Par égard pour moi, qu'Elle veuille bien lui faire grâce.* » De son côté, la foule intercède avec larmes. Touché de tant de prières : « *A cause de Plawden*, s'écrie le tyran, *je lui fais grâce de la vie ; qu'il reste aux fers à perpétuité.* »

Cette grâce est une condamnation à de nouvelles souffrances ; mais le Ciel en abrégera la durée : au bout de quelques semaines l'auguste vieillard est réduit à un tel état de faiblesse que tout mouvement lui est interdit. En dépit des ordres reçus de n'accorder aucun adoucissement, ses gardiens le hissent sur une monture où il est attaché comme un cadavre inerte. Un souffle suffira pour abattre ce pauvre corps, miné par les fatigues et les privations. La caravane traverse alors une contrée déserte et dévastée ; avant de se retirer devant l'invasion impériale, les habitants l'ont ravagée par l'incendie. La famine amène le choléra ; le fléau exerce de grands ravages dans l'armée et jusque dans l'entourage de l'Empereur :

« Le Bon Dieu, dit Mgr de Jacobis, semble avoir voulu confirmer ce surnom de *Keddous Ghiorghis*; c'est le jour de sa fête qu'il appelle à lui son serviteur, chargé de fers pour la gloire de Jésus-Christ. Les troupes impériales ont transporté leur campement sur les frontières du pays *Ouallo*[1] où *Théodoros* poursuit le chef des tribus Galla de cette province. C'est la dernière étape du martyr. Appuyé sur une pierre, à l'ombre, dans le repos d'une halte, le saint moine sent son heure approcher. Il l'annonce à ses compagnons et aux soldats, accourus à la première nouvelle de son agonie. Comme inspiré par l'esprit de prophétie, il prédit les malheurs qui vont fondre sur Théodoros et sur l'Empire. »

Les Abyssins s'inclinent devant la mort ; suivant le rite éthiopien, ils éclatent en sanglots et leurs cris de douleur sont répercutés par les échos de la contrée. Malgré tout, les vertus de *Ghebra-Mickael* commandent la vénération, et à son trépas, les regrets des soldats peuvent se donner libre carrière : « Ils le pleurèrent d'abord, puis, après avoir rompu les anneaux de ses glorieuses chaînes, ils lui donnèrent la sépulture. »

---

[1]. Thiéretchia-Ghébaba.

En traçant ces lignes, qu'il devait être ému le saint évêque ! En *Ghebra-Mickael*, s'il pleure l'un de ses plus précieux auxiliaires, il salue surtout un membre bien-aimé de la famille de saint Vincent.

Avec lui, inclinons-nous devant ce frère d'armes tombé au champ d'honneur, et prions Dieu de lui susciter de généreux imitateurs.

La prédiction du martyr ne tarde pas à se réaliser. Bientôt la fortune du tyran décline. Arrêtée par les Galla, décimée par la disette et les maladies, son armée est contrainte de battre en retraite. Cette punition, si éclatante et si soudaine, permet d'ajouter le nom de ce tyran abyssin au catalogue, dressé par *Lactance*, des persécuteurs châtiés par la justice de Dieu.

Ce n'est pas seulement dans ce pays que *Théodoros* voit pâlir son étoile et la fortune abandonner ses armes ; nous allons assister au démembrement d'un empire, étayé sur la barbarie de celui que Mgr de Jacobis appelle « *le Dioclétien ou le Robespierre de l'Abyssinie.* »

CHAPITRE QUATRIÈME

NÉGOUSSIÉ

UNE ÈRE DE LIBERTÉ. PRÉLUDE D'UNE PERSÉCUTION SANGLANTE

Le *Tigré* que *Théodoros* croit avoir soumis pour toujours, est le premier à secouer le joug du tyran. Un neveu d'*Oubié* rallie les débris de l'armée de son oncle. C'est un prince généreux et vaillant que ce *Négoussié* ; à la tête de troupes enhardies par son courage, il marche à l'ennemi, lui inflige de sanglantes défaites ; et, après l'avoir déclaré déchu de tout pouvoir dans la province, il saisit lui-même, d'une main ferme et habile, les rênes du gouvernement.

Mgr de Jacobis salue avec un véritable enthousiasme l'avènement du jeune prince : son œil confiant y voit un gage de paix et de prospérité pour la Mission catholique. « *Il a éclipsé Théodoros*, dit-il, *dans l'art de faire la guerre, comme dans la science de gouverner ; il nous a été donné par Marie pour nous protéger.* » — Négoussié n'est pas un inconnu pour le serviteur de Dieu : « Il y a dix ans, raconte-t-il en 1858, je dus me rendre du camp d'Oubié à Gouala. Pour me mettre à couvert des tentatives hostiles de l'abouna Salama, il me fit escorter par trois de ses généraux. L'un d'eux, Négoussié, n'avait que 15 ans, et pourtant il remplaçait déjà son père qui avait péri dans une bataille récente. Pendant notre voyage il ne cessa de se distinguer entre ses collègues, par ses attentions et ses prévenances, pour moi et pour mes prêtres. »

Arrivé au pouvoir, le nouveau roi du Tigré ne change ni de sentiments ni d'attitude à l'égard des missionnaires. Il conserve son affection pour les catholiques, écrit au père de son âme, en la personne de Mgr de Jacobis et l'assure « *qu'on ne peut l'offenser sans l'offenser lui-même* ». Sera-t-il pour le catholicisme, renaissant sur ces rivages, le *Constantin* ou le *Charlemagne* de l'Abyssinie ?

La Mission catholique avait tout lieu d'en tirer l'augure. Il ne tint pas au jeune souverain qu'un tel espoir ne fût pleinement réalisé. Tant qu'il eut l'avantage sur son rival et resta maître du Tigré, les missionnaires travaillent à relever les ruines accumulées par les persécutions. Les belles églises d'*Alitiéna* et de *Hébo* sont des monuments qui consacrent cette période de restauration. La mission des *Bogos* prospérait à *Kéren* et *Memsa*, pays excentriques et, par là même, peu éprouvés par les guerres des polyarques de l'Abyssinie.

L'essor du catholicisme dans les contrées environnantes du Tigré est dès lors très puissant ; ces premiers succès font même concevoir de telles espérances pour l'avenir, que le Saint-Siège songe sérieusement à diviser la Mission d'Abyssinie en deux vicariats [1], distincts et indépendants l'un de l'autre :

« Cette proposition de la Propagande, écrit-il à M. Etienne, dont l'initiative ne nous appartient pas,

---

[1]. Mgr Biancheri aurait été mis à la tête des prov. septentrionales ; les contrées du Centre et du Midi seraient resté le partage de Mgr de Jacobis.

m'a paru une mesure providentielle et vraiment inspirée de Dieu... Nous attendons la décision du Siège apostolique... Je vous prie instamment, vu mes faiblesses, de solliciter l'exécution de ce projet. »

La révolution, qui ne tarde pas à rouvrir l'ère des persécutions pour l'Eglise d'Abyssinie, ne permet pas à la Cour de Rome de réaliser ce désir si cher à l'humilité de Mgr de Jacobis. Il ne verra pas non plus l'accomplissement d'un autre de ses vœux, d'être secondé par le dévouement des *Filles de la Charité*. Mais en attendant les sœurs d'Europe, il s'emploie à fonder une communauté de vierges indigènes [1].

Ce qui entrave tous ces beaux projets ce ne sont pas des mesures de prudence ni des craintes pusillanimes. Les évènements politiques ont tellement changé la face du pays que Mgr Biancheri écrivait à Paris au mois de janvier 1860 : « *Notre pauvre mission d'Abyssinie semble être actuellement à l'agonie.* »

Le vent de la fortune avait encore une fois tourné, et, de nouveau, il enflait les voiles de Théodoros. Vaincu en plusieurs rencontres par les armées de l'empereur, trahi par les siens, *Négoussié* avait dû battre en retraite devant son rival.

Déjà, celui-ci a reconquis une partie du Tigré, et chacune de ses victoires est un revers pour les missionnaires : « A mes yeux, écrivait alors l'un d'eux, M. Delmonte, c'est un malheur pour notre mission d'être considérée comme étant sous la protection exclusive de Négoussié ; mais impossible de détruire cette prévention. Il en résulte toutes espèces d'inconvénients. »

---

[1]. L'histoire des *Woleta Berhan*, la première de ces consacrées, est des plus intéressantes. Mise en prison, elle fut délivrée par la foule et rentra à sa maison paternelle après une marche triomphale.

Cependant, malgré l'approche de Théodoros et les vexations de ses lieutenants, désormais maîtres de la contrée, Mgr de Jacobis se refuse à quitter ses chrétientés du *Taranta*. Aux instances de ses confrères qui députent courrier sur courrier pour le décider à mettre sa vie en sûreté, il répond que « *le pasteur ne doit pas abandonner ses brebis dans un danger si extrême.* »

Vers les premiers jours de janvier, une lueur d'espoir brille pour les catholiques, mais s'évanouit bientôt. D'après un récit fantaisiste, un envoyé de *Napoléon III*, *le Comte de Russel*, brillant officier de marine, est en route pour l'Abyssinie et déjà aux portes de Massawah. Sa venue serait la réponse de l'Empereur des Français, à une ambassade que, l'année précédente, Négoussié lui avait envoyée pour conclure une alliance. Une armée de 12.000 hommes l'accompagnerait. Les imaginations populaires se mettent aussitôt en mouvement ; et, prenant texte d'une vieille tradition nationale, d'après laquelle les Frengis doivent un jour venir s'emparer de l'Éthiopie pour y rétablir la paix, on prédit de tous côtés la chute de *Théodoros*.

Mais quelle n'est pas la déception des partisans de *Négoussié*, lorsqu'ils voient débarquer M. de Russel, suivi de six marsouins dont l'air martial n'a rien de terrifiant !

Son premier objectif est de prendre contact au plus tôt avec Mgr de Jacobis pour s'éclairer de ses avis. Ne le trouvant pas à *Massawah*, le représentant de la France se met en devoir d'aller à *Halay*. Cette visite qui aurait dû être une sauvegarde pour les missionnaires, leur fait courir les plus grands dangers.

Cependant elle met en relief l'héroïsme et la grandeur d'âme de celui dont le seul souci est de sauver la vie de tous en s'exposant lui-même à une mort qu'il appelle de tous ses vœux. D'ailleurs, pour affirmer qu'elle aurait été celle d'un martyr de la foi et de la charité, nous n'avons qu'à invoquer la déposition d'un témoin oculaire. C'est peut-être l'épisode le plus glorieux de cette carrière apostolique :

« J'arrivai auprès de Mgr de Jacobis, le 12 janvier, raconte M. *Delmonte*. Notre maison était occupée par l'ambassade française, alors dans l'attente d'une audience ; mais toutes les routes étaient coupées par les espions et les soldats de l'empereur. »

Bientôt les affaires changent de face et la guerre civile éclate de toutes parts. Dans cette conjoncture, M. de Russel est obligé de séjourner à Halay ; les rivages de la mer sont sillonnés par les gens de Théodoros. De leur côté, les missionnaires deviennent suspects, leur ministère très difficile et leur situation des plus critiques et des plus incertaines. Cependant, se confiant en Dieu et dans la protection de l'Immaculée Marie, ils se décident à rester fermes à leur poste.

CHAPITRE CINQUIÈME

POUR LA MISSION D'ABYSSINIE

SACRIFICE SUPRÊME DU HÉRAUT DU CHRIST

Dès le 6 février, l'horizon s'assombrit d'une manière menaçante. Un chef du parti de Théodoros, nommé *Zaraï*, avec une cinquantaine d'aventuriers, se dirige vers Halay, sous l'apparence de manifestation hostile. Le son de la trompette et du tambour avertit de son arrivée : après son campement au milieu de la ville, il envoie un exprès au comte *de Russel* pour l'introduire auprès de *Théodoros*, s'il désire une entrevue avec lui, et lui offrir des présents. En diplomate avisé, le représentant de la France refuse et la proposition et le présent. L'intention de Zaraï n'était pas douteuse ; il travaille à faire sortir le comte du pays, par un coup de bandit.

Bientôt il hasarde avec menaces une nouvelle tentative qui n'a pas plus de succès, grâce à l'intervention épiscopale qui calme ses premières fureurs. Sur sa demande, Monseigneur n'hésite pas à se porter, sous la foi du serment, caution pour les Français et consent à répondre de leur fuite, au cas où ils viendraient à s'échapper. De son côté, Zaraï jure de cesser sur-le-champ le blocus de notre maison et de s'éloigner le lendemain avec sa troupe.

CH. V. — POUR LA MISSION D'ABYSSINIE

Mais hélas ! ce lendemain fut un sujet d'amère déception et de tristesse profonde. Comme il fallait s'y attendre, Zaraï viole son serment. Aussitôt le comte de Russel écrit à l'empereur pour lui demander des explications, ajoutant qu'il resterait à Halay jusqu'à la réception de la réponse.

Sur ces entrefaites, Théodoros, poursuivant son rival, a quitté Adoua pour s'avancer vers le centre de l'Abyssinie.

La perspective d'un séjour indéfini à Halay détermine l'ambassadeur à s'échapper secrètement, pendant la nuit. Le consul de France à Massawah a député au pied du Taranta le chef des Chohos, à la tête d'une troupe de soldats, pour le prendre et le conduire en sûreté à bord de l'*Yémen*, en rade de l'île.

Les craintes de M. Delmonte n'étaient que trop justifiées. Dès la pointe du jour, la maison des missionnaires est envahie, pour s'assurer de la présence du comte de Russel. A la nouvelle de sa fuite, les gens crient à la trahison et annoncent un retour offensif pour se faire justice : « Nous étions alors à faire oraison, écrit notre correspondant, dans la chapelle froide et humide de notre pauvre chaumière. Monseigneur, toujours tranquille, malgré l'incertitude de l'avenir, déjà revêtu des vêtements sacrés, commençait la sainte messe. Bientôt la foule envahit la chapelle au milieu de clameurs confuses. Ne croyant pas prudent de continuer le saint sacrifice, il descend de l'autel, dépose les ornements et s'avance courageusement pour s'offrir en otage. Arrêté aussitôt, il est brutalement emmené par ces forcenés, jurant de ne lui rendre la liberté que sur un ordre de *Théodoros*. Je voulais l'accompagner, mais il m'enjoignit de rester : ce fut tout ce qu'il me dit en me quittant. Je ne pus que le suivre du regard et mes yeux furent bientôt mouillés de larmes. Je me voyais ainsi enlever mon vénérable pasteur, mon père, mon soutien, ma consolation, et cela sans savoir pour combien de temps. Seuls deux jeunes moines purent partir avec lui, avec l'autorisation de le suivre partout. »

Conduit au bourg de *Toconda*, le serviteur de Dieu va subir une captivité de vingt-deux jours, dont il fait la relation dans ces lignes où règne la plus souriante bonhomie :

« *Benedictus Deus qui consolatur nos in omni tribulatione nostra* [1]. — Votre petit billet, tout embaumé de charité, serait bien capable de me consoler, quand même on m'aurait jeté au milieu des lions. Mais je suis mieux partagé : me voici logé avec les mulets, les chevaux et les veaux ; enfin on me traite comme un roi. Vous avez mes pouvoirs pour tout ce qui n'exige pas le caractère épiscopal. Quand j'aurai un encrier, je vous écrirai un peu plus au long. Il n'y a rien à craindre pour vous. Je vous bénis tous... »

Cependant, non content de se lamenter sur le sort de l'auguste captif, son confrère s'est mis sans retard et par tous les moyens, à l'œuvre de sa délivrance. Mais, sans beaucoup de perspicacité, il comprend qu'il ne l'aura qu'à prix d'argent. La rançon portée à 140 talaris, fut procurée aux trois quarts par M. de Russel ; et la pauvre caisse de la Mission put à grand'peine parfaire la somme.

Dès lors, les trois chefs de Toconda et de Halay promettent leur concours pour conduire Mgr de Jacobis sain et sauf à Emcoullou. Déjà, tout est prêt pour assurer le succès de cette pieuse entreprise ; peu s'en faut toutefois qu'on ne vienne échouer contre un obstacle imprévu : la résistance opiniâtre de l'homme

---

[1]. « *Béni soit Dieu qui nous console dans toutes nos tribulations !* » (II. Cor. 1, 4.)

de Dieu lui-même. Esclave de sa parole, il refuse d'y manquer, en se dérobant à une responsabilité librement encourue. Mais est-ce bien le seul ? A son retour de Rome, comme on plaçait devant ses yeux le tableau des périls de tout genre qu'il aura à affronter, n'a-t-il pas poussé ce cri sublime : « *Hélas ! si la terre d'Abyssinie est si stérile, c'est que depuis longtemps elle n'a point été arrosée par le sang des martyrs.* »

Cette mort, seul couronnement digne de son apostolat, plusieurs fois déjà il l'a vue de près et toujours elle l'a épargné. Maintenant ne semble-t-elle pas venir à lui ? Comment triompher de ses refus ? L'intérêt du prochain, tel est l'argument sollicité par un des chefs ligués pour le sauver. On lui fait part d'un bruit qui court à Toconda : Zaraï approche, bien déterminé à s'emparer de lui par la force, pour le livrer à *Théodoros*. C'est la révolution menaçante, car les habitants ont résolu de venir en armes défendre leur évêque. La crainte de l'effusion du sang, à cause de lui, triomphe seule de ses résistances : le saint captif y met pour condition, l'assurance de sa liberté d'action, dans le cas où Théodoros le manderait près de lui.

La petite caravane quitte de suite *Toconda* ; deux jours après, Mgr de Jacobis arrivait à *Emcoullou* où l'attendait M. *Delmonte* : « Je vous laisse à penser, écrit le digne missionnaire, l'impression produite sur mon âme, par l'arrivée du saint prélat. Je me jetai à ses pieds pour lui baiser les mains, il ne le permit pas, mais il voulut m'embrasser en me disant : « *Bénissons Dieu : vous voilà bien portant.* » Quant à lui, il était d'une maigreur affreuse, et accablé par une marche continuelle de deux jours et de deux nuits. D'ailleurs à Toconda, il était tombé malade et ne pouvait presque plus rien digérer, tant son estomac était affaibli par les privations de sa captivité. »

Mais, ni la fatigue ni l'ébranlement de sa santé ne lui paraissent des raisons suffisantes, pour légitimer un repos. Le voilà bientôt au ministère des âmes et de nouveau, à la barre du gouvernail. Une affaire lui tient tout particulièrement au cœur ; depuis plusieurs années déjà, il projette de bâtir une église à Massawah. C'est une entreprise capitale pour les intérêts religieux des négociants catholiques qui abordent nombreux dans cette île : mais quelle hardiesse pour oser la réalisation d'un tel projet ! « *La ville de Massawah*, dit-il lui-même, *doit être considérée comme une dépendance de la mosquée de La Mecque* [1]. » — Sa persévérance avait été couronnée de succès. Firman et terrain, tout était obtenu au prix de mille démarches, bénies par le cœur de l'Immaculée Marie. Aussi prend-il bientôt ses dernières mesures pour commencer les premiers travaux ?

Hélas ! les événements ne lui permettront pas de voir s'élever cette petite église chrétienne, comme égarée parmi les tombes et les mausolées des Musulmans ; mais si la divine Providence lui refusa la consolation de la consacrer de ses mains, il paraîtra devant Jésus-Christ fier de ce témoignage qu'il a puissamment contribué à sauver des âmes. Aussi, en échange de ce temple élevé à la gloire de l'Eucharistie dans l'île mahométane, il pourra solliciter en toute confiance une place dans l'Église triomphante.

C'est le dernier service rendu à sa chère mission.

---

[1]. Lettre de Mgr de Jacobis à M. Sturchi. *Annales de la Mission*, t. XXV.

CHAPITRE SIXIÈME

MORT DU HÉRAUT DU CHRIST

LE SAINT DE HÉBO

(Mardi 31 juillet 1860.)

« Je viens vous annoncer la mort d'un saint. »
(Témoignage de M. Delmonte, C. M., compagnon de Mgr de Jacobis).

S'adressant un jour à ses missionnaires et leur parlant de la charité pour le prochain, saint Vincent de Paul, s'exprimait en ces termes : « *Si un jour on venait à trouver un missionnaire épuisé de fatigue et d'inanition, dépouillé de tout et couché au pied d'une haie, et qu'on vînt à lui dire : Pauvre prêtre de la Mission, qui t'a réduit à cette extrémité ? Quel bonheur, Messieurs, de pouvoir répondre : C'est la Charité. Oh ! que ce pauvre prêtre serait estimé devant Dieu et devant les anges !* »

Du haut du ciel le fondateur de la Mission devait admirer ce spectacle dans la personne de Mgr de Jacobis, un de ses enfants, revêtu du caractère épiscopal.

Une prison de vingt-deux jours et des marches forcées ont complètement épuisé la santé du saint apôtre. De plus, son acte de charité en faveur de l'ambassadeur français, l'a contraint à quitter Halay, séjour des montagnes où l'air plus frais lui était favorable, et le voilà sur la côte, à Emcoullou, sous un climat d'une chaleur dévorante. Tout cela, joint à vingt années d'un apostolat rempli de fatigues et de privations, a ruiné ses forces corporelles et il s'offre en victime de charité pour le salut de l'Abyssinie. Il ne lui reste plus qu'à recevoir la récompense; l'heure ne saurait tarder.

« Je viens vous annoncer la mort d'un saint, écrit d'*Emcoullou* son compagnon de voyage, M. Delmonte à la date du 3 août 1860; Mgr de Jacobis s'en est allé au ciel le 31 juillet, à trois heures environ après midi. Depuis le 19, il pressentait sa mort prochaine. Aussi ne cessait-il de nous en parler comme d'une chose certaine qui devait bientôt lui arriver. Il aurait bien voulu mourir martyr, mais Dieu lui réservait une autre fin, très pénible en apparence et très précieuse aux yeux de la foi. Une fièvre violente, qui le saisit dans la nuit du 19 juillet et le plongea dans une espèce de délire pendant deux heures, fut pour lui un signe certain que Dieu voulait le délivrer enfin des liens de la chair, pour le revêtir de cette auréole immortelle, qu'il avait gagnée pendant vingt et un ans de privations et de sacrifices de tout genre, auréole dont celui que saint Paul appelle le Juge par excellence, *justus Judex*, couronne ses élus au grand jour du jugement.

« Voyant la fièvre le quitter pendant quelques heures de la journée, Mgr de Jacobis remarque encore que la chaleur excessive, seule cause de sa maladie, augmentait de jour en jour; la plupart des moines abyssins étant tombés dans le même état de fatigue, il résolut de se retirer à Halay, où la saison des pluies, commencée depuis un mois, permettrait à chacun de respirer un air frais et de vivre avec moins d'accablement. A mes observations sur les difficultés de la route, sur la grande

CH. VI. — MORT DU HÉRAUT DU CHRIST

chaleur, sur sa faiblesse, (car il n'avait rien mangé depuis sept jours) il se reposait sur la volonté de Dieu, de l'urgence de son départ. Il quitta donc notre maison d'Emcoullou le 29 juillet à cinq heures de l'après-midi, avec tous les moines et une dizaine de néophytes qu'on initiait à la vie cléricale. Quant à moi, je fus obligé de rester ici avec deux moines, pour surveiller les travaux de la maison, dont le toit n'était couvert qu'en partie. Vers le milieu de ce mois, nous attendons la pluie qui annonce le changement de saison ; voilà pourquoi Monseigneur ne nous permit pas de le suivre, car il tenait beaucoup à voir complètement achevées, la petite église et notre maison. Depuis vingt ans, disait-il, il n'avait jamais pu en venir à bout, la police turque s'y étant toujours opposée. malgré les réclamations du vice-consul de France, résidant à Massawah.

« Après cinq heures de marche, Monseigneur arrive à Arkiko où le frère du *naïb Edris* lui offre l'hospitalité pendant la nuit ; il l'accepte volontiers pour prendre là un peu de sommeil ; mais la fièvre ne tarde pas à revenir pour ne le quitter que vers trois heures du matin. Dès quatre heures, il se met en marche et traverse la plaine de Katra, qui s'étend immédiatement après Arkiko, en faisant l'oraison du matin et en instruisant ses compagnons de voyage : « *Prions, mes enfants*, leur disait-il, *parce que la prière nourrit l'âme et fortifie le corps : prions, car je sens que j'en ai bien besoin.* »

« Arrivé dans la vallée de Zarayé, il demande un peu de pain. On lui en donne ; et comme il n'avait pu rien prendre depuis plusieurs jours, on se réjouit en le croyant guéri. A Sahto, un peu d'eau fraîche le soulage beaucoup. On passe la nuit à Eïdélé. Là, le vénérable prélat, de nouveau assailli par la fièvre, tombe dans le délire pendant quatre longues heures.

Cela ne l'empêche pas de se remettre en marche avant le lever du soleil. Après un profond silence, il dit à ses compagnons : « Mes enfants, allons lentement, car je me sens faible et ma tête n'y tient plus. » On était en plein soleil, il était dix heures du matin. Cette route est des plus pénibles et des plus dangereuses pendant les mois de grande chaleur, car c'est une longue vallée très étroite, bordée à droite et à gauche de montagnes arides et très élevées ; leur vue effraye le passant par la hardiesse avec laquelle elles s'écartent horizontalement de leurs bases, qui semblent elles-mêmes à chaque instant menacées d'une ruine complète. On respirait un air de feu, la terre brûlait sous les pieds, les chameaux eux-mêmes ne pouvaient rester en place. Monseigneur était entièrement épuisé. Arrivé dans la vallée d'*Aligadé* à onze heures du matin, il s'arrête, ne pouvant plus se tenir sur sa monture, s'assied sur une pierre, regarde le ciel et ceux qui l'entourent, puis pousse de longs soupirs. Il s'enveloppe dans son *néléta*, drap de coton que les moines abyssins portent pendant l'été, et il s'appuie la tête sur les genoux. On le croit endormi. Mais non, il se préparait à la mort. Hélas ! il devait nous quitter pour toujours ! Dieu sans doute le lui manifesta ; car il voulut aussitôt se confesser et recevoir une dernière absolution. Cela fait, il rassemble autour de lui tous les moines, leur recommande la persévérance dans la foi catholique, l'obéissance aux oracles émanés de Rome, c'est-à-dire du Souverain Pontife, seul et véritable successeur de saint Pierre et vicaire de Jésus-Christ sur terre ; aux évêques et aux prêtres que le même Souverain Pontife romain enverra dans leur pays ; puis il leur donne sa bénédiction, et tous répondent dans leur langage : *Amien, abbatatehin, amien*, ainsi soit-il, notre père, ainsi soit-il ! Au même instant, moines, enfants, musulmans, tous fondent en larmes en se frappant la poitrine et baissant le front jusqu'à terre. Monseigneur demande alors qu'on lui donne l'*Extrême-Onction*. On avait les saintes huiles. Il s'étend par terre, fait placer une pierre sous sa tête, et reçoit ainsi le

GRACIEUX VILLAGE (ÉRYTHRÉE).

sacrement des mourants. Malgré ses cruelles souffrances, son visage était gai, et il répondait exactement dans la langue éthiopienne, à toutes les prières que le ministre de Dieu prononçait sur lui. Après cela, il se met à genoux, demande pardon à tous ceux qui étaient présents, des scandales qu'il avouait leur avoir donnés pendant tout le temps qu'il était resté au milieu d'eux.

Il se disait une chétive créature digne de l'enfer, mais espérait le pardon de ses péchés par la miséricorde de Dieu, les mérites de Jésus-Christ, l'intercession de Marie Immaculée et de saint Vincent de Paul ; avec tant de secours, comment ne pas jouir de la présence de Dieu, pendant l'éternité dont il allait saluer l'aurore dans quelques instants ! Assis alors de nouveau sur une pierre, il appuie la tête contre un rocher qui était à sa gauche. On le croit mort, mais non : « *Priez beaucoup, mes enfants*, dit-il, *car je vais mourir, je ne vous oublierai pas... je meurs.* » Il incline une dernière fois sa tête qu'il avait relevée, couvre son visage avec le *nétéla*, et s'endort dans le Seigneur...

« C'est ainsi que le grand apôtre de l'Abyssinie, Mgr de Jacobis, achève son pèlerinage sur la terre, dans la soixantième année de son âge et la vingt et unième de son apostolat dans l'Ethiopie. Impossible de vous peindre l'affliction dans laquelle sont plongés tous ceux qui ont appris sa mort : catholiques, schismatiques, musulmans, tous le pleurent en l'appelant *le bienheureux, le saint.*

« La chaleur est encore excessive : le thermomètre Réaumur marque à l'ombre 38°. Je viens d'apprendre que tous les moines sont dans la plus grande désolation : un d'entre eux est mort dans le même endroit que Mgr de Jacobis. Tous font ce qu'ils peuvent pour hâter leur marche et porter ses restes à Ebo, pays catholique, car telle était l'intention du défunt. Je ne sais comment on l'aura enseveli ; mais, malgré la chaleur qui est insupportable, je partirai demain pour Hébo. »

Hébo, le 11 septembre 1860.

« Vous aurez déjà, sans doute, reçu ma dernière lettre, en date du 3 août, dans laquelle je vous annonçais la triste nouvelle de la mort de notre vénérable évêque, Mgr de Jacobis. Je vous disais aussi que j'allais partir incessamment pour Hébo, où l'on avait porté son corps, afin de voir de mes propres yeux tout ce qu'on avait fait pour son enterrement. Mais la chaleur extraordinaire, la difficulté de trouver des montures, et les conseils de M. Gilbert, consul de France à Massawah, auprès duquel je m'étais rendu pour remplir vis-à-vis de lui tous mes devoirs de convenance avant de quitter le pays, m'ont empêché d'exécuter ce projet.

« Ayant reçu de Mgr Biancheri les informations nécessaires, je partis pour *Halay*, de bonne heure, avec mon maître de langue éthiopienne, un domestique et un guide, voleur de profession, mais sur lequel je pouvais compter. Après le coucher du soleil, nous fîmes halte dans une vallée qu'on appelle *Tsarayé*. Une pluie torrentielle commencée vers 9 heures du soir et qui ne cessa que vers 7 heures du matin, ne nous permit pas de reposer un seul instant : pas un arbre, pas un rocher sous lequel on pût s'abriter. Pour comble de malheur, pas un parapluie avec nous. Impossible de continuer le chemin, à cause des ténèbres. Je passai là une bien triste nuit. Cela ne m'empêcha pas de poursuivre ma route dès le point du jour. Le torrent du *Tsanadéglé*, dont les eaux avaient prodigieusement grossi par suite de la pluie, nous barra le chemin pendant cinq heures environ, après lesquelles nous le traversâmes pour entrer ainsi dans la vallée d'*Aligadé*, où peu de jours auparavant Mgr de Jacobis avait rendu le dernier soupir.

« Mon guide, ayant fait le même trajet avec les moines qui suivaient le saint évêque, était à même de me donner les renseignements que je désirais avoir de sa part. En effet, je fus très satisfait de son récit. « Ici, nous dit-il, en frappant de son bâton une grosse pierre, c'est l'endroit où notre Père *Jacob* (Mgr de Jacobis) s'assit la première fois, lorsqu'il prédit qu'il allait mourir. Là il rassembla tous les moines et les enfants ; et après leur avoir parlé sur plusieurs choses, il pria longtemps avec eux, puis il leur fit des signes avec la main droite et il s'en alla. Voici enfin l'endroit où il se coucha, voici la pierre sur laquelle il appuya la tête, lorsqu'un moine, avec une boîte en argent remplie d'huile, vint auprès de lui et avec un doigt lui oignit la bouche, le nez, les yeux, les oreilles, le cou, les mains et les pieds. Notre Père Jacob ne parla presque plus. Il ferma les yeux, devint rouge, s'enveloppa dans son manteau, et son âme se sépara de son corps. » Pendant qu'il parlait ainsi, je m'étais assis à côté de la pierre qui servit de dernier oreiller au défunt et je me faisais violence pour ne pas pleurer.

« Le brave homme ayant fini son récit, se mit à genoux, et arrosa la terre de ses larmes. Quoique musulman, et voleur de profession dès son enfance, cependant son cœur n'était pas mauvais. Le souvenir de quelque peu d'argent que le saint évêque lui avait donné en deux ou trois circonstances, le faisait pleurer. Tant il est vrai que les hommes les plus méchants en apparence ne sont pas toujours les plus ingrats, ni les plus insensibles aux bienfaits !

« Après quelques instants de silence et de prière, je lui demandai l'endroit où l'on avait enterré le moine, mort quelques instants après Monseigneur. Voilà son tombeau, me dit-il en m'indiquant un monceau de pierres, à une vingtaine de mètres plus loin. Je m'y rendis à la hâte, car le soleil ne me permettait pas de demeurer plus longtemps sur ce sable brûlant. Il était deux heures après midi. Jamais de ma vie je n'ai ressenti tant d'épouvante. Les bêtes féroces n'ayant pas pu enlever les pierres entassées sur le tombeau, avaient creusé à côté un énorme trou, par lequel elles avaient tiré le cadavre déjà presque entièrement dévoré. Il ne restait qu'une partie de la tête séparée du cou avec violence, car on voyait encore les traces des griffes, et la moitié du buste qui était renversé. Tout l'intérieur était creux et rempli de vermine. Les habits étaient déchirés, en lambeaux. Pouvais-je me refuser à jeter une poignée de sable sur ces restes mortels ?

« Ayant repris ma route, je m'arrêtai cinq heures après, pour passer la nuit dans un misérable trou, creusé par la main des hommes, sous un énorme rocher. Le lendemain j'arrivai au pied du *Taranta*, et le jour suivant, vers les neuf heures du matin, j'entrais dans notre maison de Halay, pour m'y reposer un instant, avant de descendre à *Hébo*. Le 20 août, vers le coucher du soleil, j'étais à côté du tombeau de notre vénérable évêque, Mgr de Jacobis.

« On ne l'avait pas enseveli dans l'église, mais en dehors, près du mur qui est derrière le grand autel, les moines ayant préféré cet endroit par la raison que l'église est trop petite. Je ne dis rien pour le moment, mais ayant su que parmi eux, deux étaient de très habiles maçons, je fis agrandir l'église de cinq mètres, et abattre le mur qui s'élevait entre l'autel et le tombeau, de sorte qu'à présent il est en dedans de l'église, derrière le grand autel, du côté de l'*Evangile*. »

Ile de Massawah, 13 septembre 1864.

« Le 2 juillet de cette année, j'étais à Hébo, où Mgr Biancheri m'avait appelé. Le 6 du même mois, Sa Grandeur partait pour Halay, en me laissant une bien pénible besogne, celle de faire creuser le tombeau du vénérable défunt, d'en ramasser les ossements, de les renfermer dans un nouveau cercueil, pour être ensuite placés, après son retour de Halay, dans la nouvelle église bâtie dans le même pays, puisque l'ancienne menaçait ruine d'un moment à l'autre. C'est ce que je fis le 10 juillet, en la présence de tous les moines et d'une partie des principaux habitants de la ville, invités à cette cérémonie. On trouva l'ancien cercueil presque entièrement dévoré par une espèce de fourmis blanches, dont on voyait encore quelques-unes. Mais la peau de vache tannée dans laquelle le cadavre du défunt avait été enveloppé, était restée parfaitement intacte, ainsi que les liens avec lesquels on l'avait attachée. On aurait dit un cadavre récemment enseveli. Deux moines, prenant cette enveloppe l'un du côté de la tête, l'autre du côté des pieds, l'enlèvent du tombeau, pour le placer au milieu de la vieille église. A cette vue tout le monde fondit en larmes, et l'église entière retentit de cris et de gémissements, tels que je n'en ai jamais entendus de ma vie. Vous auriez vu les hommes faire des contorsions horribles ; les femmes agiter leurs manteaux, tomber par terre et se relever ; les enfants pleurer sans presque en savoir la raison ; les moines, même celui qui avait la chasuble, tomber par terre, se cacher le visage et pleurer à haute voix. Chacun criait : « Mon père ! mon père ! » moi-même je sanglotais comme un enfant. Après une demi-heure si pénible, j'invitai tout le monde à faire une courte prière, puis à se retirer, à l'exception des moines et de deux ou trois hommes du pays. Je brisai les liens qui tenaient renfermés, dans la peau de vache, les restes mortels du vénérable défunt ; j'ai pu constater que le cadavre était couvert comme d'une espèce de cendre ; en l'écartant on voyait les os en parfait état et chacun à sa place respective. La tête conservait encore tous ses cheveux, et quoique le menton fût détaché du reste du crâne, il occupait cependant sa place, et la longue barbe y était encore attachée. J'ai renfermé le tout dans un petit cercueil nouveau, et l'ai placé dans une chambre voisine, qui, d'après l'usage abyssin, fait partie de l'enclos de l'église. Les habitants du pays se sont chargés de le garder jour et nuit, chacun à son tour, jusqu'au retour de Halay, de Mgr Biancheri ; après constat devant témoins oculaires, que le nouveau cercueil contenait bien la dépouille mortelle de feu Mgr de Jacobis, Sa Grandeur devait le sceller aux quatre coins, et fixer ensuite l'endroit où il devait être de nouveau enseveli. »

Ainsi les restes mortels de Mgr de Jacobis reposent à Hébo, selon le désir qu'il avait exprimé de rester au milieu de ses *benjamins*, ses derniers convertis, dont la vive piété tranche sur les villages d'alentour. Tous le révèrent comme un saint, accourent prier à son tombeau et attribuent à son intercession des faveurs particulières. Sa vertu connue aujourd'hui dans toute l'Abyssinie, a détruit les préjugés qui jusqu'alors avaient inspiré de l'horreur pour les catholiques. Son nom est même devenu une autorité en Abyssinie ; et, quand récemment *l'empereur Théodoros* fit saisir les Bibles protestantes apportées par les Anglais, il n'en donna pas d'autre raison que celle-ci : « Nous n'avons pas besoin de vos Bibles, puisque nous avons la nôtre à laquelle l'Abouna Jacob n'a rien trouvé à redire ! » Tandis que le nom de Mgr de Jacobis devient célèbre en Abyssinie, la justice de Dieu s'exerce sur les persécuteurs. Le fameux Abouna Salama, qui s'était servi de la puissance de Théodoros pour le faire emprisonner, est aujourd'hui disgracié. Un jour, se voyant déchu de son pouvoir il dit à l'empereur : « S'il en est ainsi de moi, autant vaut-il que je retourne au Caire. — Non, dit l'empereur, tu nous as coûté trop cher : rends les 20.000 francs que l'on a donnés pour l'avoir et après cela, tu pourras t'en aller si tu veux. »

Le consul anglais Plawden, autre provocateur de la persécution, fut tué misérablement en 1860 d'un coup de lance, par un soldat de l'empereur Théodoros.

Ainsi, Dieu permet que les persécuteurs de la religion et de son Christ soient punis les uns par les autres !

CHAPITRE SEPTIÈME

TABLEAU DE L'ÉGLISE ÉTHIOPIENNE ET DES OEUVRES DES PRÊTRES DE LA MISSION

1839-1910

> « *Si cela ne dépendait que de moi, dès demain, Mgr de Jacobis serait placé sur les autels.* »
> Cardinal MASSAÏA.

Personne ne doute du rôle essentiel joué par la religion, dans l'organisation féodale de l'empire d'Éthiopie et de l'influence, exercée par l'apostolat catholique en ce pays schismatique.

Le rôle des missionnaires est de travailler à rattacher au tronc cette branche, qui souffre et languit dans son isolement.

1. Nous avons vu ce que fut l'*Abyssinie chrétienne* du IV⁰ au VIII⁰ siècle, c'est-à-dire à l'époque de sa splendeur, bien que la foi y fut mélangée d'idolâtrie, de superstition, de judaïsme. Un coup d'œil rapide nous a montré l'*Abyssinie schismatique*, du VIII⁰ au XIII⁰ siècle, résistant victorieusement à l'islamisme envahisseur, mais perdant sa sève vivifiante et livrée à la décadence ; enfin l'*apostolat catholique* inlassablement repris,

malgré tous les obstacles, en faveur de cette vigne délaissée, du xiii° au xviii° siècle.

Quel tableau intéressant que celui de l'empire d'Ethiopie, régi par les lois du *Fethâ-Néghest* [1] et les obligations civiles, modelées sur les règles sévères et minutieuses de la discipline monacale. Ce sont les moines schismatiques, en effet, qui ont fait l'éducation de ce peuple, le conformant sur le modèle de leur âme pharisaïque, lui imposant des prescriptions minutieuses, inutiles sinon nuisibles, lui inspirant un christianisme extérieur qui témoigne de la religiosité de la race, mais presque entièrement dénué des vertus essentielles.

Cet égarement date du jour où le peuple éthiopien se sépara de l'Eglise de Rome, seule dépositaire des promesses indéfectibles du Maître qui a dit : « *Je suis la voie, la vérité et la vie* », et qui a chargé Pierre d'en répartir la sève avec toute sa plénitude, en toutes les parties du corps chrétien.

II. Regreffer la branche desséchée, telle fut l'œuvre entreprise de nouveau en *1839* par Mgr *de Jacobis*, dont le labeur apostolique vient de passer sous nos yeux. De *1839* à *1900*, l'œuvre d'évangélisation subit diverses phases. Ce furent :

1° *Le premier défrichement (1840-1845)*.

2° *Les persécutions à outrance*, et simultanément les *conversions progressives (1845-1853)*.

3° *La dévastation des missions*, marquée par le martyre de Ghebra-Mikael *(1854-1860)*.

Pour compléter ce récit, le lecteur peut consulter

---

[1]. Cet ouvrage remonte au xiii° siècle et n'est qu'une traduction d'une compilation des *Devoirs des Coptes,* faite par un moine d'Egypte, pour prémunir les chrétiens contre l'islamisme. *C'est le code de l'Abyssinie.*

l'étude remarquable parue sous le nom de M. *Coulbeaux*, dans les *Missions catholiques françaises au XIX° siècle*, par le père J. B. *Piolet*, S. J.

III. La Mission détruite se réorganise lentement et péniblement de *1860* à *1885*.

Le tableau suivant donne une idée des résultats obtenus. Trois districts sont régulièrement formés : *Bogos, Akélé-Gouzay, Agamié*. Ils ont pour centre, outre

Sur le mamelon, Résidence des Missionnaires.
En bas, Maison des Sœurs de Charité (Kéren).

la procure de *Massawah*, autant de résidences de missionnaires, autour desquelles se groupent trente paroisses, desservies chacune par deux prêtres indigènes et trois diacres ou ministres, selon les règles du *rite éthiopien*, imité du *rite copte*.

Quatre écoles de garçons, comptant une centaine d'internes, sont à la charge de la Mission.

Dès *1878*, les *Sœurs de saint Vincent de Paul*, ayant à leur tête la vénérée Mère *Lequette*, viennent prêter aux Lazaristes le concours de leur précieux dévouement, dont bénéficient toutes les misères. Le rêve de Mgr de

Jacobis et de ses collaborateurs se réalise ; elles soignent les infirmes, recueillent les abandonnés, établissent des dispensaires, des écoles de filles et des orphelinats à *Kéren* et à *Massawah*. Plus de 300 enfants y reçoivent leurs soins maternels.

En *1885*, la Mission comptait environ 30.000 catholiques ou néophytes, dont le plus grand nombre résidait dans la province du *Tigré*, 20 missionnaires lazaristes, prêtres et frères laïcs ; 15 religieuses ; 50 prêtres indigènes sortis du séminaire de la Mission ; 15 sœurs indigènes destinées à former une Congrégation, appropriée aux besoins et aux mœurs du pays.

A l'exception du district de l'*Agamié*, le plus avancé dans l'intérieur et le moins étendu, la majeure partie du territoire catholique se trouva, après l'expédition italiennne de 1885, enclavée dans les possessions italiennes. La présence des missionnaires français fut considérée par le gouvernement du roi *Humbert* comme un embarras et un obstacle à la politique de la péninsule. Il en résulta une situation pénible qui paralysa tous les efforts.

La Propagande mit un terme à ces difficultés, en séparant du vicariat apostolique d'Abyssinie la *partie érythréenne*; en vertu d'un décret du *Souverain Pontife*, daté du 13 septembre 1895, elle forme une *préfecture apostolique* distincte, confiée aux Pères Capucins de la province de Rome.

IV. Le gouvernement italien ne se contenta pas d'une substitution régulièrement opérée. Le 22 janvier 1896, il bannit, par décret, tous les missionnaires lazaristes et, du même coup, les *Filles de la Charité*, aussitôt remplacées par des religieuses italiennes, dites de Sainte-Anne.

Le décret était ainsi conçu :

« *Considérant que la présence des Pères Lazaristes tend*

à amoindrir le prestige du gouvernement italien dans la colonie... »

De ces termes mêmes, il ressort clairement que seule la question de nationalité était en cause. Les missionnaires français furent privés même du droit de traverser le pays, pour se rendre dans l'intérieur de l'Empire. Le

L'Empereur Ménélik.

gouvernement français, représenté par M. *Lagarde*, ministre plénipotentiaire auprès de l'empereur *Ménélick*, obtint pour eux l'autorisation de pénétrer de nouveau en Abyssinie par la voie d'*Addis-Abéba*.

V. — En *1898*, les établissements du district *agamien* furent reconstitués avec un séminaire où furent aussitôt reçus 50 élèves, envoyés de diverses parties de l'Abyssinie. Ce succès, quelque peu surprenant, fut accueilli avec bonheur, comme témoignage de la sympathie populaire.

On enseigne aux élèves les deux langues éthiopiennes indispensables dans le pays, l'*Amharigna* et le *Ghez* (la première officielle ; la seconde liturgique), le chant éthiopien, le français, les éléments des sciences, la musique, etc. ; on fait des catéchismes quotidiens, élémentaires pour les enfants, d'un ordre plus relevé pour les adultes.

Le dévouement des missionnaires lazaristes, hélas ! a été paralysé dans la région tigréenne qui s'est, tout d'un coup, montrée réfractaire aux tentatives de civilisation chrétienne. Désormais adonnés à la vie des camps autour de leurs chefs féodaux, les habitants ne se consacrent plus qu'à la lecture du psautier et à l'exercice du fusil. Dès l'enfance, ils désirent la vie oisive des camps, avec un livre ou un jeu d'échecs pour passe-temps, en attendant les occasions d'une guerre pour s'approprier un riche butin.

Aussi, ce district n'offre-t-il plus l'avenir qu'il semblait autrefois promettre ; un chef local, trop indépendant de *Ménélik*, s'y livre d'ailleurs à des persécutions qui rendent les œuvres très difficiles.

Toutefois, les missionnaires qui en avaient été chassés momentanément, viennent d'y rentrer, grâce à des ordres impériaux.

On était loin de s'attendre à cette soudaine et violente hostilité, survenue après les cinquante années de sympathie populaire dont avait joui la *Mission catholique* dans le *Tigré*, et en particulier dans l'*Agamié*, terre qui s'était montrée si propice à l'expansion du catholicisme jusqu'à la guerre avec l'Italie, en *1896*. Faut-il dire : *Post hoc, ergo propter hoc ?* Quoi qu'il en soit, on constate depuis lors une recrudescence de haine et de fanatisme.

Comme en dehors de l'esprit de secte, il n'y a, ni dans les croyances, ni dans le rite, ni dans les mœurs, aucun obstacle invincible au retour à la vraie foi, mais plutôt un arsenal d'arguments en faveur de l'évangélisation, les *Enfants de saint Vincent* continuent avec un dévouement inlassable l'œuvre si glorieuse de leurs devanciers.

Ils suivent avec courage le pénible sillon tracé par le vénéré Mgr *de Jacobis*, dont les travaux et les épreuves sont, pour leur ministère, un gage assuré des bénédictions célestes.

Oui, l'apostolat catholique, au témoignage des explorateurs français eux-mêmes, fera des conquêtes brillantes dans ces contrées, infestées du venin de l'hérésie triomphante.

Sous la bannière de leur saint fondateur, les prêtres de la mission cherchent à fonder un établissement dans la capitale même d'*Addis-Abéba*, près de la cour et sous la protection directe de *Ménélik*. — Parmi les œuvres nombreuses auxquelles ils veulent dépenser leur zèle, ils espèrent de précieux résultats des *écoles professionnelles*, d'où sortiront pour le service de Sa Majesté des artisans indigènes, aptes aux travaux du palais royal.

Ainsi, tout en se consacrant à l'éducation religieuse du peuple abyssin, la Mission catholique française travaillera au progrès de la civilisation matérielle. Elle aidera un peuple intéressant, à sortir d'une vie nationale par trop rudimentaire et primitive, et à s'élever à la hauteur des espérances, que son génie permet de concevoir et promet de réaliser, dans un avenir prochain, pour le bonheur de l'Abyssinie et la gloire de l'Église.

APPENDICE

VIE DE MONSEIGNEUR DE JACOBIS

I

BIOGRAPHIE

MONSEIGNEUR JUSTIN DE JACOBIS (C. M.)
ÉVÊQUE DE NILOPOLIS
Premier Vicaire apostolique de l'Abyssinie

1800-1860

Premières années — 1800-1818	Naissance à *San-Fele*, dioc. de *Muro* (Italie), le 7ᵉ de 15 enfants (9 oct.).	1800
	Son père *Jean-Baptiste* ; sa mère *Joséphine Muccia*	»
	1ʳᵉ Communion à la mission de *San-Fele*.	1809
	Etudes secondaires à Naples . . .	1810
	Influence du Carme de Monte-Santo, entre les mains duquel le place sa mère	»
Son entrée a la Mission — 1818-1824	Séminaire aux *Vergini* (Naples, 17 oct.)	1818
	Emission des saints Vœux (id., 18 octobre)	1820
	Ordres sacrés à *Oria* (débuts). . .	1823
	Sacerdoce (*Brindisi*), 12 juin . . .	1824
	Oria (missionnaire)	1824-1829
Les Œuvres — 1824-1839	*Monopoli*, missionnaire (novembre).	1829
	Lecce, Supérieur	1834
	Naples, Supérieur aux Vergini . .	»
	Directeur du Sém. Interne à San-Nicola da Tolentino, à Naples . .	1835
	Naples, Supérieur pour la 2ᵉ fois. .	1835-1839

ŒUVRE DE LA MISSION — 1839-1841	Débarquement à *Massawah*	1839
	Préfet apostolique	1840
	Abouna Jacob à *Adoua*	»
	Premiers essais de prédications	»
UNE AMBASSADE ÉTHIOPIENNE — 1841-1849	Mission en Egypte (prince *Oubié*)	1841
	Les Abyssins à *Rome : Grégoire XVI*.	»
	Pèlerinage à *Jérusalem*	»
	Impressions de M. de Jacobis	»
	Entrée triomphale dans la capitale du Tigré	»
	Premières conquêtes. — Fondations, etc.	1842
	Vicariat apostolique des Galla	»
	Mgr *Massaia*, évêque de Cassia	1846
	Travaux apostoliques. Epreuves	1849
TRAVAUX PRISONS EXIL MORT — 1849-1860	Vicaire apostolique (7 janvier)	1849
	Un sacre sous la Terreur, par Mgr Massaïa	»
	M. de Jacobis, évêque de Nilopolis, sacré à Massawah	1849
	M. Biancheri, sacré coadjuteur à Halay, en la fête du Rosaire (oct.)	1853
	Dans les fers. Prison du Héraut. Exil.	1858
	Mort sur le sable brûlant d'Eydelé (31 juillet) un mardi	1860
	Enterré à Hébo (3 août.)	

GLORIFICATION DU HÉRAUT DU CHRIST

Introduction de la cause de Mgr de Jacobis, en cour de Rome	1878
Décret pour l'Introduction de sa cause (12 juillet)	1904
Décret de « Non cultu » en faveur de Mgr de Jacobis (20 juin)	1905
État de la question de la cause d'Abyssinie	1910

II

VICAIRES APOSTOLIQUES

DE LA CONGRÉGATION DE LA MISSION EN ABYSSINIE

I. *De Jacobis* (Justin), évêque de Nilopolis 1849-1860
   Né à San-Fele (Italie), sacré à Massawah, par Mgr Massaïa, mort à Hébo.

II. *Biancheri*, (Laurent), évêque 1860-1865
   Déjà sacré comme coadj. à Halay, en 1853, succède à Mgr de Jacobis, † à Massawah

III. *Bel* (Louis), évêque d'Agathopolis 1865-1868
   Sacré à Paris (Maison Mère des Lazaristes), mort à Alexandrie (Égypte).

IV. *Touvier* (Marcel), évêque d'Olène 1868-1888
   Sacré à Rome, mort en route pour rejoindre son poste.

V. *Crouzet* (Jacques), évêque tit. de Zéphyre . . . 1888-1894
   Sacré à Paris (Maison Mère). (*Histoire de l'Expédition italienne*).

N. B. Depuis l'expulsion des missionnaires d'Abyssinie, Mgr Crouzet a été pourvu du vicariat de Madagascar-Sud, confié de nouveau aux Enfants de saint Vincent.

Le vicariat apostolique confié aux prêtres de la Mission subit une amputation; on le sectionna pour former une *préfecture apostolique*, dans les nouveaux territoires italiens, en faveur des Capucins de la province romaine; mais le *vicariat apostolique* est conservé à la Congrégation de la Mission et les Enfants de saint Vincent rentrent à leur poste de combat, trois ans après l'expulsion en 1897.

En 1910, le vicariat apostolique est encore sans titulaire désigné par la Propagande, mais les œuvres si chères au cœur du saint Évêque se réorganisent, dans le sacrifice religieux, avec un dévouement inlassable, dans le petit coin de terre auquel la prescription légale leur donne droit, et se préparent à de nouvelles conquêtes plus avant.

III

ORIGINES RELIGIEUSES

I.
340-640
} Après l'initiation au Judaïsme aussi naturel que celui des Israélites, nous constatons au milieu du ive siècle l'évangélisation chrétienne avec *saint Frumence* (Abouna Salama) et *Edésius*.

II.
640-1293
} Puis l'Abyssinie gémit, pendant six siècles, dans un schisme dégradant, à l'instigation du patriarche copte *Benjamin*.

III.
1293-1632
} Presque au début du xive siècle, l'Eglise salue l'aurore de meilleurs jours et une ère de prospérité religieuse :

1. *Période Dominicaine*. 1293-1440
2. *Apostolat des Jésuites* 1440-1550
3. *Période Franciscaine* 1550-1632

1632, marque la date où les missionnaires sont exilés du royaume, par l'apostat *Fasilidès*.

Le massacre des RR. PP. Jésuites qui étaient restés cachés dans l'intérieur, est le signal d'un abandon momentané de cette mission, et du mouvement religieux enrayé par la persécution violente qui sévit 1632

IV.
1632-1648
} TENTATIVES FRANCISCAINES. — En 1648, la Propagande confie cette Mission à 4 Capucins, qui cherchent à pénétrer en Abyssinie. Mais arrivés à *Souakim*, ils sont décapités par les indigènes et leurs têtes envoyées à l'empereur . 1648

— Le 23 septembre *1637*, les B` P. Agatonje de Vendôme et Cassien de Rennes, partent du Caire vers Gondar. Ils sont d'abord pendus, puis leurs corps écrasés, sont ensevelis sous un tas de pierres (16 août). 1638

V. 1648-1839	L'Abyssinie retombe encore une fois dans un schisme dégradant qui dure deux siècles, exactement 191 ans, pendant lequel elle se débat, tant au point de vue politique que religieux, dans des convulsions qui la ruinent . 1839
VI. 1839-1894 1897-1910	En 1839, la Mission est confiée aux *Enfants de saint Vincent* dans la personne de M. *Justin de Jacobis*, Napolitain. Avant lui, M. *Sapeto* (C. M.), miss. en Syrie, était entré en Abyssinie avec MM. *Antoine* et *Arnaud d'Abbadie*. Création du Vicariat apostolique. Alternatives de succès et de revers . . . . 1849 Établissement des Filles de la Charité (décembre). Sœur Louise Lequette et ses compagnes . . . . 1878 Occupation italienne et Institution de la préfecture de l'Érythrée . . . . . Expulsion des Missionnaires et des Sœurs à la suite de l'expédition italienne . . . 1894 Rentrée des Missionnaires en Abyssinie. 1897
VII. ÉTAT ACTUEL DE LA MISSION — 1910	*Vicariat apostolique d'Abyssinie* *Alitiéna-Gouala*, par Adi-Caïé. (Érythrée). (*Via Massawah*. Mer Rouge). Séminaire, Mission, Paroisse, Orphelinat, Religieuses indigènes : M. *Gruson* (Édouard), supérieur.

IV

ÉTAT ACTUEL DE LA MISSION

Un décret de Ménélik II nous a acculés à ce sauvage ravin d'Alitiéna. Outre ce poste, nous avons *Aïga* à deux heures d'Alitiéna, *Gouala* et *Maï brazio* plus haut, dans l'Agamié ; le territoire dans lequel nous pouvons rayonner équivaut à celui d'un arrondissement ordinaire de France... Dans cette étendue habite la tribu des Irob-Boknaïto... (2.000 âmes) qui est catholique... peuple de pasteurs, errants avec leurs troupeaux... Il y a dans ce territoire près de 300 petits hameaux, les 2/3 sont ordinairement inhabités où ne le sont que le 1/3 de l'année ; l'Irob suit son troupeau et s'arrête là où il trouve un peu d'herbe à proximité d'une source... Leurs maisons sont un cône fait de branches, qui peut avoir 3 mètres de diamètre ; on y entre par un trou au travers duquel il faut ramper... A l'intérieur, une pierre pour moudre, le sabre ou la lance de l'homme, quelques vases en paille, une peau de vache qui sert de lit... et c'est tout le mobilier... Ce peuple est forcément sobre, les sauterelles se sont presque toujours chargées de faire les récoltes et le manque d'eau décourage les meilleures bonnes volontés. Si l'Irob trouve à manger il se gorge, son estomac, comme celui de tout Abyssin, est affreusement élastique, il mangera facilement la moitié d'un mouton... Mais quand c'est la famine, il mêle, le soir, les quelques gouttes de lait qu'il a pu récolter, à beaucoup d'eau et cela lui suffit (pour l'empêcher de mourir). Sa religion est toute de surface, il est trop abruti par les soucis de la vie, pour que son intelligence monte beaucoup plus haut que celle de ses chèvres.

Mgr de Jacobis, à sa mort, avait converti près de 30.000 âmes... Ses successeurs ont développé son œuvre, qui aujourd'hui, confiée aux RR. PP. Capucins de la province de Rome, donne de magnifiques espoirs dans la préfecture de l'Erythrée...

Nous sommes ainsi placés :

Derrière nous, au nord-ouest d'Alitiéna, l'Erythrée (nous sommes à trois heures de la frontière) ; à l'ouest, les hauts plateaux abyssins ; à gauche, à l'est et au sud de nous, jusqu'à la mer, c'est un pays musulman tellement fanatique que même un chrétien indigène ne peut y pénétrer sans courir grand risque d'être tué... Nous autres missionnaires, à fortiori, nous aventurer à plus de quatre heures d'Alitiéna de ce côté, serait pour nous une imprudence bien grande. Donc, à gauche et au sud rien à faire, à droite et devant nous, à l'ouest et au sud-ouest l'Abyssinie proprement dite..., pays qui est soumis à notre juridiction ; mais, hélas ! nous pouvons, comme Moïse, du haut de nos montagnes, contempler cette terre promise, nous ne pouvons y entrer. Partout pèse sur nous une terrible interdiction de séjour ; et le moindre acte d'apostolat en dehors de notre trou d'Alitiéna serait cause de notre renvoi immédiat. Nous sommes tolérés aussi par Ménélik. Défense de nous étendre... on doit « faire le mort ! » ... Il y a devant nous comme une barrière de fer... que le schisme a dressée. Voilà la situation.

Pourtant, ici, nous ne restons pas inactifs. — Nous avons comme œuvres : un collège de garçons de 12 à 20 ans. Cette année nous en avons 60 ; parmi eux 20 forment la division ecclésiastique ; nous aurions des prêtres indigènes tant que nous voudrions... mais pas de travail à leur donner ; pourtant nous en avons déjà dix et deux moines. — Cette œuvre des écoles est la plus fructueuse. Ces enfants après avoir passé deux ou trois ans parmi nous, nous quittent bien instruits de leur religion et fondent des familles chrétiennes. Parallèlement, nous avons un collège de filles (30 environ) tenu par huit sœurs indigènes.

A côté de cette première œuvre, il y a la paroisse, des offices fréquents et fréquentés, des confessions et des communions nombreuses ; tous les matins à cinq heures, garçons, sœurs et filles font la méditation en commun dans l'église, puis suit la messe, où il y a une moyenne de 15 communions ; et le soir, à cinq heures, récitation du chapelet en commun.

Nos paroissiens sont essentiellement nomades ; il faut donc que quelques-uns d'entre nous prennent de temps en temps le bâton de l'apôtre et s'en aillent, escaladant les rochers, courir après ces âmes errantes pour leur faire le catéchisme, voir les malades, faire l'office de juge de paix, revalider des baptêmes, séparer ou marier les concubinaires, etc..., travail assez ingrat. Pendant que les uns font la classe, d'autres le catéchisme aux élèves ou aux petits enfants du pays, que l'un de nous réunit tous les matins au pied d'un arbre dans la plaine, d'autres courent dans les montagnes, ce qui fait que chacun essaie de s'occuper le plus utilement possible, en attendant que la liberté vienne enfin briser les barrières qui nous séparent des schismatiques. Beaucoup de schismatiques nous haïssent, mais beaucoup aussi quand ils connaissent notre doctrine, quand ils voient de leurs yeux la bêtise des accusations que l'on porte contre nous, se convertiraient vite, s'ils ne craignaient d'être traités en parias par leurs parents schismatiques.

Nous ne faisons pas de bruit, mais nous faisons un peu de bien quand même, dans notre cercle d'influence : revalider des baptêmes, régulariser des mariages, former des bons chrétiens, de temps en temps convertir un schismatique et quelques rares musulmans.

(J. B. C.).

V
NOTES SUR L'ABYSSINIE

1. L'Abyssinie est actuellement gouvernée par le roi des rois (négoussé néghest) Ménélik II. Le mot Ménélik (men ilik) signifie « qui est plus grand ? » L'empereur ou négouss Ménélik prétend descendre de Salomon par la reine de Saba ou Makéda. Cette reine, devenue l'une des épouses de Salomon, aurait donné le jour à un prince qui a régné sur l'Abyssinie, sous le nom de Ménélik Ier. « Se non è vero... »

2. Les Abyssins sont un peuple essentiellement guerrier. Ils ne rêvent que plaies et bosses... Vivre pour eux c'est se battre. Et on les voit courir sus à l'ennemi, comme à un festin. Ils rient du danger et meurent contents, à la pensée qu'on chantera leurs exploits dans les « tezcars », festins funèbres célébrés en leur honneur.

3. Ils sont de très rudes marcheurs... On en a vu parcourir en un seul jour la distance qui sépare Amahra d'Adigrat, c'est-à-dire 200 kilomètres.

4. Quant à leur sobriété, elle est incroyable. Nous avons à la résidence d'Alitiéna un général abyssin converti, « le moine Abba Ghébra Egziabier », lequel portait autrefois le nom de Fitaourari Kassa. Il nous dit que ses soldats passaient jusqu'à trois jours sans manger. Se soutenant avec quelques gorgées d'eau, ces hommes avaient pourtant la force de faire de longues marches et de livrer combat. Un soldat européen pourrait-il en faire autant ?

5. Autrefois les Abyssins n'avaient d'autres armes que la lance, le bouclier, et un immense sabre recourbé en forme de faucile. Aujourd'hui la plupart ont un fusil. Et ils savent très bien s'en

servir. Dans les batailles ils ne tirent point dans le tas. Ils visent un homme et le manquent rarement.

6. Les Abyssins ne sont pas seulement des braves. Ils sont de plus, des hommes religieux. Il n'y a ni athées, ni incrédules dans ce pays. Les chrétiens, soit catholiques, soit hérétiques, portent au cou un cordon de soie violette qui sert à les distinguer des juifs, des païens et des musulmans. Les juifs sont nombreux en Abyssinie. Il n'en est pas de même des musulmans et des païens. Il n'est pas rare que le voyageur rencontre sur sa route des arbres sacrés ; leur tronc est couvert d'une épaisse couche de beurre. A leurs branches se balancent les présents que les Abyssins y ont suspendus en reconnaissance d'une victoire, d'une abondante récolte, etc.

Le respect humain est inconnu dans ce pays. Chacun a une religion et s'en fait gloire. Les deux péchés, signalés et flétris par la Sainte Vierge à la Salette sont ignorés eux aussi. Le peuple abyssin ne blasphème pas ni ne travaille le dimanche.

Les Abyssins sont aussi de fervents jeûneurs. Ils ont quatre carêmes. Le premier, précède la fête de Pâques. Il correspond à notre carême européen. Le deuxième, précède la fête des Apôtres saint Pierre et saint Paul. Le troisième, avant l'Assomption. Enfin le quatrième ou jeûne de décembre, répond à notre Avent. Pendant leurs carêmes, comme aussi tous les mercredis et vendredis de l'année (sauf le temps pascal), ils ne font usage ni de viande, ni de beurre, ni de lait, ni de poisson.

Jeûne

Sur ce point-là ils sont farouches ; c'est les 9/10 de leur religion ; quelques-uns vont même jusqu'à ne pas avaler leur salive ; s'il pleut, ils fermeront la bouche de peur qu'une goutte d'eau ne vienne à y tomber. Quand le même jour, il y a jeûne et fête d'obligation, ce qui n'est pas rare, ils ne chantent la messe que vers midi ; ils croiraient rompre le jeûne en prenant les saintes espèces.

Superstitions

7. Quand les Abyssins ont besoin de la pluie et qu'elle tarde à tomber, ils prennent une vache ou une chèvre, ou bien encore un mouton et l'immolent en sacrifice. Dans certaines provinces du Sud, ils versent même le sang humain qu'ils jugent plus efficace, pour

obtenir des pluies et par suite des récoltes abondantes. Au jour fixé ils se livrent de village à village un combat sanglant. Plus les blessés et les morts sont nombreux, plus aussi ils sont persuadés que la pluie tombera abondante. « Le Ciel, disent-ils, ne peut voir couler le sang humain sans s'émouvoir et sans pleurer. »

Autre superstition. Pour guérir un malade voici un remède qu'ils croient souverain. Ils promènent autour de leur malade un mouton ou une chèvre. Après cela, comme le mal a dû passer dans le corps de l'animal, on se hâte de tuer le mouton. Seules les personnes, qui ont pris part à ce rite, doivent manger de cette viande. Les restes sont jetés au feu.

Les Abyssins demandent à leurs *defléras* (lettrés), des formules écrites sur du parchemin ; et cela afin d'être préservés des maladies et de tous les accidents. Si la formule magique est longue, elle est plus puissante. Naturellement on doit la payer en raison de son efficacité. Ils placent cette amulette nommée kétab dans une pochette qu'ils suspendent à leur cou, à peu près comme un scapulaire.

Les Abyssins redoutent beaucoup « la gettatura. » C'est particulièrement durant les repas que le mauvais œil exerce, pensent-ils, son influence redoutable. Voilà pourquoi s'ils mangent en public, ils étendent préalablement sur leurs têtes, leurs grandes toges (nétéla) qui forment ainsi une sorte de tente. Cette opération terminée, ils se partagent avec beaucoup de politesse et d'égards le plat autour duquel ils sont accroupis. Le silence n'est rompu que par le bruit expressif des mâchoires en travail ; l'étiquette le veut ainsi. Ce n'est qu'après les repas qu'ils entament des conversations dont les nouvelles font presque tous les frais. Quand leur maître mange ou boit, les serviteurs s'empressent de le dérober aux regards, et de le protéger contre le mauvais œil. S'étant dépouillés de leur « *nétéla* » ils la soutiennent devant lui comme un paravent.

Dans ce pays, le métier de forgeron est infamant[1]. Ces ouvriers forment une caste, tout à la fois redoutée et méprisée. Les familles de forgerons ne peuvent s'allier qu'entre elles. Aucun Abyssin n'accepterait, en effet, d'épouser la fille d'un forgeron. Thebbib et sorcier c'est tout un ; c'est leur commune appellation. Il n'est pas rare qu'un malade accuse le thebbib du pays, d'être l'auteur de son mal. Aussitôt l'ouvrier est saisi, traîné devant le chef de

---

1. En général, tout travail sur métaux.

la tribu et on le somme de retirer le sort qu'il a jeté sur le pauvre malade. L'ouvrier proteste de son innocence, il jure qu'il n'est pour rien dans la maladie. Peine perdue... Tout le monde est persuadé du contraire. Dès qu'il a vent de l'accusation, il n'a qu'à s'expatrier au plus vite ; mais si on le découvre, il est condamné à la flagellation et ce supplice est si terrible que parfois la victime expire sous les coups.

Les Abyssins ne se séparent jamais de leurs armes : sabre, lance ou fusil. Qu'ils aillent aux champs, qu'ils gardent leurs troupeaux, qu'ils se rendent à l'église, vous les voyez toujours armés. Ils se tiennent continuellement sur leurs gardes, à cause de la « vendetta » qui est en grand honneur dans le pays.

Les parents (soit proches, soit éloignés) d'un homme assassiné, ne se donneront de repos qu'après avoir fait couler le sang du meurtrier ou, à son défaut, d'un membre de sa famille. Parfois ils ne réussissent à se venger, qu'après vingt et trente ans d'inutiles tentatives. La vendetta, on le comprend, engendre des alarmes continuelles et des représailles sans fin.

Ce n'est pas seulement le besoin de se venger qui pousse les Abyssins à la chasse à l'homme, c'est aussi le désir de la renommée. Tandis que celui qui n'a pas versé le sang humain est presque méprisé, les meurtriers reçoivent un titre qui leur vaut l'admiration de leurs compatriotes. On les appelle « ancïta », vengeur ou vaillant. Il existe des tribus en Abyssinie où l'on reconnaît aux bracelets, portés au bras droit ou au bras gauche le nombre de victimes faites par un guerrier. Un certain nombre d'hommes tués, donne aussi le droit de porter une plume piquée dans les cheveux comme une aigrette. Enfin quand celui qui s'est distingué par un certain nombre d'homicides vient à mourir (je parle surtout des gallas ou des musulmans), on suspend à l'arbre qui ombrage son tombeau un faisceau de verges. Il n'est pas rare de voir jusqu'à dix verges et même davantage.

On assassine parfois les voyageurs, dans le seul but de s'emparer de leurs habits. On comprend même ici le mot de saint Paul, « *vestem nullius concupivi* ». Je demandais un jour à un defléra, professeur de chant à la mission, pourquoi il mettait un habit sale et déchiré en se mettant en route. « C'est afin de n'être pas assommé », me répondit-il.

Enfin il est une autre plaie : l'esclavage. Les chrétiens ne sont pas esclaves en Abyssinie. Quant aux païens et surtout aux gallas, on les « razzie » avec leurs troupeaux et on les vend plus ou moins cher d'après leur âge. Les maisons des chefs sont remplies de ces pauvres esclaves. Il y a même des marchands qui font ce hideux commerce.

— Quelquefois les femmes mangent un bout de l'oreille de leur deuxième enfant, si leur premier est mort et cela pour empêcher le deuxième d'avoir le même sort.

— La femme ne prononce jamais le nom de son mari, elle dit : le père d'un tel, le fils d'un tel.

— Serpent est presque un dieu lare.

— Animaux purs et impurs...

— Ils tuent leurs bestiaux au nom du Père et du Fils et du Saint-Esprit.

— Circoncision.

— Quand ils font une procession autour de l'église ils font une station aux quatre coins cardinaux.

Cruautés

Le roi Théodoros entrant un jour dans une ville avec 500 soldats, en fait prisonniers tous les hommes ; on leur bourre alors les oreilles de poudre, on met le feu à la poudre, et les yeux sautent au loin.

*
* *

Un autre jour, entrant dans un village où il croyait un de ses ennemis caché, il fait rassembler les femmes et les filles dans un enclos et les y fait toutes fusiller.

*
* *

Un autre genre de torture, consiste à entourer dans toute leur longueur les deux bras du patient, d'un réseau d'étroites bandelettes de cuir, ramollies à l'eau et partant dilatées, lesquelles, en séchant, font effort pour revenir à leur longueur naturelles ; ce qu'elles ne peuvent faire sans s'engager si profondément dans les chairs que le sang jaillit.

Musique d'Eglise

Leur chant, emprunté aux anciens moines égyptiens venus dans le pays vers le viiie siècle, est une série de mélopées, de phrases musicales assez élastiques pour que chacun puisse s'y promener à l'aise, et fasse son possible pour retomber sur ses pieds, c'est-à-dire sur un même ton avec les autres... Affreux à entendre, les premières fois... Pour l'accompagnement, il y a une fanfare composée de 3 instruments :

1° Un gros tambourin appelé « kébéro », et que l'on frappe en cadence avec la paume de la main.

2° Une sorte de sistre en fer, muni d'un manche en bois à sa base, muni de tiges transversales, où sont enfilées de petites rondelles en fer qui résonnent en s'entrechoquant.

3° Le gosier des femmes qui, à certains moments déterminés, poussent des « lo, lo, lo, lo » sur un ton très aigu ; c'est un usage commun à tout l'orient.

Talismans

Beaucoup ont le cou garni de petits sachets de cuir contenant des remèdes contre toutes les maladies, et parfois, des feuilles où sont écrites des prières sacrées ; ils ont même de ces sortes d'amulettes contre... la mort subite.

Peintures d'Eglise

Très primitives, criardes et cherchant à imiter le style bysantin primitif. Dans les nouvelles églises où les vainqueurs ont voulu célébrer leurs exploits, on voit le Père éternel tenant en main le drapeau abyssin, des soldats armés de fusils à pierre, etc..., tous les princes y ont leur image, même les plus brigands. Seul, leur nom inscrit à côté fait connaître leur identité.

Signe du chrétien

Le signe du chrétien en Abyssinie, n'est pas le signe de la croix, mais un cordonnet en soie violette appelé : « mâteb. »

Montagnes

Surtout dans le Tigré, elles sont un vrai chaos... Les Abyssins disent eux-mêmes que quand Dieu débrouilla la terre, il oublia l'Abyssinie et la laissa dans le chaos primitif.

Pardon

Pour demander pardon à quelqu'un que l'on a offensé, on vient vers lui à genoux et une grosse pierre (au col) sur le dos.

Langues

Nos paroissiens descendent à peu près en ligne directe de la Tour de Babel. — On parle une douzaine de langues environ dans toute l'Abyssinie ; les principales sont : l'Amarigna, le Tigrigna, le Ghez (langue sacrée), le Chao surtout sur les côtes de la mer, le Tigré, le Bilène, ou Agao, le Galla ou Orono, etc.

Remèdes du pays

La fiente de vache sert beaucoup comme emplâtre fumant. Du tabac à priser, mis dans l'œil, le guérit assez vite... Presque pour toutes les maladies internes, ils emploient le miel mêlé de poivre noir. — Ils connaissent assez la vertu des racines et des plantes. — Pour les plaies, le fer et le feu sont d'un usage classique.

Sauterelles

C'est un des fléaux du pays... Les Musulmans en font leur plat favori... Quand ils voient un nuage de sauterelles, ils le suivent, et quand elles s'abattent, ils en ramassent dans des sacs, les jettent dans des fosses ardentes pour les étouffer sans les rôtir... les rapportent au logis où les ménagères les exposent au soleil pour les faire sécher ; puis on les moud entre deux pierres..., la poudre mêlée de poivre rouge et de beurre devient pour eux un plat exquis.

Irob

Ils forment une sorte de petite république indépendante (2.000 âmes environ), dont le pouvoir suprême est exercé par les vieillards et les chefs de famille... Il y a juste un siècle, elle était puissante et établie depuis longtemps à coup sûr. La vieille Eglise en fait foi. Comme les autres Choho, elle viendrait des côtes indiennes ; ce que les savants concluent de la dérivation de leur langue. Fuyant un peu de partout, ils échouèrent dans les sauvages montagnes d'Alitiéna, massacrèrent la plus grande partie de la tribu qui s'y trouvait, et s'y installèrent, suivant la légende.

Nom de l'enfant

On donne souvent à l'enfant le premier mot qui sort de la bouche de la mère lorsqu'elle a enfanté : c'est pour cela que l'on trouve des noms bien étrangers au calendrier chrétien : Ex. : le Révolté — mon soleil — mon tourment ; Redoutable, etc., etc.

Locutions imagées

Langue Tigrigna :

Se tirer un coup de revolver = boire un revolver.
Source = œil de l'eau.
Arc-en-ciel = ceinture de Marie.
Tabernacle = la sainte armoire.
Trésors de Dieu = les caisses de Dieu.
Encrier = maison de l'encre.
Sève = sang de l'arbre.
Aqueduc = chemin de l'eau.
Épingle = aiguille à tête.
Dépêche = un fil télégraphique.
Oraison jaculatoire = prière de l'arbalète.
Azur = la couleur du ciel.
Battant de la cloche = fils de la cloche.
Paupière = tambour de l'œil.
Pupille = fille de l'œil.
Bobèche = colonne vertébrale de la bougie.
Rossignol = l'oiseau qui fait : tchiou tchiou.
Etc., etc.

L'Abyssin

Est essentiellement menteur ; ils avouent eux-mêmes qu'ils ont une âme à sept tiroirs, et ils se flattent de ne montrer que le premier... Un chef disait un jour à un missionnaire : « Vous ne savez donc pas mentir, vous ? »

Traits sémitiques, couleur bronzée, figure noble, œil vif comme celui du sauvage ; ordinairement maigre dans le Tigré, plus charnu dans le Choa, élancé ; la guerre, la vie errante ont développé ses qualités naturelles ; sa vue est perçante ; il entend parler un homme à une distance énorme. L'âpre climat de ses montagnes, le soleil des tropiques, la vie inquiète, incertaine et batailleuse, ont contribué à lui former un tempérament nerveux, une humeur changeante un peu sauvage.

Sa couleur est rarement absolument noire comme celle du Soudanais ; il n'a pas de ce dernier le nez aplati et les lèvres lippues : le teint dominant est plutôt rougeâtre.

Quelques-uns ont les traits aussi fins que ceux d'un Européen.

Ils aiment surtout la guerre ; peu de culture surtout dans le Tigré, ce sont souvent les sauterelles ou les ennemis qui moissonnent...

Les femmes et les hommes se graissent la tête, avec un mélange de beurre et de suif dont l'odeur est fort répugnante... C'est une coquetterie, mais c'est aussi un préservatif contre les rayons d'un soleil de feu.

Peuple en général stupide, ignorant, scandalisable au possible, ingrat et encore plus orgueilleux, surtout depuis sa victoire sur les Italiens.

Alitiéna

Pays affreux, lugubre, maudit... pas de végétation parmi ces amas renversés de pierres et de roches schisteuses et volcaniques ; sauf des pieds rabougris de buissons épineux, des mimosas et des kolkoual... Beaucoup des pics ne sont que des volcans éteints ; les sourds grondements du tremblement de terre qui passe fréquemment sous nos pieds en est un indice de plus.

Langues

Les langues sont partie autochtones, partie araméennes ; la langue sacrée (le ghez) a certaines ressemblances avec l'hébreu. — Les mots pour indiquer les idées matérielles fourmillent ; (il y a une vingtaine de verbes pour indiquer le mot : *frapper*, selon l'instrument avec lequel on frappe...), ce qui nous rend extrêmement difficile la traduction d'idées un peu spirituelles ; et le plus souvent, pour faire un sermon, on doit couper les ailes à ses phrases pour n'en conserver que la carcasse.

Tabac

Le schismatique ne prise pas... Ils disent que le tabac a poussé sur la tombe d'Arius... Le roi Johannès faisait couper le nez aux priseurs et les lèvres, aux chiqueurs et aux fumeurs. — On pouvait accuser son ennemi de priser, cela suffisait pour lui faire supprimer le nez. Mais à la fin, il y eut tant d'abus dans ces dénonciations, que le roi accusa les accusateurs d'avoir d'abord demandé du tabac aux accusés, et sur leur refus de les avoir traduits devant la justice... il leur faisait alors couper le nez à tous les deux.

Culte de Marie

Ils l'honorent presque plus que son divin Fils ; son nom est sur toutes les bouches ; les scapulaires et les médailles miraculeuses sont les bijoux de nos chrétiens ; ils suspendent leur chapelet ou à leur cou ou à leur ceinture à côté de leur sabre. Ils se préparent à l'Assomption par un jeûne de 15 jours. Quand on passe devant une église, il faut descendre de monture. Ils avalent des médailles de la Sainte Vierge comme remède avec un peu d'eau bénite ; ils invoquent même la Sainte Vierge, saint Michel, etc., avant de faire un mauvais coup. — Cet amour pour la Sainte Vierge est un des principaux motifs qui font qu'ils détestent absolument les protestants qu'ils appellent : « Tséré-Mariam », = Ennemis de Marie.

VI

DÉCRET

D'INTRODUCTION DE LA CAUSE DE BÉATIFICATION
ET DE CANONISATION
DU VÉNÉRABLE SERVITEUR DE DIEU

JUSTIN DE JACOBIS

ÉVÊQUE DE NILOPOLIS ET VICAIRE APOSTOLIQUE D'ABYSSINIE
DE LA CONGRÉGATION DE LA MISSION DE SAINT-VINCENT-DE-PAUL

12 juillet 1904

CAUSE D'ABYSSINIE

(TRADUCTION)

Au précepte qu'il donna à ses disciples de s'aimer les uns les autres comme il les avait aimés, Notre-Seigneur Jésus-Christ ajouta cet autre commandement par lequel, envoyant lui-même ses apôtres comme il avait été envoyé par son Père, il leur ordonna d'aller dans le monde entier, d'enseigner les nations et de les baptiser, leur promettant avec son perpétuel secours, la vertu d'un autre Paraclet, l'Esprit-Saint. Depuis le commencement de l'Eglise jusqu'à nos jours, les Apôtres et les hommes

---

1. DECRETUM. — ABYSSINEN. BEATIFICATIONIS ET CANONIZATIONIS VEN. SERVI DEI JUSTINI DE JACOBIS, EPISCOPI NILOPOLITANI ET VICARII APOSTOLICI ABYSSINENSIS E CONGREGATIONE MISSIONIS S. VINCENTII A PAULO.

Præcepto quod Dominus Noster Jesus Christus dedit discipulis suis, ut sese invicem diligerent sicut ipse dilexerat eos, aliud novissimum adjecit mandatum quo sicut missus a Patre et ipse discipulos mittens, in universum mundum eos abire, gentesque docere et baptizare jussit, promissa cum suo perenni auxilio alterius Paracliti seu Spiritus Sancti

apostoliques se sont saintement acquittés de cette fonction et ont témoigné constamment, par la propagation de la foi et l'extension de l'Eglise, que la mission qu'ils tenaient de Jésus-Christ était vraiment divine. Parmi eux doit être rangé Justin de Jacobis, de la Congrégation de la Mission, évêque de Nilopolis et vicaire apostolique d'Abyssinie, qui, suivant les traces des autres hommes apostoliques, brilla d'un tel éclat de vertu et de sainteté, qu'il mérita d'être honoré par l'illustre témoignage du cardinal de Massaïa d'heureuse mémoire, alors vicaire apostolique des Galla. Celui-ci l'avait sacré évêque et le proposa comme modèle et comme maître à ses missionnaires.

Le serviteur de Dieu reçut le jour de parents pieux et honnêtes le 9 octobre 1800, à San-Fele, diocèse de Muro, province de Lucanie; il fut purifié par l'eau sainte du baptême et reçut le nom de Justin. Doué d'un naturel ardent et porté à la vertu, il s'approcha à neuf ans de la sainte communion, fit de grands progrès dans la science et la piété, et, parvenu à l'âge de dix-huit ans, s'appliqua de toute son âme à embrasser un état de vie plus parfait. Docile à l'appel divin, il entra dans la Congrégation de la Mission de Saint-Vincent-de-Paul, et fut admis à prononcer les vœux après avoir achevé son séminaire à Naples, puis élevé par degrés au sacerdoce, il s'appliqua avec empressement à procurer le salut des âmes. Envoyé d'abord à Oria, puis à Monopoli, où il édifia ses confrères, mis à la tête de la maison de Lecce, directeur du séminaire interne à Naples et supérieur de la maison

---

virtute. Quo munere sancte perfuncti Apostoli virique Apostolici a primordiis Ecclesiæ usque in præsens divinam Jesu Christi missionem in Fidei ipsiusque Ecclesiæ propagatione jugiter ostenderunt. Ex his recensendus est JUSTINUS DE JACOBIS e Congregatione Missioni, Episcopus Nilopolitanus et Vicarius Apostolicus Abyssinensis qui ceteros Apostolicos viros æmulatus sanctitatis et virtutis fama ita præfulsit, ut dignus sit habitus, illustri condecorari testimonio cl. me. Cardinalis Massaia tunc temporis Vicarii apud Gallas, a quo et Episcopus consecratus et veluti exemplar et magister missionariis propositus fuit. Dei famulus in oppido S. Fele, Muranæ diœceseos, ex Lucania provincia, ex piis honestisque parentibus in lucem editus die 9 octobris anno 1800, sacro lustratus est lavacro, indito nomine JUSTINO. Fervidam sortitus indolem et ad virtutem proclivem, novennis ad sacram synaxim accessit, novisque auctus scientiæ pietatisque incrementis, quum decimum octavum ætatis annum attigisset, ad perfectiorem vitæ statum amplectendum toto animo incubuit. Divinam vocationem secutus Congregationem Missionis S. Vincentii a Paulo ingressus est. Neapoli tyrocinio expleto atque probato vota simplicia nuncupavit. Ad sacerdotium per gradus promotus animarum saluti procurandæ sedulam operam dedit. Uriam primum, Monopolim deinde missus consocios ædificavit. Lyciensi Congregationis domui præpositus, in Neapolitana civitate tyronum magister et domus

dite *dei Vergini*, il s'acquitta de toutes ces fonctions d'une manière remarquable. Austère pour lui-même, affable pour les autres, uni à Dieu par l'oraison, il s'acquit la réputation de prédicateur et de confesseur émérite.

Comme il désirait surtout aller en mission, il accepta de grand cœur la charge de préfet apostolique qu'on lui confia en Abyssinie. A Adoua, capitale du Tigré, où il établit comme un centre de mission, il passa environ quatre mois dans une sorte de retraite préparatoire, implorant le secours du ciel, soit pour apprendre les divers idiomes, soit pour se concilier la bienveillance des princes de ces régions, des grands et du roi Oubié lui-même.

Il prit ensuite le chemin de Rome pour gagner d'autres compagnons. Il portait des lettres très favorables du roi Oubié, qui avait confié au serviteur de Dieu une mission pour Le Caire. Prosterné aux pieds du Souverain Pontife il lui remit ces lettres en lui présentant des Ethiopiens qu'il avait amenés avec lui. Après avoir achevé ses voyages de Rome et de Jérusalem, il revint en Abyssinie et supporta avec un courage, à la fois ferme et doux, les fatigues d'une rude mission, les privations, les dangers de toutes sortes, les tracasseries et les persécutions de ses adversaires. Aidé du secours de Dieu et appuyé sur l'autorité du roi, il construisit plusieurs églises, et, à la prière des habitants, il en réconcilia quelques autres souillées par l'hérésie et les rendit au culte catholique ; il s'efforça en même temps d'élever des séminaires et des collèges pour l'éducation des enfants et des clercs. Cependant, de peur que les prêtres et les

dei Vergini nuncupatæ superior, hisce muneribus egregie perfunctus est. Sibi austerus, ceteris comis, Deo in oratione junctus, concionatoris votis erat ad missiones pergere, id libentissime assequutus est cum insimul et confessarii optimi laudem promeruit. Quod illi maxime in Apostolici Præfecti munus in Abyssinia ipsi delatum fuit. Aduæ, Tigré capitis, veluti centro missionis constituto, quatuor fere menses, impendit, quasi in recessu præparatorio cœlestibus imploratis auxiliis sive ad idiomata varia addiscenda sive ad illarum regionum Principum, Procerum ipsiusque Regis Oubié benevolentiam sibi captandam. Deinceps romanum iter agressus, ut alios conquireret socios, obsequentissimas literas ejusdem Regis Oubié qui Servo Dei missionem ad Cairum commiserat, Summo Pontifici exhibuit, ad cujus pedes provolutus etiam Æthiopes perduxit atque obtulit. Romana una cum Hierosolimitana peregrinatione peracta, in Abyssiniam reversus arduæ missionis labores, angustias, pericula atque adversariorum insidias et insectationes forti mitique animo expertus est. Deo opitulante, atque Regis auctoritate suffultus plures ecclesias extruit, alias hæretica labe contaminatas, rogantibus incolis, reconciliat et ad catholicum cultum restituit et convertit,

pasteurs ne vinssent à manquer dans la suite au troupeau toujours croissant, le Pontife romain revêtit de la dignité épiscopale le serviteur de Dieu Justin qui résista d'abord par humilité mais finit par obéir à la volonté divine, manifestée par les ordres apostoliques. D'abord évêque de Nilopolis et peu après, en l'année 1847, nommé vicaire apostolique d'Abyssinie, placé dans la maison de Dieu comme sur un chandelier, il brilla tellement qu'il dissipa les ténèbres de l'erreur et ramena un grand nombre d'âmes à la lumière de la vérité.

Pendant ce temps la colère et l'envie des hérétiques s'élevèrent contre les missionnaires catholiques et surtout contre Justin qu'ils ne cessèrent de poursuivre d'injures, de calomnies et de menaces.

A l'instigation de l'évêque hérétique et sur l'ordre de Théodoros, qui était revenu vainqueur dans une guerre contre le roi Oubié, il fut chargé de fers et jeté en prison avec ses disciples. Pendant cinq mois, Justin dut souffrir de nombreux et atroces tourments dans la ville de Gondar ; le désir de consommer son martyre ne lui manqua pas, tandis que le courage manqua au tyran pour porter la sentence capitale. En effet celui-ci, craignant de s'attirer la haine du peuple par sa cruauté envers le serviteur de Dieu, que tous regardaient comme un homme juste et saint, adoucit son injuste sentence et porta seulement contre lui la peine de l'exil.

Délivré de ses chaînes et sorti de prison, Justin regagna l'Abyssinie et s'arrêta dans la ville de Halay. Là, comme un voyageur fatigué de sa course et de ses travaux, il prit un peu de repos,

---

simulque satagit ut seminaria et collegia pueris clericisque instituendis origantur. Interea ne crescenti gregi sacerdotes et pastores in posterum deficerent, Romanus Pontifex Justinum, ex animi demissione reluctantem sed divinae voluntati mandatisque apostolicis obtemperantem, Episcopali dignitate auget. Episcopus Nilopolitanus et paulo post anno 1847 Vicarius Apostolicus Abyssinensis renunciatus, veluti supra candelabrum positus in domo Dei, ita refulsit ut dissipatis errorum tenebris quam plurimos ad veritatis lucem reduxerit. Nihilominus exinde ortae irae atque individiae haereticorum erga missionarios catholicos ac praecipue in Justinum quem probris, calumniis atque minis ipsi appetere non destiterunt. Ins ligante Episcopo haeretico atque jubente Theodoro qui ex bello adversus regem Oubié victor redierat, in vincula et in carcerem una cum discipulis conjectus est. Multa atque atrocia in illo loco Gondar nuncupato per quinque menses pati debuit Justinus ; neque ei defuit consummati martyrii voluntas prouti defecit tyranno animus capitalem sententiam ferendi. Hic enim timens excitare in se odium populi ob saevitiam in Servum Dei, omnium opinione, justum et sanctum, iniquam sententiam temperavit, illata tantum in eum exilii poena. Catenis solutus atque e

après vingt et un ans d'apostolat remplis de bonnes œuvres et chargés de fruits pour lui-même et pour sa mission. Le jour approchait cependant où cet homme, orné de tant et de si grands mérites, et digne de la récompense céleste devait entrer dans le repos éternel et dans la sainte cité de Dieu.

Le serviteur de Dieu fut atteint de la fièvre, et pensant qu'un air plus salubre serait favorable à sa santé, il prit la résolution d'aller en un autre endroit. Mais, à peine se fut-il mis en route que la maladie s'aggrava et le força de s'arrêter. Pressentant la fin de sa carrière, il donna à ses disciples ses derniers avis, reçut religieusement les derniers sacrements de l'Eglise, et s'endormit pieusement dans le Seigneur le 31 juillet 1860, à l'âge de soixante ans. Le corps de Justin de Jacobis, que tous, catholiques, hérétiques ou mahométans, prétendaient conserver, fut transporté au bourg de Hébo et exposé dans l'église où, après, on lui fit des funérailles solennelles. Son tombeau fut bientôt visité par une foule de pèlerins et d'étrangers qui vinrent implorer le secours divin par l'intercession du serviteur de Dieu. Ainsi la renommée de sainteté, qu'il avait déjà acquise de son vivant, devenait après sa mort, de jour en jour plus éclatante.

Après qu'on eut achevé à son sujet les informations ordinaires, on envoya à la Sacrée Congrégation des Rites les pièces du procès, venant de Naples, de Lecce et d'Abyssinie. Puis, quand la revision des écrits fut terminée et qu'on eut obtenu la dispense au sujet de l'intervention et de l'approbation des consulteurs, rien n'em-

---

carcere emissus Abyssiniam repetiit et in oppido Halay moratus est Justinus. Illuc veluti peregrinus itinere laboribusque defatigatus post unum et viginti apostolatus annos sanctis operibus plenos sibi suaeque missioni valde fructuosos, aliquantulum requiescere cœpit. Dies tamen appropinquabat quae virum tot tantisque meritis cumulatum et cœlesti praemio dignum in perpetuam requiem sanctamque Dei civitatem introducere debebat. In febrim incidit. Christi famulus putansque salubriori aere suae valetudini prospicere, consilium init alias regiones adire, sed vix cœpto itinere, morbo ingravescente, sistere cogitur. Suae peregrinationis persentiens finem novissima discipulis suis dedit salutis monita, extremisque ecclesiae sacramentis religiose susceptis, pie obdormivit in Domino die 31 julii anno 1860, aetatis suae sexagesimo. Justini de Jacobis corpus quod omnes sive catholici sivi haeretici sive mahometani custodire gestiebant, ad pagum *Ebo* elatum atque in Ecclesia repositum, solemni funere peracto, honorifice sepelitur, confluentibus ad tumulum turmatim advenis et peregrinis divinam opem per intercessionem Servi Dei imploraturis. Interim sanctimoniae fama quam Servus Dei adhuc vivens adeptus fuerat, post obitum in dies magis magisque clara causam dedit, ut super ea Ordinariis Inquisitionibus Informativis institutis, Processuales tabulae Neapolitanae, Lycienses et Abyssinenses ad S. Rituum Congregationem transmitterentur. Quum vero, peracta revisione scrip-

pêchait plus de continuer le procès. Alors sur les instances de
M. Augustin Veneziani, postulateur général de la Congrégation
de la Mission, et vu les demandes de quelques éminents cardinaux de l'Eglise romaine, de plusieurs évêques et autres personnages remarquables par leur situation ecclésiastique ou civile,
l'éminent cardinal Dominique Ferrata, ponent ou rapporteur de
cette cause, dans la réunion ordinaire de la Sacrée Congrégation
des Rites tenue au Vatican au jour indiqué ci-dessous, proposa le
doute suivant : *Faut-il signer la commission pour l'introduction de
la cause, dans le cas et pour le but dont il s'agit?* Les Eminentis-
simes et Révérendissimes prélats préposés à la défense des Sacrés
Rites, ayant entendu la relation du cardinal ponent et la lecture
du rapport du R. P. Alexandre Verde, promoteur de la foi, tout
bien considéré, ont convenu de répondre : *Affirmativement* : c'est-
à-dire que *la commission doit être signée, s'il plaît au Saint-Père.*
— Le 12 juillet 1904.

Relation fut faite ensuite à Notre Saint-Père Pie X, par l'Eminentissime et Révérendissime cardinal Louis Tripepi, Pro-Préfet
de la Sacrée Congrégation des Rites, et Sa Sainteté approuva et
confirma le rescrit de cette même Congrégation. Elle daigna
signer de sa propre main la commission pour l'introduction de
la cause du Vénérable Serviteur de Dieu, Justin de Jacobis,
évêque de Nilopolis et vicaire apostolique d'Abyssinie, de la Congrégation de la mission de Saint-Vincent-de-Paul, le 13 des
mêmes mois et année.

Séraphin, card. Cretoni,
Préfet de la S. C. des Rites.

† Dioméde Panci, arch. de Laodicée,
Secrétaire de la S. C. des Rites,

torum atque obtenta dispensatione ab interventu et voto Consultorum
nihil obstaret quominus ad ulteriora procedi posset, instante Rmo Dno
Augustino Veneziani Congregationis missionis Postulatore generali,
attentisque litteris postulatoriis quorundam Emorum S. R. E. Cardi-
nalium, plurium sacrorum Antistitum aliorumque virorum sive eccle-
siastica sive civili dignitate praestantium, Emus et Rmus Dnus Cardinalis
Dominicus Ferrata hujus Causae Ponens seu Relator in Ordinario
Sacrorum Rituum Congregationis Coetu, subsignata die ad Vaticanum
habito, sequens dubium discutiendum proposuit : *An sit signanda Com-
missio Introductionis Causae in casu et ad effectum de quo agitur?* Et Emi ac
Rmi Patres Sacris tuendis Ritibus praepositi, post relationem ipsius Cardinalis Ponentis, audito voce et scripto R. P. C. Alexandro Verde Sanctae
Fidei Promotore, omnibusque accurate perpensis rescribere rati sunt:

Le premier pas est ainsi fait pour arriver ensuite à la béatification de Mgr de Jacobis ; dès maintenant il a droit au titre de *vénérable*. C'est en particulier à ses compatriotes d'Italie, et aux fidèles du pays qu'il évangélisa l'Abyssinie, de hâter par leurs prières et d'obtenir par leur foi, les miracles qui seront nécessaires, pour faire placer le serviteur de Dieu sur les autels.

Affirmative seu signandam esse Commissionem, si Sanctissimo placuerit, Die 12 julii 1904.

Facta post modum de his Sanctissimo Domino Nostro PIO Papæ X per Emum et Rmum Dnum Casdinalem Aloisium Tripepi Sacræ Rituum Congregationi Pro-Præfectum relatione, Sanctitar Sua Rescriptum Sacræ ejusdem Congregationis ratum habuit et confirmavit, propriaque manu signare dignata est Commissionem Introductionis Causæ prædicti Ven. Servi Dei JUSTINI DE JACOBIS Episcopi Nicopolitani et Vicarii Apostolici Abyssinensis, e Congregatione Missionis S. Vincentii a Paulo, die 13, eisdem mense et anno.

L. ✠ S.

SERAPHINUS, Card. CRETONI.
S. R. C. Præfectus.

☩ DIOMEDES PANICI, Archiep. Laodicen..
S. R. C. Secretarius.

VII

ABYSSINIE

DÉCRET DE « NON CULTU »
20 juin 1905

Le procès de béatification du vénérable Mgr de Jacobis, de la Congrégation de la Mission, vicaire apostolique d'Abyssinie, décédé en 1860, est en cour de Rome, comme nos lecteurs le savent. Un des points à établir était que le serviteur de Dieu n'a pas été depuis sa mort l'objet d'un culte prématuré et défendu par une bulle spéciale du pape Urbain VIII.

Ce point vient d'être établi officiellement, et la cause pourra par conséquent suivre sa marche régulière. Voici le décret de non-culte, comme on l'appelle :

« CAUSE D'ABYSSINIE

« SUR LA BÉATIFICATION ET CANONISATION DU VÉNÉRABLE SERVITEUR DE DIEU JUSTIN DE JACOBIS, ÉVÊQUE, ORIGINAIRE DE NAPLES ET VICAIRE APOSTOLIQUE DE L'ABYSSINIE, MEMBRE DE LA CONGRÉGATION DE LA MISSION DE SAINT-VINCENT-DE-PAUL.

« Sur les instances du révérend M. Augustin Veneziani, procureur général et postulateur de la Congrégation de la Mission, le cardinal soussigné, Louis Tripepi pro-préfet de la Sacrée Congrégation des Rites, au nom de l'Eminentissime et Révérendissime cardinal Dominique Ferrata, ponent et rapporteur de la susdite cause d'Abyssinie, touchant le dévoué serviteur de Dieu Justin de Jacobis, dans la séance ordinaire de cette même Sacrée Congrégation des Rites, tenue au jour ci-dessous indiqué, selon les dispositions particulières publiées en 1878 et en 1895, a proposé la discussion du doute suivant :

« La sentence du juge, délégué par le révérend préfet aposto-
« lique de l'Erythée, constatant qu'aucun culte n'a été rendu au
« susdit vénérable serviteur de Dieu, autrement dit sur l'obser-
« vance du décret du pape Urbain VIII, de sainte mémoire, doit-
« elle être confirmée dans le cas et pour l'effet dont il s'agit? » Et
la même Congrégation des Rites, après avoir tout examiné avec
soin, le R. don Verde, promoteur de la sainte foi, ayant été
entendu de vive voix et par écrit, elle a été d'avis de répondre:
« Affirmativement, c'est-à-dire la sentence doit être confirmée. »
Le 20 juin 1905.

« Le rapport de ce qui précède a été fait à notre saint Père le
pape Pie X par le cardinal soussigné, pro-préfet de la Congrégation
des Saints Rites, et Sa Sainteté a ratifié et confirmé la décision
de la même Sacrée Congrégation, le 28 des mêmes mois et an.

« A. Card. TRIPEPI, *pro-préfet*,

« L. † S.

« D. † PANICI, archev. de Laodicée, *secrétaire.* »

ABYSSINEN.

Beatificationis et Canonizationis Ven. Servi Dei Justini de Jacobis Episcopi, Neapolitani, et Vicarii Apostolici Abyssinen. e Congregatione Missionis S. Vincentii a Paulo.

Ad instantiam Rmi Dni Augustini Venezioni Procuratoris Generalis et Postulatoris Congregationis Missionis, infrascriptus Cardinalis Aloysius Tripepi Sacræ Rituum Congregationi Pro Præfectus, loco et vice Rmi Cardinalis Dominici Ferrata, præfatæ causæ Abyssinen. Ven. Servi DEI Justini de Jacobis Ponentis seu Relatoris. in Ordinario ejusdem Sacræ Congregationis Coetu Rotali subsignata die ad Vaticanum habito juxta Apostolicas peculiares dispositiones annis 1878 et 1895 evulgatas, sequens Dubium discutiendum proposuit: « An sententia Judicis a Rmo Dno Præfecto Apostolico Eritreæ delegati super cultu nunquam exhibito prædicto Ven. Servo Dei seu super paritione Decretis s. me. Urbani Papæ VIII sit confirmanda in casu et ad effectum de quo agitur? » Et Sacra eadem Congregatio audito etiam voce et scripto R. D. A. Alexandro Verde sanctæ Fidei Promotore, omnibus sedulo perpensis rescribere rata est: « Affirmative seu sententiam esse confirmandam. » Die 20 Junii 1905.

Facta postmodum de his Sanctissimo Domino Nostro Pio Papæ X per infrascriptum Cardinalem Sacrorum Rituum Congregationi Pro-Præfectum relatione, Sanctitas Sua resolutionem ejusdem Sacræ Congregationis ratam habuit et confirmavit, die 28 eisdem mense et anno.

A. Card. TRIPEPI, Pro-Præf.

L. † S.

† D. PANICI, Archiep. Laodicen., Secret.

VIII

(Epigrafe scolpita nel marmo) (San-Fele)

(1899)

A MEMORIA IMPERITURA

DI

MONSIGNOR GIUSTINO DE JACOBIS

CHE NATO IN SAN-FELE IL DI 9 OTTOBRE 1800

CON OPERE DI ZELO E DI EROICHE VIRTÙ

MERAVIGLIÒ NAPOLI E LE PUGLIE

E VESCOVO DI NILOPOLI, VICARIO APOSTOLICO DELL'ABISSINIA

APRENDO NELLE REGIONI ETIOPICHE

UN NUOVO APOSTOLATO DI FEDE E DI CIVILTÀ

SOPPORTÒ PRIVAZIONI PERSECUZIONI E CARCERI

VINSE PREGIUDIZI ED ERRORI

E CON PAROLE DI SUBLIME CARITÀ SULLE LABBRA

MORIVA NELLA VALLE D'ALGHEDIEN LI 31 LUGLIO 1860

LASCIANDO ESEMPIO AI BANDITORI EVANGELICI DI

VITA ANGELICA D'INVITTA COSTANZA DI SOPRANNATURALE POTENZA

IL CLERO IL MUNICIPIO I CITTADINI

CONCORDI NEL SENTIMENTO DELLA RELIGIONE E DELLA PATRIA

Q. L. P.

CON PUBBLICA ESULTANZA A DI 12 NOVEMBRE 1899

TABLES GÉNÉRALES

Lettre de l'auteur à Mgr *Crouzet* (C. M.), ancien vicaire apostolique de l'Abyssinie V
Lettre de Mgr *Crouzet*, évêque de Zéphyre, vicaire apostolique de Madagascar-Sud. VI
Lettre de Mgr *d'Agostino* (C. M.), évêque d'Ariano, biographe italien de son illustre compatriote IX
Lettre de Mgr *Tasso* (C. M.), évêque d'Aoste. X
Lettre de Mgr *Sevin*, évêque de Châlons XII
Introduction de M. Coulbeaux (C. M.), ancien supérieur de la mission d'Abyssinie XIV
Références : Ouvrages à consulter. XIV
L'Abyssinie à vol d'oiseau, carte de cette contrée . . . XVI
Protestation de fidélité au Saint-Siège. XVIII

LIVRE PREMIER

SOUS LE CIEL D'ITALIE
1800-1839

CHAPITRE PREMIER. *Au foyer paternel.* — Une belle âme d'enfant 3
« *Cet enfant sera un jour l'apôtre de l'Abyssinie.* »
Parole prophétique d'une âme de Dieu.

CHAPITRE DEUXIÈME. *Mystérieuse empreinte.* — Le Carme Napolitain de Monte-Sancto. 11
« *Mon Dieu ! je le consacre à votre service.* »
Vœu de sa mère, Joséphine *Muccia*.

CHAPITRE TROISIÈME. *L'Élu du Ciel.* — Sous la bannière de saint Vincent. 17
« *Je viens offrir un riche présent à votre communauté ; l'expérience vous le démontrera.* »
Témoignage du Carme de Monte Santo.

CHAPITRE QUATRIÈME. *Premier épanouissement dans la Pouille de la grâce de l'Apostolat : Oria et Monopoli.* . . . 26
« *Je serai toujours un bien chétif missionnaire.* »
M. DE JACOBIS.

CHAPITRE CINQUIÈME. *A la tête des œuvres : Lecce et Naples.* 30
« *Il paraissait, non pas le supérieur, mais le serviteur de tous.* »   Témoignage de ses confrères.
CHAPITRE SIXIÈME. *Faveurs célestes.* — Desseins de la Providence, projets de promotion à l'Épiscopat. . . . 36
« *Du corps de M. de Jacobis s'échappait une vive lumière.* »   Un Témoin.

LIVRE DEUXIÈME

LE SAINT-SIÈGE ET L'ÉGLISE D'ABYSSINIE

CHAPITRE PREMIER. *Projet d'une mission catholique.* — 1° Sollicitude constante du Saint-Siège pour cette Église ; 2° Grandes difficultés d'une mission Éthiopienne . 43
CHAPITRE DEUXIÈME. *Évènements qui occasionnent et amènent une tentative décisive* (1839). 49
CHAPITRE TROISIÈME. *Intervention providentielle :* 1° Choix de M. de Jacobis, prêtre de la Mission et de sa Congrégation ; 2° Épreuves intérieures du missionnaire élu pour cette mission 57
CHAPITRE QUATRIÈME. *Préparatifs de départ* : Trois Apôtres. Louis Montuori (C. M.) de la maison de Naples. . . 64
CHAPITRE CINQUIÈME. *En route pour le continent noir.* — La vision de Malte. 68
« *Quel est donc ce saint que vous menez avec vous ? En assistant à sa Messe, nous avons vu l'Enfant Jésus, au-dessus de sa tête, depuis l'élévation jusqu'à la Communion.* »   Témoignage de ses Confrères.

LIVRE TROISIÈME

L'APÔTRE DU CONTINENT NOIR AU XIX° SIÈCLE
1839-1841

CHAPITRE PREMIER. *Situation politique et religieuse* de l'Abyssinie, au moment du débarquement de M. de Jacobis. 77
CHAPITRE DEUXIÈME. *Nature du champ ouvert à l'apostolat des nouveaux venus.* (Principaux obstacles à l'Évangélisation). 84
CHAPITRE TROISIÈME. *Préjugés et superstitions* du peuple abyssin. 91

CHAPITRE QUATRIÈME. Installation du préfet apostolique :
Adoua et *Aksoum*. 100
CHAPITRE CINQUIÈME. *Plan de campagne apostolique*, dans le
vaste territoire, assigné au zèle des Lazaristes. . . 107
CHAPITRE SIXIÈME. *Premiers défrichements* du champ apostolique 113
    « *Voyez l'amour que le Saint Esprit a mis dans mon cœur
    pour les chrétiens d'Éthiopie.* »
CHAPITRE SEPTIÈME. *Conférences au Clergé* : Essais de prédication en langue indigène. 121
CHAPITRE HUITIÈME. *Vertus religieuses* et *domestiques* de
M. de Jacobis dans sa résidence d'Adoua. 130

LIVRE QUATRIÈME

HISTOIRE D'UNE AMBASSADE
1841-1843

CHAPITRE PREMIER. *Abouna Jacob, chargé de mission en
Égypte* 139
CHAPITRE DEUXIÈME. *Ambassade Ethiopienne à Rome : Grégoire XVI* 147
CHAPITRE TROISIÈME. *Pèlerinage à Jérusalem. Controverses*. 156
CHAPITRE QUATRIÈME. *Impressions de voyage*. - Evènements
survenus en Abyssinie pendant son absence. . . 162
CHAPITRE CINQUIÈME. *Retour triomphal en Abyssinie* . . 170

LIVRE CINQUIÈME

A LA SUITE DU MAITRE
1843-1850

CHAPITRE PREMIER. Premières conquêtes : Fleurs noires . 181
CHAPITRE DEUXIÈME. Les fondations : extension des œuvres 188
CHAPITRE TROISIÈME. Renaissance de l'Église d'Abyssinie. 196
CHAPITRE QUATRIÈME. Autour d'un nouveau Vicariat : Mgr
Massaïa. 208
CHAPITRE CINQUIÈME. Tristes préludes de la persécution. . 216
CHAPITRE SIXIÈME. La nuit du sacre 224
CHAPITRE SEPTIÈME. Alitiéna: Du Thabor à Gethsémani. . 233
CHAPITRE HUITIÈME. De Halay à Gondar 243

LIVRE SIXIÈME

CRUELLES ÉPREUVES ET DERNIER SOMMEIL
1851-1860

CHAPITRE PREMIER. Les aventures de Kassa. 257
CHAPITRE DEUXIÈME. En otage et dans les fers pour le Christ 264
« C'est une faveur, je l'ai attendue assez. »
CHAPITRE TROISIÈME. Page héroïque : Une victime de la révolution : Ghebra Mikael. 275
CHAPITRE QUATRIÈME. Négoussié. 283
CHAPITRE CINQUIÈME. Crépuscule : Un épisode sous la Terreur 288
CHAPITRE SIXIÈME. Sous le mimosa sauvage (dernier sommeil). Le saint de Hébo 293
« Je viens vous annoncer la mort d'un saint. »
M. DELMONTE, compagnon de Mgr de Jacobis.
CHAPITRE SEPTIÈME. Lendemain de victoire. Résurrection de l'Abyssinie à la Civilisation et à la Foi 305

APPENDICES

I. Biographie. Monseigneur Justin de Jacobis (C. M.), évêque de Nilopolis, premier Vicaire apostolique de l'Abyssinie, 1800-1860 315
II. Vicaires apostoliques de la Congrégation de la Mission en Abyssinie. 317
III. Origines religieuses 318
IV. État actuel de la mission. 320
V. Notes sur l'Abyssinie 323
VI. Décret d'Introduction de la cause de béatification et de canonisation du vénérable Serviteur de Dieu, Justin de Jacobis, évêque de Nilopolis et vicaire apostolique d'Abyssinie, de la Congrégation de la Mission de Saint-Vincent-de-Paul (12 juillet 1904). 333
VII. Décret de « Non Cultu », 20 juin 1905 340
VIII. Épitaphe gravée sur le marbre en 1899 dans l'église de San-Fele 342

TABLE DES ILLUSTRATIONS

Église principale de San-Fele (Italie), où fut baptisé le 10 octobre 1800 le Vénérable J. de Jacobis, prêtre de la Mission 4

Maison natale du V. Justin de Jacobis, prêtre de la Mission (9 octobre 1800) 7

Italie. — Panorama de San-Fele (Basilicate), patrie du V. Justin de Jacobis (C. M.) 9

Maison centrale « dei Vergini » (Naples) 21

Ancienne résidence des Prêtres de la Mission. Oria (Lecce). Désaffectée par le gouvernement italien (1866) . . . 31

A Malte. L'Enfant Jésus lui apparaît pendant la Sainte Messe 69

Église Saint-Nicolas de Tolentino, desservie par les prêtres de la Mission (Naples) 153

Soldat abyssin 177

Premier séminaire établi par Mgr de Jacobis. Addigrat, chef-lieu de l'Agamié (Vue de Gouala) 191

Grande église d'Alitiéna. (En bas, à droite, on aperçoit celle de Mgr de Jacobis) 197

Église d'Alitiéna 199

Alitiéna. Résidence des Missionnaires 201

Église bâtie par Mgr de Jacobis 202

Chapelle domestique des Missionnaires (Alitiéna) . . . 203

Abba Aragaouï devant la maison occupée autrefois par Mgr de Jacobis (Alitiéna) 207

TABLE DES ILLUSTRATIONS

Enfants abyssins en prière	211
Intérieur de la maison d'un Missionnaire. (Deux visiteurs).	213
Type Abyssin Somalis de la côte.	223
Sacre de Mgr de Jacobis par Mgr Massaïa, évêque des Galla (6 janvier 1849)	231
Monseigneur de Jacobis. Reproduction d'un portrait au crayon dessiné par un séminariste à Naples et offert à Mgr Massaïa ✝ Cardinal	235
Tribu des Bogos. — Eglise au centre du village	251
Gracieux village (Erythrée)	297
Sur le mamelon, résidence des Missionnaires. En bas, maison des Sœurs de Charité (Kéren).	307
L'Empereur Ménélik.	309

Abbeville. — Imprimerie F. PAILLART.

COMTE
DE CUGNAC

UNE
HÉROÏNE
Chrétienne
SOUS
LA TERREUR

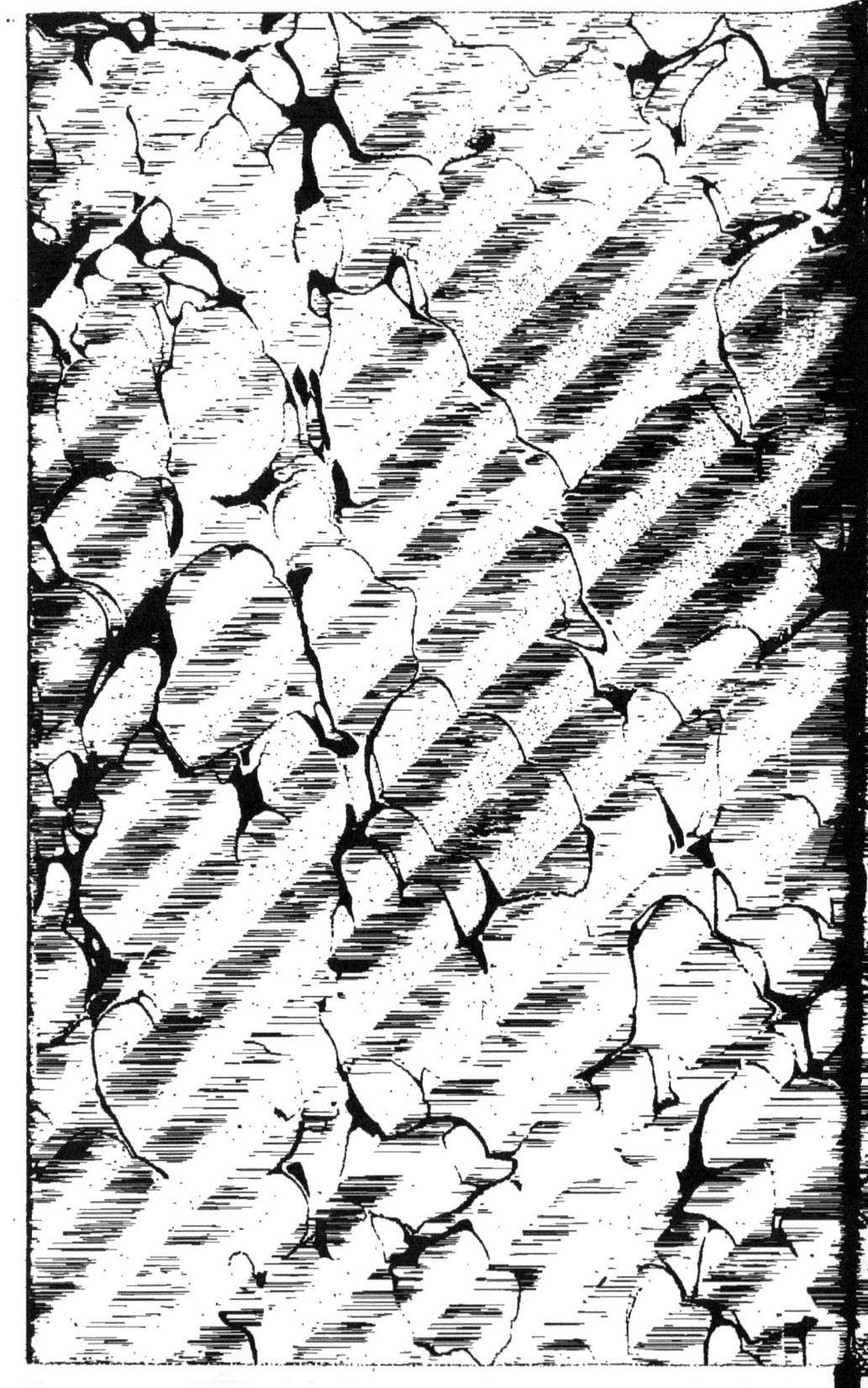

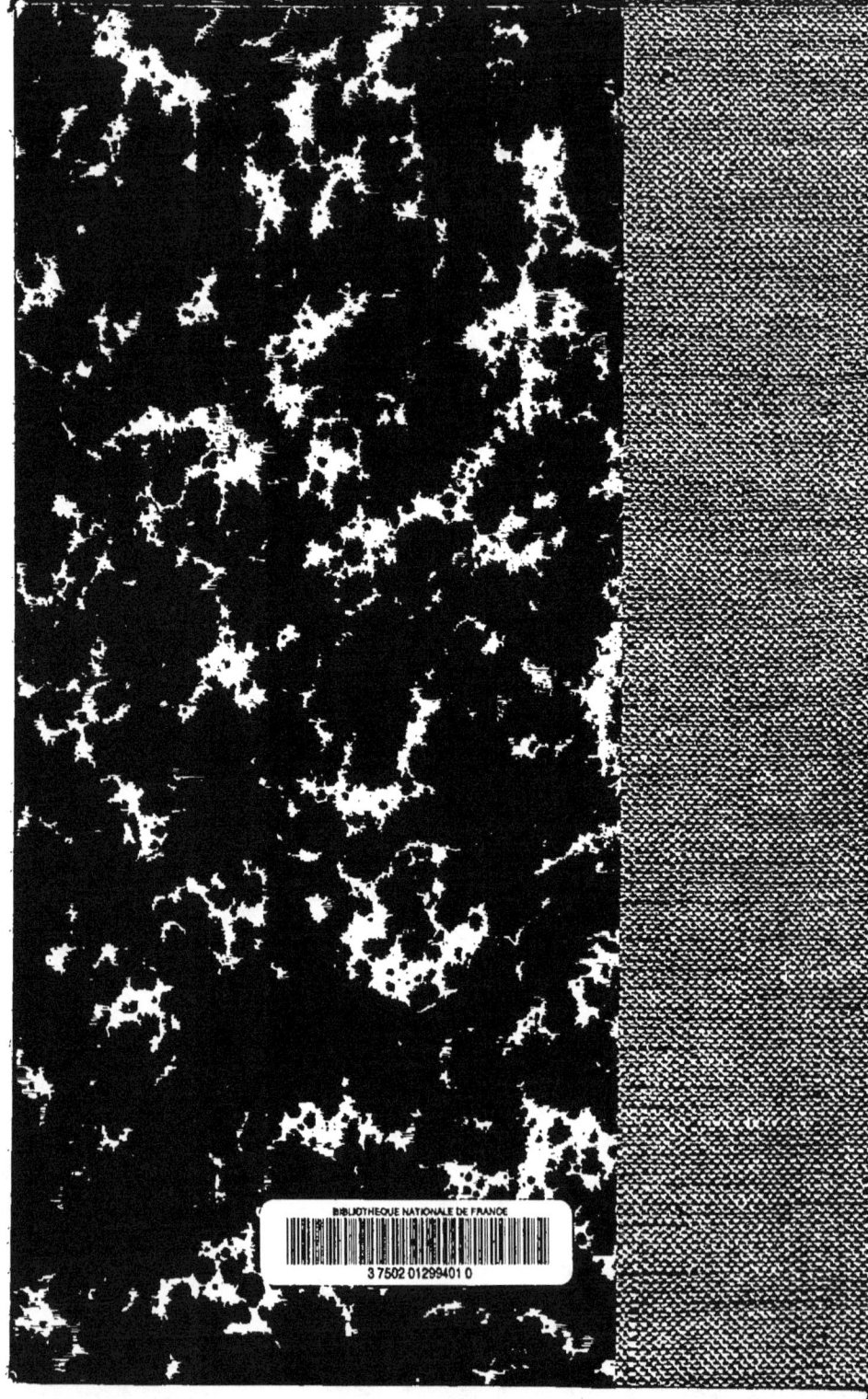

www.ingramcontent.com/pod-product-compliance
Lightning Source LLC
Chambersburg PA
CBHW050420170426
43201CB00008B/478